思想觀念的帶動者

文化現象的觀察者

本土經驗的整理者

生命故事的關懷者

心靈工坊 PsyGarden

Caring

生命長河，如夢如風

猶如一段逆向的歷程

一個掙扎的故事，一種反差的存在

留下探索的紀錄與軌跡

德蘭修女
召喚慈悲
以心去愛，以手服事

A Call to Mercy
Hearts to Love, Hands to Serve

主編、作序、導言—布賴恩．克洛迪舒克神父（Fr. Brian Kolodiejchuk, M.C.）
翻譯—宋偉航
譯文修訂—德蘭修女中心（Mother Teresa Center）

目次

contents

contents

目次

【推薦序一】

在慈悲中，遇見自己

王增勇（政治大學社會工作研究所教授）

我大學時期曾參加教會舉辦的生活體驗營，我這組分配到的就是跟著由德蘭修女所創建的仁愛傳教司鐸會的修士到愛愛院幫老人洗澡、到和平醫院照顧病人，以及到精神療養院探望病患。這些都是修士每天的日常工作，在那三天體驗中，我經驗到一種為他人服務的單純、空虛了自己的踏實、以天主為依歸的豐富。這次經驗促成我後來轉念社會工作。我是個天主教徒，也是個社會工作者，但社工與天主教信仰兩者卻鮮少交會。因此，此次透過閱讀德蘭修女的事工，這段經驗再度浮現我腦海，讓我以社工作為對照，去思考慈悲召喚的歷程中，服事的助人者與被服事者之間的關係。我發現在助人工作中，社工是孤獨的。

本書編者布賴恩・克洛迪舒克神父如此定義德蘭修女的行動，「體現上主『慈悲』的具體模範，讓凡世人不要、世人不愛、世人排擠、世人遺忘的，感受到寬仁、慈悲，就會確信自己在神的眼裡何其珍貴。」這與社工希望透過助人行動幫助案主發揮潛能的理念是一致的；但真正的差別在於德蘭修女自認「她是軟弱的罪人，日日夜夜全然仰賴天主施與愛、力量和悲憫」，換句話說，德蘭修女認為自己跟這些被服務的人一樣都是等待救贖的罪人，而社工專業則認為自己是具有服務弱勢者的專業，並不與弱勢者居於相同的位置。社工與案主的二元對立造成許多社工無法面對自己的受傷，彷彿受傷經驗會減損其專業能力，造成在專業養成中沒有自我療傷的空間，對社工的專業養成反而造成阻礙，因此「受傷的助人者」於是被提出來，破除社工必須是全能的迷思。相反地，德蘭修女投入慈悲之初，就認定自己是罪人，耶穌親自召叫她時，就告訴過她：「妳啊，於我所知是最無能的一個人，軟弱，有罪，不過，正因為如此，妳才得我所用，為的是榮耀我！」這個起點全然推翻當代專業建構自身權威的原則，但允許助人者軟弱這對助人工作者是多大的釋放啊！

不同於社工專業的助人關係是以兩人爲主，天主教的慈悲是三人同行。對德蘭修女而言，她看到的受苦者，同時也是十字架上的耶穌；她服務的不只是受苦者，更是臨死前呼喊「我渴」的耶穌。於是不論她走到何處，她回應的是世人渴慕天主的饑饉，她要成爲天主的愛。因爲耶穌的同行，案主與社工的二元對立得以超越，因爲案主不再是他者，而與德蘭修女同樣是罪人，但也同時是帶來救贖的耶穌。

【推薦序二】

慈悲的奧祕：召喚慈悲

蔡怡佳（輔仁大學宗教學系副教授）

活著，並不是一件容易的事情。生命既是賜贈，也是考驗。我們的活要仰賴許多的慈悲：天地的餵養、他人的支持，以及萬物的成全。慈悲是對生命之脆弱的體認，也是對於生命之可能性的信心。慈悲是生命的根基，但不容易察覺；在當代科學的世界觀中，尤其難以辨識。生命科學對於生命的起源以及進展提供了許多精微的知識，但我們仍然需要對於生命意義的理解，才有辦法好好活下去。對承載生命之慈悲的體認，是我們在找尋生命意義時的土地，若沒有這片土地的支撐，生命的奧祕就很難向我們顯現。慈悲的奧祕與生命的奧祕是相通的，都與脆弱、苦痛、力量與轉化的經驗息息相關。德蘭修女是我們的時代中對這些經驗最有深刻體驗的聖者，閱讀這本關於她的言行記錄的書，就像是被她帶領著，透過她的慈悲之道來領略生命的奧祕。

德蘭修女在世時曾經說，假若有一天她成聖，她會是「黑暗」的聖人，爲地上活在暗處的人點亮光芒。生命的黑暗是那些與生命的滋長相反的經驗：飢渴、貧苦、無家可歸、病痛、死亡，以及心靈的空虛、疑惑、徬徨、傷害、屈辱與憂苦。德蘭修女對這些黑暗的經驗善於體察，敏於回應，並能喚起他人心底的良善。有一位醫師分享看見德蘭修女爲一位病危的修女祈禱時，喚起他奇妙力量的湧現，從心底深處帶出強烈的決心來醫治這位修女；有一位見習的修女在德蘭修女的陪伴之下，學習照料病人令她不忍卒睹的傷口，得到照顧病人的力量。醫生與修女都把自己奉獻給減低他人苦痛的工作，即使那是素昧平生的陌生人；德蘭修女的言行激勵他們回到這個承諾的初衷。面對那些與選擇無關，卻最屬己、最迫切的責任，德蘭修女也提供了指引。書中提到一位心裡煩憂的父親，帶著兩歲的兒子來找德蘭修女，希望得到祝福時，修女教這位父親做這樣的祈禱：

天主，這孩子是祢的化身，求祢現在與我同在，永遠與我同在。感謝祢，天主，因爲祢就是我兒子，而我也是祢的兒子。感謝祢，天主，因爲我可以服事祢，如同祢服事我們全體一般。……感謝祢，因爲祢今天需要依賴我，如同我始終需要依賴祢一般。感謝祢，天主，因爲祢入睡時把頭搭在我肩上，如同我的頭永遠搭在祢肩上一般。……感謝祢，天主，因爲祢要我餵祢吃東西，而我們也是由祢在餵的。感謝祢，天主，等祢長大了，我知道我就可以依靠祢了。感謝祢，天主，用這麼深的感情來當我的兒子。

聆聽德蘭修女禱告的父親，無聲地啜泣著，但帶著平和的心離開，之後還成爲德蘭修女的同工。德蘭修女不只教導她修會的修女在受苦的陌生人身上看見天主，她也教導我們如何承擔生命中對自己的近人最平凡、卻最不簡單的照顧。

痛苦是生命奧祕的核心，德蘭修女在聆聽他人的苦痛時，帶著一種對於痛苦的接納與領悟，來擁抱他人的痛苦。書中記錄了許多人在痛苦中與德蘭修女相遇的故事，這些故事讓我們看到德蘭修女如何進入他人之痛苦的核心，深觸痛苦；也看到這些置身痛苦的人如何成爲德蘭修女的「病苦同工」（sick and suffering co-workers），成爲慈悲恩典的通道。痛苦本身沒有意義，但在神人的彼此分擔、人與人的共同承負中，痛苦可以在對慈悲的領悟中獲得意義，也能成爲通往眞正神聖的途徑。

書中除了收集了德蘭修女在世時的言行，也有一些記錄是關於修女離世後，人們在病床邊、在監獄中與她相遇的故事。這樣的故事看似違反我們對於生死界線的理解，卻言說著另一種層次的真實。生命的黑暗固然堅實，但仍有一雙滿懷愛意的手，拚命想要穿越黑暗的海洋，來到受苦的人身邊，緊緊擁抱他們。這本書透過許多人的見證來訴說比死亡更頑強的愛，也邀請我們以默想與祈禱的方式躍入慈悲的奧祕。從這個意義來說，本書的出版也成了德蘭修女慈悲之道的「同工」，讓德蘭修女擁抱世界的心懷繼續傳遞，生生不息。

序

教宗聖父秉其默感，宣布開啓「慈悲特殊禧年」（Extraordinary Jubilee of Mercy），出乎衆人意料卻備受衆人擁戴。教宗方濟各不僅在宣佈慈悲特殊禧年的〈慈悲面容〉（Misericordiae Vultus; MV）詔書當中談到了這一主題，在其他場合也數度提起，在在召喚大家深入投身「慈悲的奧蹟」（mystery of mercy; MV 2），這是天主一直樂於給我們的恩賜，我們自然也要多多領會自己將天主的恩賜擴及他人的責任。宗座說耶穌基督是「天父慈悲的面容」。的確，天父慈悲的表達，莫高於此。

德蘭修女封聖這件歡喜樂事，聖父希望能在特殊禧年期間完成，這也應該算是天主眷顧的時機，讓我們得以再一次將修女以身作則的典範還有天主寬仁、慈悲的愛，帶到基督信徒面前，帶到衆多奉她爲「慈悲使者」（carrier）的世人面前。出版《德蘭修女：召喚慈悲》一書，目的正是在此。

雖然只要是聖人，那就至少在某一方面一定是「慈悲聖者」（saint of mercy），但是，我們還是該問，天主爲何特別眷顧德蘭修女，要在這麼特別的時節爲她封聖？她這位「寬仁、慈悲的愛的聖人」，就慈悲而言，傳遞與普世教會——甚至教會之外——的訊息是什麼呢？我們知道聖父爲世人做的言教和身教，就是以慈悲爲宗旨。教宗方濟各對於身處「人世邊緣」的人格外關注、愛護；德蘭修女選擇貧苦中最貧苦的做爲優先服事的對象，二者之間有著獨特的共鳴。德蘭修女知道耶穌基督要她帶進貧苦中最貧苦的人群當中的——教他們認識到、體驗到的——便是仁愛的內涵當中格外突出的寬仁和悲憫。例如，她督促追隨者「帶著寬仁到貧苦的人身邊，以寬仁和悲憫的愛去服事他們」。這便是「身負」（carrying）耶穌基督的愛，而她堅信耶穌「以寬仁、悲憫來愛我們每一個人」。

聖父在〈慈悲面容〉詔書當中呼籲世人「要重新發現這些形哀矜（corporal works of mercy）」，但也不要「忘記神哀矜（spiritual works of mercy）」（MV 15）譯註1。適逢德蘭修女封聖之際，將嬤嬤有關仁愛慈悲的言教、將嬤嬤在日常活動中身體力行教誨的身教，再一次呈獻於世人面前，時機正好。

俗話說「事實勝於雄辯」，這本書便是以德蘭修女所作所為的事蹟為主。透過她自己的話語，透過直接耳聞目擊的透鏡，德蘭修女的形影儼然便是寬仁、慈悲的化身，映現出天主賜與當今世人的慈悲，對貧苦中最貧苦的人尤其如此。

但願這本書呈獻於各位面前的「慈悲聖人」典型，可以鼓勵大家加強自己和寬仁慈悲天主之間的關係，將這樣的愛擴展到一個個兄弟姊妹身上，特別是最需要的那些人，那些或於形、或於神落在貧苦中最貧苦的邊緣的人。

布賴恩・克洛迪舒克神父
仁愛傳教司鐸會
眞福德蘭封聖申請案的列品申請人

導言

德蘭修女一生（1910–1997），一如諸多聖人的生平，在在堪稱人世間的「活神學」（lived theology）。何謂「慈悲」，我們在她寫過的文章、講過的話語並未找到隻字片語的詳細說明，卻看得到她以慈愛、悲憫的靈性為世人留下豐沛的遺緒，因為她以身作則，在畢生服事他人的事工當中無時無刻不在體現慈悲。德蘭修女率其眾多追隨者身體力行，為我們立下具體的慈悲範例，多不可勝數，連世俗世界也莫敢輕忽。

然而，慈悲卻不是德蘭修女嘴上、筆下經常出現的字眼，這一點就耐人尋味了。儘管如此，她自認是個恆長需要天主施與慈悲的人，這不僅因為她和一般人一樣是需要拯救的罪人，還特別因為她是軟弱的罪人，日日夜夜全然仰賴天主施與愛、力量和悲憫。其實，耶穌親自召叫她成立「仁愛傳教修女會」（Missionaries of Charity）的時候就告訴過她：「妳啊，於我所知是最無能的一個人，軟弱，有罪，不過，正因為如此，妳才得我所用，為的是榮耀我！」這是德蘭修女真切的體驗，深植在她心底，煥發在她臉上以及她對待他人的一言一行當中。她認為貧苦的人就像她，也需要天主的愛和悲憫，需要天主的呵護和寬仁。她對世間的每一個人輕易便能親近，喊人家「我的姊妹，我的兄弟」。她自覺在天主面前是個「有需要」的人，因而自視為貧苦大眾當中的一份子。

教宗方濟各告訴我們，「慈悲」的拉丁文 misericordia，從字源去追索意義，「便是 miseris cor dare，意思是『把心奉獻給苦命人』，也就是那些窮困的人，受苦的人。耶穌便是如此：祂打開祂的心，迎進人類受的苦。」原註1

所以，慈悲既要發乎內，也要形於外：也就是心念要有所動——心生悲憫——然後像德蘭修女總愛說的那樣，「把愛心付諸具體實際的行動」。

教宗方濟各在宣佈慈悲特殊千禧年的〈慈悲面容〉詔書當中，說到慈悲是：「存在每人心底的基本定律，能使我們誠摯地看待生命中遇到的每位兄弟姊妹。」原註2他在詔書也說，希望接下來的一年時間能「沉浸於慈悲，好使我們能走出去，給一切男女送上天主的良善和寬仁。」原註3

這樣的理想意味我們不應該擺出「由上而下」的姿態，像是覺得我們比我們服事的對象還要優越，而是要去看清楚自己到底是怎樣的人：我們同樣是貧苦的人，同樣有某些方面和他們一樣，在某些方面和他們處境相同。而且，這樣的體認必須是由衷的領會，因爲，唯有發乎內在的自我，才有眞正的了解。德蘭修女便是這原則的美好典型。

榮休教宗本篤十六世（Pope Emeritus Benedict）在〈天主是愛〉（*Deus Caritas Est*）的通諭當中，指出這種態度的源頭：「若是在具體行動中沒有顯示出愛，就是與基督相遇後被轉化了的大愛，這行動便常是有所缺失。」原註4而德蘭修女走出安穩、規律的修道院生活，踏上新的傳教道路，確實便是因爲與基督相遇。基督親自召叫她扛起祂的愛和悲憫，帶到貧苦中最貧苦的人那裡，去當祂的「慈悲面容」。修女回顧當時：「我聽到聲音叫我放下一切，追隨祂到貧民窟去——在貧苦中最貧苦的民衆之間服事祂……我知道這是祂的意旨，我必須追隨祂。這是祂要的事工，沒有疑問。」教宗本篤十六世接下去說：「個人分擔另一位的需要和痛苦，會成爲自我的交付：爲了不讓恩惠對另一位造成貶低，不只需要給予我所有的東西，而是給予我自己，我自己應該成爲恩惠的一部分。」原註5

德蘭修女便是這「交付」的完美典範。

接手德蘭修女總會長遺缺的尼爾馬拉修女（Sister Nirmala; 1934–2015）就說，「她的心大得像天主自身一樣，充滿愛、感情、悲憫、慈悲。不論貧還是富、老還是幼、強還是弱、博學還是無知、聖人還是罪人，不論哪一國家、文化、宗教，她的心都會以愛迎納，因爲她在每一個人身上都看到了她最愛的面容——耶穌基督。」

所以，德蘭修女在這慈悲禧年間封聖是再恰當不過的事了，因爲德蘭修女的典範恰恰體現了宗座方濟各對教會的呼籲：「深入福音的核心；在這裡窮人尤其體驗到天主的慈悲。」[原註6]貧苦人遇見她，確實是有機會遇見天主的慈悲。他們遇見的這人愛他們，關心他們，擁有悲憫的心，也有能力去了解他們的痛苦、他們的辛酸。在她滿佈皺紋的臉上，貧苦的人——應該說是每一個遇見她的人——都有機會「一睹」天父愛世人的慈祥、悲憫面容。他們知道她懂他們，她是他們的一員。一九四八年十二月二十一日——這一天，德蘭修女開始她爲貧苦中最貧苦的人服事的使命，第一次走進了加爾各答（Calcutta）的貧民窟[原註7]——她在日記寫下：

我在阿戛穆丁街（Agamuddin Street）那裡有好幾個孩子有嚴重的發炎狀況——有個老婦走到離我很近的地方——「欸，嬤嬤啊，妳這偉大的嬤嬤變成跟我們一樣——就爲了我們——多了不起——這樣的奉獻。」我跟她說我很高興跟他們一樣——我是眞的高興。看到他們有些人受盡折磨的臉因喜悅而發光——因爲嬤嬤來了——唔，沒有更值得的事了。[原註8]

而慈悲的具體表現，便如福音所示，指的是形哀矜和神哀矜。宗座方濟各在〈慈悲面

容〉詔書當中就說，

耶穌在祂的宣講中，使我們認識這些慈悲事工，好能分辨我們是否像耶穌的門徒那樣生活。我們要重新發現這些形哀矜：饑者食之、渴者飲之、裸者衣之、收留旅人、照顧病人、探望囚者、埋葬死者。但也不要忘記神哀矜：解人疑惑、教導愚蒙、勸人悔改、安慰憂苦、赦人侮辱、忍耐磨難、爲生者死者祈求。原註9

聖父在詔書當中說：「我熱切渴望，基督子民能在這禧年，思索慈悲的神形哀矜善工。」原註10我們出版《召喚慈悲》便是與之響應，將德蘭修女關於慈悲的教誨和身體力行的事工呈獻與大家。我的希望是，她生前立下的典範，能夠像聖父的希望一樣，成爲「喚醒我們良知的方法，因爲社會的良知面對貧窮已日益麻木。」原註11她一生有近五十年的時間，完全奉獻在照顧生活於貧苦以及社會邊緣的人。而這近五十年的歲月，她徹底融入她服事的那些貧苦民衆當中，因爲，大家大概想不到吧，她自己覺得天主看似並不要她、不愛她。她就這樣以神祕的方式——透過她內心痛苦的「黑暗」——嚐到了那些人「沒有人要、沒有人愛、沒人關心」的處境，貧苦到無以復加的生活。因爲這樣的經驗，她在自己以及她照顧的貧苦民衆之間，看不出二者有什麼重大的差別：「我的這些貧民被人遺棄在街頭，沒人要，沒人愛，沒人管，他們有形的處境——〔就是〕我個人的靈性生活、我對耶穌的愛的眞實寫照，然而這般難耐的痛苦，卻從來沒辦法逼得我想要脫離。」

我們便以下面的篇章，呈現出一些德蘭修女對慈悲以及慈悲事工的領會所做過的思考和寫下的文字。文中另也揀選一些見證，勾畫德蘭修女如何將形哀矜、神哀矜付諸實踐，這一部份一樣重要。這些生平軼事透露出德蘭修女身邊最親近的人是怎麼看她的；而他們的眼，看到了慈悲面容。

編輯事由暨體例

當初想以德蘭修女做爲「寬仁慈悲的愛的典範」，這樣的構想一出現，最適合的做法似乎便是呈現修女「實際行動」的模樣。因此，以修女身教的典型來刻劃而不單是言教，從一開始就是很清楚的編輯要點了。她的話語獨具她個人特有的簡單、深邃，固然必須重視，然而，她以身教體現言教而印證她言行一致，在本書卻是關鍵。修女的言教之所以信實，是由她的身教信實而烘托出來的，所以，她的教誨是智慧的結晶，既可以當做祈禱、默想的材料，也可以激起行動，號召衆人群起效法。

《召喚慈悲》爲大家勾勒德蘭修女的日常生活，從最親近她的人獨有的視野，去看她「以非凡的愛去做尋常的事」[譯註2]。推動德蘭修女封聖期間，有諸多見證人所做的見證，我們也揀選出一部份納入書中，做爲修女身教的強力例證，增大她言教的影響力。爲求信實可靠，即使有些見證人的英語顯然不是母語，納入書中的軼事、故事盡量不做潤飾，以便德蘭修女對見證人非比尋常的影響可以保留在文字當中[譯註3]。

本書將七項形哀矜和七項神哀矜，一項項劃分開來呈現。每一項事工會以一段簡短的介紹做爲開始，說明德蘭修女對該事工的理解，隨後會從她的書信節錄幾段出來，例如寫給修女會姊妹，寫給她宗教大家庭中的其他人、同工會（Co-Workers）譯註4、朋友的信；寫給修女會姊妹的規勸、教誨；公開的演講、發言，還有訪問等等。編入書裡的見證選萃也很豐富，都來自她身邊最親近的、和她共事多年的人，像是天天和她在「同一屋簷下」的修女會姊妹，或是宗教大家庭中其餘的人，要不然也是來往密切的合作夥伴、同工、志工或者是朋友等等。這些見證人得天獨厚，得以親眼看到德蘭修女如何對待貧苦的人，如何對待她接觸到的人。有的故事是說故事的人親自敘述與修女的來往，有的是見證修女與其他人、其他團體來往的敘述。

最後是一段短短的默想提示和祈禱文，督促我們在自己的生活當中要多加迎納天主的慈悲，追隨德蘭修女的腳步，多加開放、多加樂意將慈悲擴展到我們的兄弟姊妹身上。默想提示出來的問題，用意是做爲「喚醒我們良知的方法，因爲社會的良知面對貧窮已日益麻木」原註12，也就是教宗方濟各督促大家的事。謹此希望大家都能以謙卑、順服、寬大來響應教宗的呼籲。爲了保護相關人士的隱私，對於見證人我們只略做簡短的說明而不直接指名道姓。這些說明全部條列在全書末尾。以這方式來處理，必須保守的機密便得以保全，同時又能將德蘭修女生前以身教、言教留下的豐富遺緒，以清楚明瞭的文字呈獻與世人。

布賴恩・克洛迪舒克神父
仁愛傳教司鐸會
眞福德蘭封聖申請案的列品申請人

【第一章】

饑者食之

為什麼是他們而不是我們？

未必是要吃食止饑的那種饑荒，而是渴求愛的嚴重饑荒。

——德蘭修女

「我看見那些孩子——兩隻眼睛閃著饑餓的光——我不知道你們看過饑饉沒有。但我可是看得多了。」德蘭修女對挨餓的人感受有多敏銳，這一句話說得很清楚；她在直接撫慰到他們時，心頭的觸動明顯可見。眼見有那麼些人眞眞實實在挨餓，震撼直達她的心底，這些由她回顧起早年親眼目睹饑饉而說出來的故事，透露得格外透徹。而這樣的經驗，在她童年的時候便開始了。她母親在她和兄姊還很小的時候，便訓練他們對街頭孤苦的人要懂得服事、照顧。所以，她一看到有人挨餓（或貧苦民衆任何其他需求），她的反應便是「我們一定要處理這問題」。接著她就會竭盡所能（有的時候還包括幾乎不可能的事），要爲饑民送去食物。有時候爲了要替饑民送物資，她做的事幾乎可以說是「驚天動地」。

在一般人的經驗或是切身的環境當中，饑寒說不定是遙不可及的事。一般人之所以會「遇見」饑寒交迫的貧民，搞不好只有看了教人難過的新聞報導，才知道在地球遠遠的哪個角落有天災人禍。然而，我們要是做到德蘭修女激勵大家去做的，「打開眼睛去看」，就很可能看見眞的有許許多多的人連最基本的生存所需都是匱乏不足的。

德蘭修女的名聲，不在推出大規模的方案去解決世界各地的饑饉（這當然是可敬可佩、絕對必要的事情），而在於「饑者饗以食」，遇到一個幫一個，一次好好幫一個。而她這樣的做法，起先只是爲她直接協助的一個個人的生命帶來了重大的改變，但是到最後，她的事工遍及世界。再後來，德蘭修女開始談起另一種饑饉，尤其在她的會院擴展到西方世界之後。她不時掛在嘴邊的是世人「不僅需要麵包止饑，也需要有愛止饑」。雖然愛的匱乏一般不當做貧苦來看待，嬤嬤卻明瞭這類饑饉「還要更難消除」。因此，嬤嬤要止饑解餓的也包括這一類「愛的饑饉」。所以她會激勵她的修會姊妹：「妳們對於這裡（西方世界」的人來說，便是要成爲他們需要的愛跟悲憫。」

我從街頭帶回來一個沒得吃的人，我給他一盤米飯，一塊麵包，我就滿意了，因爲我已經解決了沒得吃的問題。不過，一個人要是被人排斥，覺得沒人要、沒人愛、擔心受怕，是被拋棄到社會之外的人，這樣的貧苦這麼傷人，這麼沉重，我也覺得非常爲難。我們的姊妹在西方那邊，便是在爲這類的人服事。

最後，德蘭修女又再發現另一類饑饉，而且不論貧窮還是富裕的國家都有，不論階級、不論宗教背景都有。她說：「世人也有渴慕天主的饑饉。」不論她走到何處都會遇見「靈性饑饉」（spiritual hunger），而且有深刻的體會。而對這一點，她的回應就很簡單而且及時。不論她到何處，她都要當「天主的愛；當祂的悲憫，代替祂臨在」，這樣，世人看見她，說不定就看得到她想要映照出來的天主。

德蘭修女的言教

因爲祂愛世人

在〔耶穌基督〕教誨眾人之前，祂同情眾人，餵飽眾人。祂施展神蹟。祂祝福五餅，

餵飽了五千人。這是因爲祂愛世人。祂看見眾人臉上的饑饉，便餵飽他們。之後，祂才開始教導他們。原註1

◆

世人希望在我們做的卑微事務上看見愛的行動，遠甚於以往——我們一定要與耶穌同在愛中——方能在饑饉的、孤獨的人身上餵飽祂。我們的眼睛、心靈一定要純潔到極點，方能在貧苦的人身上看到祂。我們的雙手一定要乾淨到極點，方能懷抱著愛和悲憫在貧苦的人身上觸摸到祂。我們的話語一定要純粹到極點，方能對貧苦的人傳揚好消息。原註2

饑饉的痛苦

前一陣子，有一位婦人帶著孩子來找我，說：「嬷嬷，我跑了兩、三處地方想要一點吃的東西，我們已經三天沒吃東西了，可是他們都跟我說我那麼年輕，去工作就有的吃了。沒人要給我一口吃的。」我去替她拿食物，等我拿回來了，她抱在懷裡的孩子已經等不及餓死了。但願那些拒絕她的不是我們修院的人啊。原註3

◆

我們都在講饑荒有多嚴重。我在衣索比亞看到的，在其他地方看到的，尤其是最近這一陣子在衣索比亞這樣的地方，成百、成千的人就因爲〔得不到〕一塊麵包、〔得不到〕一杯水而徘徊在死亡邊緣。有不少人就死在我懷裡。可是我們卻忘了這問題：爲什麼是他

們而不是我們？我們要再重新去愛，我們要分享，要祈禱可怕的苦難從我們世人身上移除。原註4

◆

饑荒的苦難十分嚴重，所以我們人人都應該前去，都應該要付出，付出到會痛爲止譯註5。**我要各位給到會痛為止**。這樣的付出，是天主的愛在行動。饑荒不僅是因爲少了糧食，也因爲少了愛。原註5

◆

前幾天我在加爾各答撿到一個小孩。從她黝黑的眼睛，看得出來她很餓。我拿了一點麵包給她，她把麵包掰成屑，一點一點地吃，我對她說，「儘管吃，妳餓了。」原註6我問她爲什麼要吃這麼慢，她回答說：「我不敢吃太快。等這一塊吃完，很快又要挨餓了。」我便說：「妳趕快吃，吃完了我會再給妳一些。」那個**小孩**已經知道饑餓的痛苦。「我怕。」看吧——**我們**不懂。各位這時候應該知道了，我們都不懂饑餓的痛苦是什麼滋味。我見過小孩子因爲〔要不到〕一杯牛奶而死去。我見過好多做母親的眼睜睜看著孩子活活在自己懷中餓死而痛苦難當。別忘了！我沒跟各位要錢。我跟各位要的是你們自己的犧牲，我要你們犧牲你們喜歡的東西、你們自己也想要有的東西……一天，有個非常窮的太太來到我們那裡。她說：「嬤嬤，我想幫忙，但我很窮，我每天挨家挨户去幫人家洗衣服。我有孩子要養，但我也想做一點什麼，麻煩妳，我可不可以每個禮拜六來半小時幫妳們的孩子洗

衣服？」這位太太給我的，遠遠超過好幾千盧比，因爲她把她的人完全都給了我。原註7

◆

今天早上，我去見馬賽的樞機主教，「宗座一心委員會」譯註6便是由他在主持的，我去要求〔他們〕運送糧食給我們在非洲的人。非洲的饑荒十分嚴重。前幾天，我們的姊妹才寫信回來報告有大批饑民擠在我們大門前面要求分一點吃的，還有許多人已經餓死。要是情況像現在這樣繼續下去，恐怕還會再有許多人餓死；一個個小孩子就在母親的懷裡逐漸死去——這是多大的痛苦。所以我去找這位樞機，問他是不是可以送一點糧食到我們姊妹那裡去。他人很好，他對我說，要不是我們姊妹到那裡去了，他們還不知道那裡貧苦的狀況。原註8

眞愛要求犧牲

我在一戶印度教人家那裡，有過最非凡的愛鄰如己的體驗。一位先生來到我們會院說：「德蘭修女，我們那邊有一戶人家好久都沒吃東西了，麻煩妳們照顧一下吧。」所以我馬上帶了一些米到他們那裡去。我看到他們的孩子——眼睛裡閃著饑餓的光——我不知道你們看過饑饉沒有，但我可是看得多了。他們的媽媽收下我送過去的米，馬上就走出門去，等她回來了我問她：「妳去哪裡？去做什麼？」她的回答十分簡單：「他們〔一戶穆斯林人家〕也沒東西吃。」我最感動的是她知道那一戶人家是什麼人，那他們是什麼人呢？穆斯林。而她對這一點十分清楚。那個傍晚我沒再多送一點米過去，因爲我希望他們——

印度教徒和穆斯林——好好體會分享的喜悅。而他們就有著渾身散發出喜悅的孩子，和媽媽一起體會喜悅與平和，因爲他們的媽媽有那樣的愛心願意和別人分享，付出到會痛爲止；而各位看到了，這便是愛萌生的地方——在家人當中。原註9

◆

愛，要眞實，就要會痛，這位女子在挨餓——而她知道鄰人也在挨餓，而且這一家鄰人正好是穆斯林。所以，這件事多動人啊，多眞實。這也是我們對貧苦的人最不公平的地方——我們一點也不了解他們。我們不了解他們有多了不起，多值得我們愛惜，而他們又有多渴望這種出於了解的愛。原註10

◆

我們還有另一個詞，無償。我做的事是沒辦法定價收費的。大家基於「無償」這一個詞而批評我們，說了種種難聽的話。前幾天我才讀到一篇文章，是一個神父寫的，說慈善救濟對窮人就像毒品——我們無償分給別人東西，便像給他們毒品。我決定要寫信給他，問他：「爲什麼耶穌基督會同情別人？」祂把五餅二魚變得多出那麼多，餵飽了眾人，那祂一定也是在發毒品給別人囉。祂是來對大家傳福音的，但祂看到大家又餓又累，祂做的便是先爲大家止饑。還有另一個問題我也要問他，「你嚐過窮人挨餓的滋味沒有？」原註11

◆

各位知道我們在加爾各答開鍋造飯要養的人有好幾千。一天，有個修女來找我說：「嬤嬤，沒東西可以下鍋了。」我們以前從沒有過這樣的情況。之後，九點的時候，一輛卡車來了，車上滿載的都是麵包。那一天政府宣布學校不上課，便把麵包全送給我們了。看吧，天主是在關心呢。祂甚至要學校停課，就是不讓饑餒者死去——這便是天主的寬仁和關懷。原註12

我們要服事他人

前幾天，有一家古吉拉特人（Gujarati）到「頓頓」（Dum Dum）來原註13，我們在那裡收容有殘疾的人、營養不良的孩子和肺癆患者。這一家人，全家一起出動，送來煮好的吃食。但在以前，一般人可是想都不會想要靠近這些人一步。他們來時，我吩咐幾個姊妹去幫他們分送吃食。而我萬沒想到他們竟然說，「嬤嬤，我們要自己來。」這在他們可是十分嚴重的事，因爲這樣一來他們就不潔了譯註7。這是我們有幸能做的事。這家人有的年紀還很大了。但是，沒有事情擋得下他們；信奉印度教的人家說出這樣的話、做出這樣的舉動，是很難想像的事。原註14

只要齊心協力，大家就可以爲天主做出美好的事

愛，是今天的事；計畫是將來的事。我們只管今天就好，等明天眞的來了，我們再看看能做什麼。今天就有人需要喝水，需要吃食。今天不找水給他們喝、找東西給他們吃，明天他們就不在了。所以，專心在今天能做什麼就好。原註15

政府該做什麼、不該做什麼的問題，我從來不去攪和。把時間花在這樣的問題上面，還不如說：「我現在就做。」搞不好根本就沒有明天呢——我們協助的這些人說不定明天就沒命了。所以，他們今天需要一塊麵包、一杯茶，我今天就給他。有些人覺得這樣的做法不好，說：「你們爲什麼一直這樣給他們魚吃？爲什麼不給他們魚竿去釣魚？」我的回答是，「我們照顧的這些人啊，要嘛餓得站不穩要嘛病得站不起，哪有力氣拿得住魚竿去釣魚。我就一直餵他們魚吃，餵到他們有力氣自己站得住了，我就把他們交給你們，由你們去給他們魚竿去釣魚。」我想這便叫做分擔。這就是我們需要彼此的原因。這就是**我們**能做的，**你們**未必做得來。但**你們**能做的，**我們**做不來。然而要是兩邊把能做的聯合起來，就能做出天主的美好事工了。原註16

◆

一樣是幾天前的事情，一批印度教的學童從很遠的地方到我們這裡來。每一個第一名、第二名的好學生都去找女校長要求發獎金而不是獎品。所以女校長把獎金集中起來，放進一個信封，交給這些學生。而這些學生又集體要求：「那現在可不可以帶我們到德蘭修女那裡去，我們要把錢捐給她協助的窮人。」看看這有多美好，他們不把獎金用在自己身上。因爲我們已經建立起了這樣的意識，所以全世界的人都願意拿出自己擁有的去和貧苦的民眾分享。每次我收到捐款或是獲頒獎項或其他的東西，我向來都是以貧苦民眾的名義接受，大家在我身上看到的是他們。我想這樣子做應該是理所當然的事，畢竟，我到底算什麼呢？我什麼也不是。他們要給的對象，是他們在我身上看到的那些貧苦民眾，因爲他們看到我們在做的事。如今，世人都願意去看了。原註17

愛的饑饉極爲嚴重

在衣索比亞和印度，數以百計的人單單因爲〔少了〕一塊麵包而來找我們，一個個都快餓死。在羅馬、倫敦還有其他這類地方，則是因爲孤單、因爲怨恨而死。原註18

看吧，我們對饑荒的看法有錯，不是唯有缺食少糧才叫做饑荒。另外還有更嚴重的饑荒，更痛苦的饑荒：渴望有愛的饑荒，渴望有人需要自己、渴求自己對某個人有重要意義的饑荒。沒人要、沒人愛、被排斥的感覺，我認爲是更嚴重的饑荒，更嚴重的貧窮。原註19

◆

在歐洲、美國，還有其他地方，到處都有我們的會院，這些地方看不到有人亟需一塊麵包救命。然而，這些地方渴望有愛的饑荒卻極爲嚴重，那是覺得自己沒人要、沒人愛、被限制、被拒斥、被遺忘的感覺。這樣的地方有人想不起來人對人由衷的微笑是什麼模樣，人對人關心的撫慰是什麼感覺。我覺得這是十分、十分嚴重的饑荒……畢竟饑者可以饗以食，裸者可以施與衣，無家者可以給予屋宇，唯獨這樣的饑荒難以消除……我覺得這在當

今是更嚴重的貧窮，更嚴重的疾苦，更痛切的處境。原註20

◆

又有一次，我在我們姊妹服務的倫敦貧民區街頭，看見一名男子情況十分悽慘，一人獨坐，好哀傷，好孤單。我走向他，牽起他的手，問他好不好。這時，他抬起眼睛看著我說，「喔，不知有多久沒感覺到人手的溫暖了。不知有多久沒人碰過我了。」接著他眼睛亮了起來，坐得也比較直了。這樣小小的關懷，就將耶穌帶進了他的生命。他等了那麼久，終於等到這一刻讓他看到了人性裡的愛，但其實他看到的是天主的愛。這都是美好的例子，讓我在這些人身上，這些貧苦中最貧苦的人，沒有知識、沒有人要、沒有人愛、被人排斥、被人遺忘的人身上，看到愛的饑饉。他們渴求的是天主。這是各位神父必定會不斷遇見的，不僅是有形的饑餓痛苦，還有精神、感情方面的饑渴痛苦——心裡、靈魂都在受苦的人，尤其是年輕人。原註21

渴求天主話語的嚴重饑荒

「我們國家哪裡有饑荒？」沒錯，是有饑荒。未必是需要吃食止饑的那一種，而是渴求有愛的嚴重饑荒。一種渴求天主話語的嚴重饑荒。我絕對不會忘記我們到墨西哥去的那一次，我們拜訪過幾戶非常可憐的人家。他們家裡說是家徒四壁也差不多，但是沒一個人跟我們要過一樣東西。他們要的全是：「教我們天主的話語，給我天主的話語。」他們渴求的是天主的話語。全世界都一樣，都在渴求天主，尤其是年輕人。我們就是要在這裡找

到耶穌，滿足這樣的渴求。原註22

德蘭修女的身教：眾人的見證*

我們把糧食頂在頭上，涉水走過

一九六八年加爾各答淹過一次大水，我們晚上搭卡車到提利亞拉（Tiljala）去發送糧食給災民。我們把糧食頂在頭上，涉水走過去。艾格妮斯（Agnes）修女差一點被水沖走，所以我們要她回卡車上去。我們一個個渾身濕透，凍到全身發僵。我們在凌晨三點回到會院，嬤嬤在門口等我們。她替我們每人都準備好了熱水可以洗澡，還有香濃的熱咖啡給我們暖和身體。嬤嬤這麼寬仁地將我們當做她的孩子般照顧，我們都很感動。原註23

把量杯填滿再壓實

嬤嬤和我們一起準備耶誕禮籃好分送給貧民。看見嬤嬤把量杯填滿再壓實，我心中不

---

* 導言已經提過，爲了維護個人隱私，也免得破壞後面那一節的默想特性，針對每一章裡「德蘭修女的身教：眾人的見證」這一段落中提供看法、回顧往事的見證人，都在註釋當中附上短簡的說明。

禁仰望著天主。妳聽到有人在說，「嬤嬤，還有好多禮物籃要準備呢」，接著傳來回答，「天主會幫忙的。」禮物籃堆得那麼高，東西卻不致不夠分配。嬤嬤對天主的信念和信任彷彿有了生命力，成了她這個人的一部份，甚至旁人可以感覺得到。簡直像是看得到嬤嬤身邊有一個很親近的朋友，有大能，可信靠，始終和她常相左右一起做事。嬤嬤的原則是：隨祂拿什麼就給什麼，祂給什麼就拿什麼，臉上始終帶著大大的笑容。這對我當然很不容易，不過，只要慷慨去做，就會成爲天主愛的手筆了。原註24

其他人會猶豫——嬤嬤不會

我深受感動，千百萬（從孟加拉來的難民）湧進印度，但她對這數字毫不在乎（也就是說，嚇不倒她），她總是想得出辦法來處理危急的狀況。她向來只簡單說這麼一句：「我們能做什麼就做什麼，」同時想方設法動員她找得到的每一位神父、每一位修女來協助完成這一件事。「啊，這是天主的事工，這些孩子都在受苦，都快死了。我們一定要幫忙。」她會親自到場，關心收得的麵包夠不夠，關心糧食夠不夠。她會把姊妹叫到一旁問一問，想辦法去爭取醫療援助，特別是鹽湖譯註8那裡的難民營爆發水痘疫情的時候。那時候營地裡有二十萬人呢。她馬上要多找一些人手來幫忙不可。那時她才三十歲，沒耐心多找幾條門路去要到人手來幫她們。而在我看來，我覺得這是又一個例子證明她的愛有多深——她就是這樣一個偉大的「嬤嬤」，把全世界抱在懷裡都可以。那時，全世界對於上百萬的難民湧入印度可都嚇得目瞪口呆——但這個嬌小的女子，這麼孱弱的女子，卻迎頭向前，激勵我們去協助他們。她的態度從頭到尾都是：只要是爲了天主，就不可能失敗。其他人會

猶豫，嬤嬤不會。原註25

爲貝魯特和平奔走的使者

一九八二年八月，中東貝魯特動盪不堪。嬤嬤在八月十五日抵達貝魯特，正好是砲擊最嚴重的時候。她常跟別人講：「我們別用炸彈、大砲來征服世界，而要改用天主的和平照亮世界，消滅世上每一個人心裡的仇恨和對權力的癖好。」……嬤嬤發現派駐東貝魯特馬爾塔克拉（Mar Takla）的修女們都很安全，但從紅十字會那裡得知在西貝魯特還有生理、心理殘疾的孩子，在救濟院裡無處可去。砲彈炸毀了房舍，那裡的孩子沒人關心，處境危殆。聽到這樣的事，雖然教會領袖一再耳提面命那裡的情勢十分危險，嬤嬤還是一心要把那些孩子救出來脫離危險……不過，由於戰火未熄，她沒辦法越過「綠線」譯註9到西貝魯特去接那些孩子出來。但她一秉堅定的信心，祈禱雙方能夠停火。結果，眞的停火了！出乎意料的停火一經啓動，嬤嬤便趁此機會率領四輛紅十字會的專車（還把聖體隨身帶著）譯註10，去將三十八名患有嚴重心智障礙以及身體殘障的病童救了出來。她親自協助紅十字會和醫院人員一個個把病童送上車，返回馬爾塔克拉修女院。兩天後，嬤嬤又再度越過「綠線」將其餘二十七名病童撤離出來。……衣物、飲食還有其他物資都由附近的鄰人資助……十二歲的孩子因爲嚴重營養不良看起來只有五歲大。他們像小動物似的，抓得到的東西都吃（例如尿布、床單）。連別的小孩也抓來啃咬。爲了治療他們拉肚子的問題，同時不讓他們連塑膠床罩都吃下去，我拿烤好的麵包在他們的小床四周掛上一圈。我們沒水，沒電，不過援助終究慢慢送了進來……到了十一月，這些孩子的情況已經大有改善……

然而結果不盡如意，這些孩子後來還是必須回到當初嬤嬤救他們出來的那同一家救濟院……天主的愛又再次因為人類貪財而被阻擋，他們貪圖政府撥給這些孩子的錢。這對嬤嬤是很大的打擊。但她無能為力，只好無奈放手，將孩子託付給天主的慈悲。就像嬤嬤說的，「只要盡力而為，就不要因為事與願違而灰心喪志」。

我從貝魯特這一次的事情體會到，一有天災人禍，第一個往災區跑的往往就是嬤嬤，貝魯特不過是例子之一罷了。天災人禍引發的急難，一定激使她馬上採取行動，危及自身安全也在所不惜。這最先教我領會到的是，她面對這麼危險、幾乎不可能完成的任務，卻一馬當先，滿是仁愛的心何其英勇啊。她對天主的信任這麼強烈，在這人世似乎沒有什麼可以擋得了天主召喚她去完成使命的路途。好像只要她相信天主要她到那裡去，就會有無窮的力量貫注到她身上，所以，她身先士卒來到貝魯特，完成使命，而不管旁人給她的「審慎建議」。原註26

她的需索不是為了個人

她到德里（Delhi）來的時候，我們開車到機場去接她，印度空軍司令問我們是不是可以要嬤嬤到司令部去找他，在他辦公室為他行祝福禮，嬤嬤同意了。她在車裡〔說〕「空軍能為我們做什麼？」我們有人回答說：「嬤嬤，空軍沒能為我們做什麼。您要是有需要說不定可以問問他，像是可不可以派直升機幫您出救援任務，或是別的人道工作之類的事。」嬤嬤說：「喔，直升機？」我們到了後，進去會見司令，她便說：「還有啊，你們陸軍的人──」應該是空軍，但她沒搞清楚「種樹嗎？」司令說：「可以，嬤嬤，呃，您可以說清楚一點嗎？」「有人給了我們一塊地，準備建庇護之家。我們在那裡要是有果樹就太好了，他們就有果子吃了，水果對他們應該有好處。」司令說：「我們會研究看看。」後來，我們還打趣說這種事情怎麼還眞的說出口！呣，這還眞是神的旨意呢，因爲，翌日，印度空軍就派人手來了，但由於那裡沒有水源，也沒有方法弄得到水。所以，最後印度空軍鑽了三口管井（tube well）來灌溉土地，這才種起了樹。如今，那裡眞的有果園。沒錯，她是開口要東西，但不是爲她自己。沒人會想到向印度空軍司令開口要求幫忙種樹！但她對於聖靈給的提示，來者不拒。原註27

搜集殘羹剩菜

嬤嬤會跟人要〔剩菜〕，不僅在飛機上會來這一招，在旅館一樣照做不誤。她並不是做樣子給誰看。眞的，她就是這樣搜集殘羹剩菜，嬤嬤的那些女孩子就像是有了糧倉。仁愛傳教修女會總院「頓頓」的晚餐、早餐，有一部份就是來自加爾各答機場以及其他多餘的食物。「佛洛瑞烘焙坊」（Flurys Bakery）賣剩的食品也會送到「仙地塘」（Shanti Dan）做爲中餐，一星期一或兩次。除了這些，我在德里也見過航空公司把多出來的食物送到那裡的會院去供病人食用。會院的修女定期做這樣的工作。有的時候機場的人也會自動〔運送〕食物到庇護中心去。原註28

晚餐的花費，可憐人的禮物

艾格妮斯修女和我陪同嬤嬤到挪威的奧斯陸去，目睹耳聞她領取諾貝爾獎的演講。……頒獎的儀式，如雷的掌聲，嬤嬤全程靜靜坐著，彷彿周遭的一切和她完全無關。頒獎典禮過後，她在接待處只喝了水，其他東西完全沒接受。之後按照慣例要舉辦的慶祝餐宴，也應嬤嬤的要求而取消，改將費用交給嬤嬤做爲送給可憐人的禮物。……，「我這個人並沒有資格領這樣的獎，就我個人而言，我不要這個獎，不過，由這個獎，挪威人民認識到這世上有貧苦民眾存在，所以，我是代替他們來的。」原註29

愛，要眞實，就有代價

嬤嬤常愛講貧窮人做出了怎樣的犧牲，才讓她得以透過修女會姊妹的仁愛事工，而「將愛人的喜悅分送出去」。她跟我們說過佛教僧侶到母院和她見面過後，就仿效仁愛傳教修女會每月「第一個禮拜五齋戒」的做法；嬤嬤和修女會的姊妹在每個月的第一個禮拜五都爲窮人齋戒禁食。他們效法仁愛傳教修女會的慣例，省下一餐，將錢挪去爲窮人購買食物。所以，他們自行決定哪一天中午不吃，而把省下來的餐費送到嬤嬤這裡來，請嬤嬤爲窮人買食物。嬤嬤喜歡跟人講這些故事，由這樣的故事反映出人性料想不到的良善和慷慨，因爲她深信我們每一個人身上都帶有良善。她做的不過是要大家在自己身上把良善找出來，分送到別人那裡。眞正爲了付出而做出犧牲的捐贈人，常被嬤嬤標舉爲愛的美好典範，因爲「愛，要眞實，就有代價。」當然，多的是大善人捐出巨款給窮人，可是，嬤嬤講的都是犧牲自己的需求而和他人分享的小人物——一如耶穌祂稱讚寡婦拿出自己區區幾個錢來蓋聖殿。嬤嬤最愛講的例子，是母院大門前的街邊有一名行乞的男子，有一次他走向嬤嬤，從他破爛的衣服裡面拿出三個盧比，要捐出來讓嬤嬤去幫助可憐人。嬤嬤知道這三個盧比可能是他全部的財產，但她說她必須收下，因為她必須尊重他為他人犧牲的心意。原註30

◆

嬤嬤到〔非洲肯亞首都〕奈洛比來看我們的時候，有些有錢人拿了非常昂貴的糕餅過來。嬤嬤說：「全拿去給病人和孩子吃。」我們全都拿去給他們。我看過好多次她勇於放棄、犧牲的膽識。嬤嬤十分樂意為了耶穌而去放棄、去犧牲。原註31

開開心心去做

我以前常和嬤嬤一起出去做使徒服務譯註11。我們要走很長的一段路去照顧一個不良於行還得了肺癆的男孩子，他叫尼可拉斯。……他長了兩個大褥瘡；嬤嬤為她他清瘡包紮；……他們家非常窮，所以嬤嬤也會帶日常的糧食給他們。那時我做這些事情做得好累，每天都想哭，可是嬤嬤會說：「我們有責任拯救靈魂，也一定要開開心心去做。」我知道嬤嬤也很累，但她怎樣都沒表現出來。我們這樣子一連做了好幾年。原註32

理當享有的尊嚴、愛、寬仁的照顧

她在收容垂死病人的安息之家替病人餵食的時候，為我們立下身教的最高典範，她從來就沒把他們當做是領受恩惠的人來看待，而是以他們理當享有的尊嚴、愛、寬仁的照顧去對待他們。……雖然這樣的病人那麼多，她還是一個個親手看顧。她常說我們就應該像神父在聖壇對待基督奧體（Body of Christ）那樣，我們對耶穌的奧體有多恭敬，我們對可憐人的殘碎身軀就要多恭敬。原註33

對天主要有信心

我記得在法越戰爭（Indochina War, 1946–1954）期間，大吉嶺那裡往下到平原區的路每一條都被切斷了，我不知道該到哪裡去為我照顧的六十名孩童、五十名老人、來找我們分一點吃食的窮人，還有修會的姊妹，去弄到糧食裹腹。我打電話給嬤嬤問她：「我們要怎麼辦？」嬤嬤問我：「妳唸過〈天主經〉（Our Father）了嗎？」我說：「唸過，」她便跟我說：「妳對天主要有信心。」那是當時我能打的最後一通電話，或是有必要打的最後一通電話。因為，忽然間，我們附近山區的居民聽說我們有這麼多人需要吃的，便給我們送來了糧食、牛奶還有好多別的東西，一直等到仗打完了，我們始終都不缺糧。原註34

如神愛世人一般

「慈悲」在嬤嬤的心目當中，就是要像神愛世人一般去愛全天下的人。這在嬤嬤身上表現得好突出，她那愛鄰如己的心。他們要是需要身體上的照顧，她就先照顧他們的身體，替他們洗澡，餵食。之後，她就照顧他們的心靈。嬤嬤會說：「肚子空空，很難想到天主。耶穌也是先為人止饑。」在潔心之家（Nirmal Hriday）；德蘭修女收容垂死病人的臨終關懷

院舍），嬤嬤做的就是這樣的事。看到她以慈悲做這樣的事情，這些病人都覺得嬤嬤這麼愛他們，就像天主一樣。原註35

別光是說，做點事

一九八七年印度辦了一場討論全球饑荒的國際大會，嬤嬤受邀演講。我們抵達大會會場的側門……有一個人在那裡。他正在挨餓，想要點東西吃。嬤嬤對我說：「我要帶他回我們那裡去。」我們的麵包車上有擔架，我便說我帶他回去好了，但嬤嬤說不行，她要帶。嬤嬤親自帶他回去，也就表示我們進入大會會場遲到了一小時半。嬤嬤那時什麼也沒說，也沒拿這樣的事來做例子，但你看看，那是討論消弭饑饉的國際大會，結果，饑饉就在大門口。

她的態度向來是先做一件事就好，然後再一件，又再一件。那次大會，我跟她保證「您先進去，我會照顧他」，因為印度的馬路可是萬頭鑽動像有上百萬人似的。但她就是這樣；非得要自己把他照顧得好好的才放心。她愛說：「別光是說，做點事。」她不跟政界的人講話，惹來許多批評，但她說：「我是出家人，到這裡來是要把耶穌基督帶去給那個人的。」原註36

嬤嬤自己去

有一次，我在加爾各答當初學修女第一年的時候，加爾各答淹大水，我們沒辦法出門去探望貧苦人家，因為水都淹到膝蓋以上了。我們還是和嬤嬤一起出去發送麵包給沒東西吃的人家或是貧戶。因爲淹水，他們沒辦法過街。可是嬤嬤秉承她對天主以及天主的貧苦民衆無限寬仁的愛，硬是涉水而過，將麵包分送給他們。因爲他們挨餓，在她就等於是耶穌挨餓。還有，嬤嬤不准初學修女涉水去做這樣的事。但嬤嬤自己不管，還是做這麼勇敢的事去表達天主的愛，直到痛。原註37

◆

有的時候會有窮人來找嬤嬤，說：「嬤嬤，我今天沒吃東西。」嬤嬤會請他們在會客室坐下，要我去拿吃的來。我要是不在，嬤嬤就親自到櫥櫃去拿。她對窮人的關懷始終不減一分。原註38

從來不把挨餓的人推出門去

她教我有挨餓的人找上門來，就算自己一無所有，也不可以要人離開。嬤嬤說：「那就給他一點笑容還有安慰的話語。」……嬤嬤每在一處地方成立庇護中心，就會有一大批人，有錢的、沒錢的，不論哪一教派，蜂擁過來詢問他們可以怎樣協助可憐人。嬤嬤從來不會指揮他們或是要求他們怎樣。她只會說：「能給什麼就給什麼，就算你什麼也拿不出來，無妨，你還有手可以服事，有心可以去愛。協助他人，就有平安喜樂做爲回報。」原註39

更加渴求天主

一九九一年三月二日，仁愛傳教修女會在阿巴爾尼亞首都地拉那（Tirana）成立第一家基金會，嬤嬤馬上發現阿爾巴尼亞這國家一無所有。民衆不僅渴求物資，對天主也亟渴求。狀況危急——必須立即因應。嬤嬤把先前挪作他用的老教堂，像是改成電影院、體育館、倉庫等等的，從政府手中要了回來，再到那裡的大清眞寺，打開大門，將寺內收容的病人、無家可歸的人接到我們在地拉那開設的第二所庇護中心，然後把清眞寺還給穆斯林的伊瑪目。原註40

默想

「當今，貧苦民眾渴求——麵包，米飯——還有天主的愛和活的話語。」原註42

「今天他們就在餓肚子——到了明天，說不定就來不及了。」原註41

「（因爲）我餓了，你們給我吃的……」（《瑪竇福音》第二十五章第三十五節）

我是否看得出來家裡、社群、教區、社區、城鎮（甚至遙遠的地方）有人在「挨餓」，而且想得出辦法去提供協助，解決他們的問題（例如物質的協助，簡明表現出我的愛心和善心，提供天主的話語，等等）？我是否願意禁食，而和挨餓受苦的人站在一起，或是加入地方的慈善機構當志工？

每餐之前、之後，我都要對天主禱告，感謝天主賜與飲食。我也將世上有人在挨餓的事情放在心上，絕不浪費食物。

祈禱文

求主教我們有能力去服事世上輾轉於貧窮、饑寒的世人。透過我們的手，就在今天，給與他們所需的日常飲食，透過我們了解的愛，給與他們平安喜樂。

——眞福教宗保祿六世

【第二章】

渴者飲之

耶穌渴求的是世人的愛

耶穌釘在十字架上，垂死時說：「我渴。」我們都渴求他人的愛——渴望他們特別用心不要傷害我們，為我們著想。這便是真愛的真諦——付出到會痛為止。

——德蘭修女

「給口渴的人水喝」，這樣的慈悲在德蘭修女的一生中引起特殊的共鳴。耶穌在十字架上說「我渴」（《若望福音》第十九章第二十八節）[譯註12]，扼要總結了嬤嬤聽到的召叫，要她為十字架上的耶穌對愛、對靈魂無盡的渴求解渴。所以，每當遇見口渴的人，便提醒了她先前聽到的召叫，也一次次要她率先回應眼前貧民當下的需求，同時又在奧祕的層次也像是在為耶穌解渴，耶穌便透過她眼前的這人——祂在人世苦難的化身——要她「給我水喝」（《若望福音》第四章第七節）[譯註13]。

德蘭修女始終留心貧苦民眾的需要，特別是他們基本的生活需求，而以實際、必要的步驟去協助他們。只要哪裡缺乏飲用水，她都會聯合政府機構或是慈善組織去解決飲水供應的問題，這是她為貧苦民眾做的許多事情之一。

然而她的事工不止於此。她從解決飲水問題的經驗再推進一步，領悟到有許多人渴求的是「善心、悲憫、細膩的愛」。而她也努力將善心、悲憫和愛化做實際的表達，以滿足人性在這方面的基本需求，同時鼓勵追隨者效法。

不論一個人的「渴」是實體的（沒有飲水可以喝，取得飲水的途徑很少，沒有辦法取得飲水，或是一無所有垂死街頭），還是人性需要愛的「渴」，也不論渴的具體理由是什麼，去為人解渴，這樣的慈悲是我們萬萬不能輕忽的。德蘭修女的身教，激勵我們要去察覺出身邊是否有需要解渴的人，傾盡全力去為他們解渴，像修女一樣努力，為亟需要解渴的人「不僅找水給他們喝，也提供知識、和平、眞理、正義還有愛。」

德蘭修女的言教

耶穌渴求我們的愛

耶穌釘在十字架上，垂死之時喊道：「我渴。」〔我們〕要爲耶穌對人的靈魂、對愛、對善心、對悲憫、對細膩的愛的渴求解渴。我對每一位病苦、垂死的人所做的事，都是在爲耶穌渴求那人的愛解渴——也就是將我身上天主的愛，施與我照顧的那一個人，沒有人要的人、沒有人愛的人、孤獨的人，還有……全天下貧苦的人。這便是我爲耶穌渴求他人解渴的做法，把祂的愛以行動施與他們。原註1

◆

耶穌釘在十字架上，垂死的時候說：「我渴。」耶穌渴求的是世人的愛，這是世間每一個人的試煉，貧富不計。我們都渴求他人的愛——渴望他們特別用心不要傷害到我們，爲我們著想。這便是眞愛的眞諦——付出到會痛爲止。原註2

◆

祂說：「我渴」，他們以爲祂是渴求水喝。所以他們給祂醋，而祂沒有拿。但祂還是渴……渴的是對愛、對靈魂的渴望。如今，祂正對你我說著同樣的話：「我渴」，渴求愛，渴求靈魂。而我們要怎樣爲耶穌解這樣的渴呢？現在，就在這裡，我們每一個人，爲靈魂得以獲得拯救、成聖而努力。這是祂的渴，耶穌劇烈的渴望，讓釘在十字架上的祂十分痛

苦，因爲祂知道在祂受了這麼多苦之後，還是有那麼多人不接受祂。原註3

我們一定要有願意承受貧困的能耐，即使是小小的事情上匱乏也好。這世上有千千萬萬的人沒有電燈可用。監獄裡的人在死亡邊緣打轉。只有一桶水，又要漱洗又要喝。我選擇只用一桶水，不是因爲我只有一桶水可用，而是因爲我願意。各位唯有嚐到了貧苦的眞正滋味，懂得分享，才是眞正的仁愛傳教士。聖母還有天主在世間的時候，用的就是這麼簡單的做法。原註4

◆

祂渴求的是什麼？

祂派我們特別到貧苦民眾那裡去。各位遞給窮人、病人的一杯水，各位怎樣扶起垂死的人，各位怎樣餵小寶寶，各位怎樣教導懵懂的孩子，各位怎樣爲痲瘋病人施藥……各位對待他們的態度和舉止——在在代表天主在現今這世界的愛。「天主依然愛我們世人！」我希望這一句話可以印在各位的心版上面：天主依然透過你們、透過我在愛世人。我希望在各位的眼睛、行動中，在各位日常的行爲舉止當中，看得到天主的愛。原註5

◆

我見過有形的苦難，很悲慘，看到衣索比亞那些民眾，你一早打開大門，他們就聚集在我們的大門那裡，張口喘氣，只求有一杯水喝。他們沒沾過任何食物；走那麼遠的路，

只求要得到一點寬仁的愛、一點照顧，還有一點糧食。原註6

我們在哪裡？

那麼多人流落街頭……沒人要，沒人愛，沒人關心，渴求愛。他們附近放著三、四個瓶子，但他們喝那些是因爲沒人給他們別的東西。你在哪裡？我在哪裡？在紐約、在倫敦、在歐洲這些大城市，這時候就有好多這樣的人。只有破報紙，躺在那裡。我們羅馬那裡的姊妹晚上十點到凌晨一點都會去街上，帶三明治給他們，帶些熱的飲料給他們喝。在倫敦，我見過有人站在工廠的牆邊，貼在牆上取暖。怎麼會這樣？爲什麼會這樣？我們在哪裡？原註7

渴望被了解

不僅餓得亟需麵包、米飯止饑，也渴望有愛、有人要，有人覺得我對他是重要的人，呼叫得出我的名，希望擁有深厚的悲憫，渴求。當今的世人對這樣的愛有極度的渴求。渴望被了解。原註8

他在說：「我肚子餓。我口渴。我沒地方住。我誰也沒有。你們這樣子對我。」我一直強調我們不是社工，而是在世人心靈裡的默觀修女。在世人心靈裡面，我們餵養饑渴的耶穌。我們是在將慈悲、喜樂的飲水分送給我們的世人、送給我們的耶穌。原註9

德蘭修女的身教：見證

衣索匹亞——人間髑髏地

我們有姊妹到衣索比亞的阿拉馬塔看過之後，打電話給嬤嬤報告她看到的情形。嬤嬤十分難過，說：「修女啊，在他們還活的時候趕快做點什麼吧。」修女說：「嬤嬤，我們需要糧食、醫藥、衣服，尤其是飲水。」嬤嬤說：「我稍後再打電話給妳。」……嬤嬤〔打電話〕找〔美國的雷根（Reagan）〕總統：「我剛才接到衣索比亞那邊來的電話，說有好幾千人快要餓死、渴死了，請你們做點什麼吧。他們需要食物、飲水、衣物、醫藥。」總統很感動，對嬤嬤說他會再回電給她。

不出一天的時間，美國就加入救援，透過「天主教救助服務會」（Catholic Relief Services）安排〔大批〕物資給衣索比亞的仁愛傳教修女會。貨機和貨船運送大批糧食、衣物、醫藥到衣索比亞之後，嬤嬤由四位修會裡的姊妹陪同也同時抵達衣索比亞。嬤嬤她們也帶著的毯子、餅乾和衣物。每人都等著見她。她在機場遇見一名歌星。他〔見了〕嬤嬤就說：「衣索比亞是人間地獄啊！」嬤嬤直視他的眼睛，說：「衣索比亞是人間的髑髏地，不是人間地獄。你和我都可以盡一份小小的心力，便可以拯救人命。」

翌日，她心急如焚，要搭飛機到救濟站。衣索比亞總統提供他的專機給嬤嬤使用。她親眼目睹上百名垂死的饑民，骨瘦如柴，雙眼凹陷，餓到前胸貼後背，臉上盡是恐懼。另外還有數千人耐心坐在地上等候烹食，發送的時間是早上七點到晚上七點。修女們也爲每人送分一杯水。嬤嬤四處巡視，爲一個個人祝福，感受他們的痛苦。她提了一桶水，四下分送給他們喝。她還笑著對修女們說：「我羨慕妳們哪，因爲耶穌說你要是分一杯冷水給別人，便能在天堂領受報償。各位特別幸運呢，因爲各位都在爲可憐人身上的耶穌解渴。耶穌說：『你們就是對我做的。』耶穌說的沒錯，耶穌不會說假話。」嬤嬤眼看修女們那一份喜樂，便對省會長說：「你看她們，有的東西那麼少，卻那麼快樂，那麼健康。是啊，我們不需要多少東西便能生活。喜樂的祕訣，便在於我們雖然匱乏，但是全心全意、不計酬勞爲貧苦中最貧苦的人服事。」嬤嬤爲我們祝福，然後再轉往〔衣索比亞北部〕默克萊去。……

我們從機場直奔收容饑民的難民營地。病重的人躺在帳篷內。嬤嬤忽然注意到有一處小小的棚子，用叢林樹木臨時搭的，擺了許多屍體等候埋葬……他們說：「水荒死了好幾千人呢，嬤嬤，給我們水。」那天嬤嬤雖然早早就上床了，但沒怎麼睡。……她在等黎明的時候要趕回〔衣索比亞首都〕阿迪斯阿貝巴。修女們不時就會聽到嬤嬤說：「沒有水喝，多慘！這樣子口渴有多慘哪！」她在床上輾轉反側。原註10

◆

大饑荒那時候，〔衣索比亞的阿拉馬塔〕一滴水也沒有。嬤嬤前來巡視狀況。到處都沒水，連喝的也沒有。午餐的時候，我們每人都分到了一杯水。可是嬤嬤一口也沒喝，那天非常熱，每個人都覺得口渴，可是嬤嬤把她的那一杯水拿去給一名垂死的婦人。原註11

實在，具體

面對病苦、受難的人，嬤嬤流露的愛無與倫比。看她在卡利戛特（Kalighat；德蘭修女一九五二年爲垂死病人設立的安息之家，也叫做潔心之家）探視一張張病床上的病人，輕撫病人，看她實際表達的關懷，簡直就是在傳播福音，因爲嬤嬤表達出了愛。嬤嬤是實際的女子，表達也講究具體，不論是送一杯水給口渴的人，還是分送巧克力給有小孩的父親，都流露著愛，而不是爲了給我們看作榜樣。……她始終要我們多做犧牲，針對他們的需求趕快有所行動。她要求直接或是間接去全心全意地服務；而她一發現萬一必須把一個姊妹切成兩半才能照顧到兩方的需求，那她大概不會有一絲猶豫。她對他們流露的愛，無與倫比。原註12

在深深的苦難中看到耶穌渴求的化身

嬤嬤靈性的主要特質，有一點便是在貧苦中最貧苦的人身上看見耶穌於人世最悲慘的苦難化身。「苦難化身」這幾個字，意涵非常特別。不僅在於這是貧苦中最貧苦的人，也在於要在這當中看出耶穌苦難的化身，是非常困難、非常艱辛的事，但還是要相信耶穌就在那裡，耶穌口渴，因而要努力與耶穌同在。除非透過默想、透過禱告，尤其是透過彌撒聖祭（Eucharist）等種種祈禱方式，你是無法進入苦難化身的信仰裡去的。之後，她又會再說：「我從彌撒中領受到的耶穌，就是我服事的耶穌。這不是不同的耶穌。」……我覺得仁愛傳教修女會的靈性便全都是以這樣的臨在爲中心的……「我要侍事、我要去愛貧苦人中的耶穌。我要過聖方濟各亞西西（Saint Francis of Assisi）過的日子，貧窮，服侍祂。」

默想

「我渴了，你們給我喝的。」（《瑪竇福音》第二十五章第三十五節）[原註13]

「祂渴了，你會透過你的姊妹（或是兄弟）給祂悲憫、原諒的水嗎？」[原註14]

「渴望善心，祂求你……你會當祂的『那人』嗎？」[原註15]

有沒有小小的善舉做出來不會引人矚目，但是既可以爲最接近我們的人解決缺水的渴，又可以解決缺少人愛、缺少關懷的渴？我可不可以爲家人或是社群盡棉薄之力，做率先去服事而不是坐等別人來服事的人？我可不可以加入服務計畫去爲缺乏飲水的人提供飲水？爲了要和缺水的世人站在一起，我可以怎樣節約用水呢？

祈禱文

聖母瑪利亞，你第一個聽見耶穌喊「我渴」。你知道祂對我、對貧苦人的渴望有多眞實，有多深。我全屬於你——教導我，帶我面對釘在十字架的耶穌聖心裡的愛。

聖母瑪利亞，依靠你的協助，我會傾聽耶穌的渴，那對我是「生命之言」（a WORD OF LIFE）。站在祢身邊，我會把我的愛給祂，我會把愛我的機會給祂，做你喜樂的緣由。為此，我會解耶穌的渴。阿們。

——德蘭修女

【第三章】

裸者衣之

祂選擇要跟我們一樣

妳的雙手必定極為潔淨，才能闔掌祈禱，才能為衣不蔽體的耶穌基督披上衣裳。

——德蘭修女

德蘭修女從來就沒辦法把貧苦當做司空見慣的事；她每到一處修女服務的地方去探望，之後通常會說：「我們的窮人過得太苦了。」「紐約、倫敦、羅馬那貧苦的狀況……晚上到羅馬的街頭去，準會看到不少人蓋著報紙睡覺，」她相當難過地這樣說著。而有的時候情況看似貧者每況愈下。她就注意到有許多人連衣物都嫌不足。有的人沒有衣物可以替換，也沒有機會沖澡，在街頭餐風露宿，還必須忍受別人對他們襤褸的外表和發散的異味投來輕蔑的眼光。他們怎麼會不想穿得整整齊齊、體體面面，每人都想的啊。

而不論窮人穿得好壞，德蘭修女照顧起他們的需求，不僅是送給他們合適的衣物，也對他們懷抱該有的尊重。看見露宿街頭的人衣不蔽體，她便為他們遮蓋，遇到冷得發抖的人，便為他們蓋上溫暖的被毯，有人身上長蛆還有難堪的傷口，她也替他們包裹，免得別人看見心生厭惡而躲開，教他們更加難堪。嬤嬤說：「讓衣不蔽體的人不僅有衣服可穿，同時也讓他們保有人類的尊嚴。」她強調我們對待貧苦的人要出之以極大的尊重，回復他們做為天主子民的尊嚴。

由於德蘭修女對自己的了解極深，所以會超越表相，把自己看得既沒跟誰有什麼不同，也沒比誰更好。她做得到這一點，是因為她在心底深處知道她也是貧苦中最貧苦的那個人。由於有這樣的自覺，她對眼前的人才會有那麼深厚、寬仁的悲憫，同時又給與對方該有的人性尊嚴。不止如此，她知道「貧苦的人是了不起的人。他們教我們那麼多美好的事……他們說不定吃不飽、說不定連住的地方也沒有，但他們是了不起的人。」

然而，大家是否想過我們這現代世界對人性尊嚴看得有多低？一個個人不是常被別人當做利用的工具而已？所以德蘭修女懷抱愛和尊敬去對待每一個人，就如暮鼓晨鐘，格外切中時弊。以良善、尊重、敬意去對待每一個人，確實是可以回復一個人天生就應該享有的尊嚴。

德蘭修女的言教

祂選擇要跟我們一樣

貧苦的民眾很了不起，我們對他們都應該致上深深的感謝，因為要不是他們願意接納我們，我們仁愛傳教修女會就無由成立。只要仰望耶穌，就可以了解我說的這一點。為了成為人，祂「本是富有的，為了你們卻成了貧困的。」（《格林多後書》第八章第九節）譯註14。祂原本可以選擇帝王的宮殿，但為了與我們平起平坐，除了罪，祂選擇事事都與我們一樣。而我們，若要與貧苦的人平起平坐，就要選擇事事都與貧苦人一樣，除了窮到一無所有之外，事事也都要選擇與他們一樣。原註1

◆

我敢說在我們身邊死去的那些人，都在天堂了，他們其實都是聖人，都去到了天主的面前。他們在人世或許沒有人要，但他們是天主非常鍾愛的孩子。原註2

耶穌爲那個衣不蔽體的人而死

耶穌死在十字架上，是在彰顯更大的愛。祂是爲你、爲我而死，是爲那個痲瘋病人、爲那個快要渴死的人、爲躺在街頭衣不蔽體的人而死，不僅在加爾各答，也在非洲，在紐約，在倫敦，還有奧斯陸——祂要我們一定要像祂愛我們每一個人一樣去愛他人。我們在福音書裡清楚讀到：「愛如我先前那樣愛你們；如我現在這樣愛你們；我如天父愛我那樣愛你們。」原註3

◆

而祂說：「我餓了，你們給了我吃的；我赤身露體，你們給了我穿的；我患病，你們看顧了我；我作客，你們收留了我；我孤單，你們對我微笑……凡你們對我這些最小兄弟中的一個所做的，就是對我做的。」這便是耶穌一遍又一遍跟我們說的：像祂愛我們一樣去愛他人。原註4

◆

所以，這便是我們每一個人都要用心〔去找出來的〕；〔貧苦中最貧苦的人所在的〕這樣的地方在哪裡，然後指引同工前往這樣的地方。要是兩個人就可以去了，但絕對不可以單獨前去。你們絕對不可以一人行動，要找人一起前去。那是耶穌化身的苦難，在我們的眼中，便是挨餓受苦的耶穌基督，便是衣不蔽體的耶穌基督，便是無家可歸的耶穌基督。……去做卑微的事……我們已經下定決心要做卑微的事……只是幫人餵食、漱洗，只是去愛人、去照顧人，做這些小小的事不是浪費時間。因爲這是直接爲挨餓受苦的耶穌基督做的，爲衣不蔽體的耶穌基督做的。祂不會說假話；我們二十四小時都在接觸祂。所以，這才會這麼美好，因爲我們就在他們面前，我們碰觸得到他們，等於二十四小時都在祈禱。原註5

◆

妳們眞的愛耶穌嗎？妳們眞的感覺到耶穌的渴嗎？妳們眞的聽到祂對妳說：「身爲貧苦中最貧苦的我，妳還愛我嗎？」姊妹們，聽我說，妳們聽得到耶穌在饑餓的人當中的呼喊嗎？在衣不蔽體的人當中呢？在沒人愛、沒人要的人當中呢？在身上有大塊傷口爬滿蛆的痲瘋病人當中呢？在愛滋病人當中呢？妳是拿怎樣的尊重去對待他們呢？妳們在他們每一個人身上看得到受苦的耶穌嗎？妳們若是夠親近耶穌，有聖母的協助，妳們便會說我會分擔他們的痛苦，爲耶穌解渴，同樣地，在團體中，對修女姊妹們彼此之間，或對院長修女們，無不如此。千萬別忘了：「就是對我做的。」原註6

◆

妳的雙手必定極爲潔淨

妳的雙手必定極爲潔淨，才能閤掌祈禱，才能爲衣不蔽體的耶穌基督披上衣裳。原註7

◆

今天，一群小學生來看我。他們全校每一班推舉出一名男生、一名女生做代表，在印度教的禮拜（puja）儀式過後帶了錢和食物來給我們，送到我們的「兒童之家」（Shishu Bhavan），接著到這裡來看我。他們怎麼會知道有我們這樣的機構，我自己也不知道。看吧，修女們，這便是我們這使命美妙的地方，仁愛傳教修女會已經帶動世人去認識全世界的貧苦民眾。二十年前，妳要是跟人說有人沒東西吃、有人沒衣服穿，沒人會信的。如今全世界都因爲我們做的事而知道我們服事的貧苦民眾。而且因爲知道，而願意分擔。原註8

◆

甘迺迪先生譯註15來拜訪我們的地方。艾格妮斯修女那時正在洗髒衣服，但他還是要和艾格妮斯修女握手。她把手藏在身後，但是甘迺迪先生還是要握，「我想要……這雙手是爲耶穌基督的愛而在做卑微的工作。」原註9

◆

我記得上次在貝魯特的時候，我帶著那些孩子——他們的情況都很糟糕——他們的醫院被炸，工作人員全跑光了——總共三十七個孩子，都沒衣服穿，一個疊一個擠在一起，沒人餵他們吃東西，沒人照顧他們——抓了別人在嘴裡啃。我們把這些孩子帶出來，安置在乾淨舒適的床上。看看我們這幾位修女爲這些孩子做的事。「謝謝你們，嬷嬷」——有幾個醫生來看過，每一個都說：「這些孩童不出一個禮拜全都會死。」可是，每一個孩子都活下來了，這是最美好的事，他們臉上的笑容眞美麗。原註10

我們不要誤以爲在歐洲這裡還有其他地方，就不會有人挨餓受凍。人的饑餓，不僅在需要一塊麵包裹腹，也在希望有愛。〔說不定這裡〕沒有人因爲〔沒有〕衣服而赤身裸體，但有人因爲〔沒有〕人性尊嚴而脆弱裸裎；沒有人因爲頭頂少片瓦而無處可以棲身，但有人因爲沒人要、沒人愛、沒人關心而被拋棄。就是因爲這樣，我們必須禱告。禱告能淨化我們的心靈，有了乾淨的心靈，我們才看得到天主。而看到了天主，我們就會像天主愛我們每一個人一樣去愛別人。原註11

◆

衣不蔽體也是失去人性尊嚴

就是因爲這樣，我們說沒人要、沒人愛、沒人關懷、被人遺忘、孤單的人——他們貧苦的處境還更嚴重。因爲物質匱乏一定可以拿物質來滿足，我們扶起一個亟需麵包裹腹的人，我們給他麵包，就解決了他饑餓的問題。但要是扶起的是極爲孤獨、被排斥、被社會拋棄的人，物質的協助就幫不了他了。因爲排除孤獨、去掉心底深處的傷痛，需要的是禱告，需要的是犧牲，需要的是寬仁和愛。這些常常比物質還更難給與。就是因爲這樣，才說不僅是對有形的麵包饑渴，也還有對愛的饑渴。原註12

◆

世上的每一個人都是以天主的肖象創造出來的，耶穌基督道成肉身，便和世間的每一個人有所和合。我開始這工作，一開始時有些人有意見，說教會又不是廢物堆。他們說的是那些窮人、病人、垂死的人、身體有殘疾的人、無家可歸的人，等等。如今，大家卻好像一個個都轉向當初被說成是廢物的人。沒錯，貧苦的人也值得尊敬，也有人性的尊嚴。生而爲人，要是感受不到愛，就領會不到自己的尊嚴。這就教我想起潔心之家收留過一個男子，他過世前說：「我流落街頭的時候，日子過得像牲畜一樣，但我死的時候會像天使，有人愛，有人關心。」原註13

◆

在很寒冷的國家，許多人因爲嚴寒而凍死。但是衣不蔽體也等於嚴重喪失人性尊嚴，喪失美麗的德性——純潔，處子的身軀，處子的心靈，純淨的心靈——純粹的那種純淨，貞潔的那種貞節，處子的那種童貞；也就是失去了天主給與我們的美麗恩賜。原註14

◆

衣不蔽體也是失去人性的尊嚴，失去尊敬，失去那麼美麗、寶貴的純潔，失去年輕男女因爲愛而能夠給與對方的最美好的童貞，失去天主的化身，失去美麗的、寶貴的東西；這便是衣不蔽體。原註15

◆

還有一種衣不蔽體，就是剝奪人性的尊嚴，失去了對我們每人都有的神性的尊重。由於天主創造我們是爲了更大的目的，是要去愛人，要去被愛的。所以，我們要是把別人的人性尊嚴拿走了，就是在摧毀他身上的神性。原註16

德蘭修女的身教：見證

他全身一絲不掛，有好多傷口

有一次有個英國年輕男子在路上狂奔，躲避拿石頭攻擊他的暴民，嬤嬤要我們搭乘的救護車停下來，把男子帶上車。他全身一絲不掛，有好多傷口。嬤嬤把他送到母院，爲他準備洗澡水，治療他的傷口，給他衣物以及熱食。原註17

我們要把這裡的每一個孩子都帶走

我們第一次到……這一座（在羅馬尼亞的）孤兒院，發現院中收容了六十二名孩子，處境實在難以用言語來形容……嬤嬤拿到的許可，是可以帶走四十個孩子。我們去的時候，發現他們一個個衣不蔽體，兩或三個人擠一張床上，許多還坐在甚至躺在尿液上面。嬤嬤對我說：「我們要把這裡的每一個孩子都帶走。」我說：「嬤嬤，我們拿到的公文說我們只能帶四十個。」嬤嬤沒讓我說下去，自己說：「沒帶走每一個孩子我絕不走。」後來我找到嬤嬤，她在外面，嘴裡一直重覆說道：「我不是要批判，」（她明顯在顫抖）「我也不想批判他們，可是這些人『照顧院童的人』就站在那裡，不覺得羞愧，不覺得不好意思，怎麼會這樣？」之後她又說：「我不想批判他們。」嬤嬤對院方並未失禮，但她全程盯著我們把孩子全部帶走，全院六十三名。原註18

嬤嬤沒有讓那婦人離開

嬤嬤對神意的信任，教我十分感動。有一天，一個穿得破破爛爛的婦人來到我們這裡，嬤嬤便要負責的修女去拿一件紗麗來。但沒找到紗麗可以給她。不過，嬤嬤沒有因為這樣就讓婦人離開。沒多久，來了一名男子，送來許多新的紗麗。那婦人好高興。原註19

她擁有天主愛的力量

阿爾巴尼亞在一九九一年那時候可以說是一無所有：商店沒有糧食、沒有衣物、沒有藥品可買。嬤嬤向外界要求運送衣物、食物和藥品，特別是向義大利那邊。物資開始湧入，可是很難發送。民眾不守秩序，而且敵意很重。我們跟嬤嬤講這件事，嬤嬤告訴我們發送衣物、食物的時候，她會陪在我們身邊。我們出去發送配給券，但連這件事也很難辦。等到發送物資的那天，嬤嬤陪著我們，圍裙穿在身上，等著開始。警方也派了人在外面警戒。等在外面的群眾人數極多，警方無力控制。嬤嬤便走出去，對群眾講話。我們很擔心嬤嬤的安危，她那時已經有心臟病了。但她很勇敢，很堅決，將群眾安撫下來，那天，我們順利將衣物發送給民眾。嬤嬤就是做得到，因為她有天主愛的力量。發送完畢之後，嬤嬤說：「阿爾巴尼亞人從前不是這樣。」嬤嬤記得過去在阿爾巴尼亞度過的時光。沒錯，過去五十年將這國家整個摧毀。天主都被這國家立法趕出去了，哪還能希望人怎樣呢——已經淪落成爲沒有尊嚴的人。就有個阿爾巴尼亞人跟我們說：「共產黨用五十年時間摧毀人民的良心，要再重建阿爾巴尼亞人的良心，得用上一百年才行。」[原註20]

止咳的妙方

嬤嬤向來把生病的修女安置在她的睡床附近，方便她留意。要是有哪個修女在小聖堂裡咳嗽，嬤嬤會帶她出去，拿自己的保暖衣物爲她披上。晚上有修女在宿舍咳嗽的話，嬤嬤會走到那修女身邊，輕聲關懷，「修女啊，嬤嬤會不會聽妳這樣子咳一整晚？」咳嗽就會停了。止咳的妙方，便是嬤嬤對我們豐沛的愛和關心！嬤嬤在我們的宿舍每晚都要逐床巡視一遍，看看大家是不是睡得都好，還細心爲我們掖被褥。我們的腿要是伸到外面，她會把我們的腿擺回蚊帳裡去，仔細幫我們把被褥蓋好——就算嬤嬤其實有很多信要寫，她是很忙的。我眞想念嬤嬤，她對我就像我自己的母親。[原註21]

貧苦的人得吃多少苦啊

那時我在宿舍裡面。冬天的季節，宿舍的門和窗戶全是打開的，冷得我在床上瑟瑟直抖。蓋兩張毯子都不夠。可是時間已經是午夜了，所以我就靠現有的被褥禦寒。但這時，我卻覺得有人拿了一條毯子爲我蓋上，我心裡想，這是在作夢吧，但我張開眼睛，你說我看到誰？當然是嬤嬤囉。她還是那麼關心，把被褥爲我蓋上，把被角塞進我的床墊下面壓好，祝福我，用她溫暖的手捧住我的臉，說：「睡吧。」到早上我才知道，嬤嬤是把她自己的毯子拿出來爲我蓋上。那她沒毯子蓋，不就冷得睡不著了？這只有天知道了。早上，嬤嬤跟我說：「貧苦人家睡在沒東西墊著的地板上，也沒毯子蓋，不知有多苦。我們的苦，跟那些貧苦人比起來不值一提。」原註22

我的衣服全濕了

有一天下大雨，我的衣服全濕了，我去找嬤嬤說：「嬤嬤，我沒衣服可以穿，我的衣服全濕了。」嬤嬤便要我到她房裡，從枕頭下面把她的睡衣拿出來穿。我就去拿來穿。原註23

默想

「我赤身露體，你們給了我穿的。」（《瑪竇福音》第二十五章第三十六節）

「缺少對祂忠信的人，祂有望於你……而你會當祂的『那人』嗎？」原註24

「貧苦的人赤身露體——亟需要衣物，亟需要人性尊嚴和悲憫。」原註25

我遇到衣衫襤褸骯髒的人會看不起對方嗎？我是否想得到他們穿成那樣說不定是因爲沒有別的衣物可以換洗呢？我懂不懂得他們很可能會因爲衣著的關係自慚形穢所以不想與人接觸？而我輕蔑或是迴避的眼神是否會加重他們的不幸呢？我是否了解他們因爲物質匱

乏加上他人因此鄙視他們，以致更加痛苦呢？我又可以怎樣去做，幫助他們不致因為衣衫破爛而被別人排斥？

我的眼睛看得到街頭有人需要衣物嗎？我有沒有心去和他們分享一些衣物呢？我不需要的一件衣物是不是能幫上別人的忙呢？接近貧苦的人說不定很困難，是很大的考驗，但也可能帶來回報。遇到貧苦的人，親手奉上他們需要的東西，讓他們感覺到你給與的尊重和禮遇，回復他們的尊嚴。捫心自問在和人接觸的時候，是否給與對方溫暖、友善的對待，來往的時候是否重視對方天生便應該享有的尊嚴？

祈禱文

親愛的耶穌，不論我行至何處，協助我散發祢愛的芬芳。
以祢的聖靈和生命注滿我的靈魂。
徹底滲透、擁有我的存在整體，
教我的生命散發祢的光輝。
請透過我發出光，與我同在，
教我遇見的每一個人都感受得到祢在我靈魂之內。
帶他們尋找，看到的不再是我，唯有耶穌基督！

與我常在，這樣我便可以隨祢發光而發光，成爲別人的光。
而那光啊，耶穌基督，都是從祢來的；
沒有一絲是我的。
都是祢，透過我在照亮別人。
所以，就讓我以祢最喜愛的方式讚美祢，
把光照耀在我周圍的人身上。
讓我不必開口傳道便能傳揚祢的道，
不以話語，而是以身作則，
以感染的力量，
以我的作爲去發揮同情的力量，
以我心內對祢滿溢的愛來傳揚祢。
阿們。

——德蘭修女每日領聖體後所做的祈禱，從紐曼樞機主教（John Henry Cardinal Newman, 1801－1890）的祈禱文得到啓發

【第四章】

收留旅人

設立真正的家

無家可歸講的不僅是頭上沒有片瓦的家，還在於沒人要、沒人愛、沒人關心的感覺，被社會拋棄的感覺。

——德蘭修女

現今無家可歸的游民愈來愈常見，眞是不幸，這情形連已開發國家都難倖免。德蘭修女講起游民的時候，對於居住狀況不佳的貧民固然相當關心，但是對於流落街頭，「頂天露宿」，日復一日、月復一月、甚至還年復一年的人，她更是格外關心。想到他們放眼未來卻看不到可望實現的轉變，他們的處境就更加絕望了。修女了解到這問題有多嚴峻之後，便開始尋覓合適的地點，準備設立臨時收容中心或是游民之家。她要設立的是眞正的住家，讓貧苦的人有人接納、有人愛、有人關心，尤其是讓他們覺得是「自己的家」，這是她向來堅持的一點。

不過，不論無家可歸有多絕望，德蘭修女看見的問題更深，不止於表面上沒有地方住。她說：「我的這些貧苦民衆流落街頭的實際處境，是沒人要、沒人愛、沒人管。」這種被人排斥、拋棄、輕忽、不屬於哪一處地方，在人生的道路輾轉掙扎卻找不到自己的座標或是避風港，才是修女在提供實際的居所之外要弭平的眞實痛苦。

德蘭修女對「無家可歸」有這般深刻的領會，也來自她自己深刻的神祕體驗。她曾在寫給她的靈修輔導神父的信中說，露宿街頭的游民處境，被大家排斥、拋棄，任由他們忍受痛苦自生自滅，便是「我自己靈性生活的眞實寫照」。她全心全意去愛天主，卻覺得天主不要她、不愛她、不管她，因此折磨而產生的椎心劇痛，使她得以領會游民日常的感受。他們的困阨、孤獨、被排斥，她徹底感同身受。所以，貧苦的人才在她身上感受到那麼深的悲憫，慈悲且不批判，覺得自己有人接納，有人愛，有人理解。原註1

她對這種痛苦十分熟悉，因而常鼓勵修會的姊妹「為無家可歸人提供居所——不僅是片瓦撐起來的屋宇，還包括願意理解、願意庇護、願意去愛的心。」原註2她盡力去創造眞正的家，讓每一個人覺得自己是有人接納、有人愛、有人保護的。她要的不是冷冰冰、沒有生氣、少了愛和感情的機構，她要的是平和、安適的地方，讓無家可歸的人在這樣的地方感受得到天主的愛，讓垂死的人得以「平平靜靜安息主懷」，知道自己是有人愛、有人關心的。

德蘭修女的言教

耶穌在我們這些貧苦民眾的身上重現苦難

「我作客〔流落異鄉〕，你們收留了我。」我敢說你們在亞西西（Assisi）這裡不懂得肚子挨餓的滋味，但卻有渴望愛的饑餓滋味。……你們不會看到有人在街頭露宿，可能無家可歸；只是他們無家可歸，是因爲他們被排斥，〔沒有了〕人性的尊嚴，人性的愛。你們知道亞西西的可憐人嗎？我們有專門給無家可歸的人進住的家，收留我們在羅馬街頭接回來的人。我們在卡羅卡塔尼歐（Carlo Cattaneo）原註3就有一處庇護中心，專門收留沒有親友、一無所有、衣食無著的人。我相信我們只要禱告，在各自居住的城市、鄰里說不定就會找到貧苦的人。原註4

◆

耶穌在我們的貧苦民眾身上重現祂承受的磨難。貧苦民眾承受的其實便是基督承受的磨難。我們對他們一定要以尊重相待。我們絕不可以把他們從這裡推到那裡——像是從兒童之家趕到母院。他們吃的苦已經夠多了。我們應該以尊嚴相待。當今的貧苦民眾便是耶穌在受苦。我們一定要找到門路、找到途徑，用更好的方式去協助他們：千萬不要增加他們的痛苦。貧苦的人便是耶穌置身現今的髑髏地。原註5

◆

我們在加爾各答從街頭接回來五萬二千人——被社會拋棄、沒人要、沒人愛，沒有誰去愛他們的人。各位說不定從來就沒嚐過這樣的滋味，那可是極悲慘的痛苦啊，極悲慘的痛苦。原註6

◆

或許你去到車站，或許你去到非常貧窮的地區，就會發現有人睡在公園裡，說不定也有人睡在街邊。我在倫敦就看過這樣的人，在紐約也看過。我在羅馬一樣看過不少人睡在街邊，睡在公園裡，而且無家可歸的游民還不是只有這一種——這情況在寒冷的夜裡看到了更是教人難過，十分難過；男的，女的，用報紙墊著睡在街邊。不過，無家可歸還有範圍更大的——被排斥、沒人要、沒人愛的。原註7

欸，嬤嬤啊，妳怎麼會看到他？

我在德里的時候，坐車沿著一條大街走。有一個人躺在地上，一半在路中一半在人行道上。一輛輛車子從旁邊開過去，卻沒一個停下車來看看這人是怎麼了。我叫車子停下來，然後去扶他，幾個修女都很驚訝，問我：「欸，嬤嬤啊，妳怎麼會看到他的？」沒人看到他，連跟著我的幾個修女也沒人看到他。原註8

他忽然覺察，天主愛我

無家可歸不僅是上無片瓦可以遮蔽，畢竟我們成立了許多庇護中心收留病苦、垂死的人，在世界各地也有許多收留游民的地方。然而，無家可歸講的不僅是頭上沒有片瓦的家，還在於沒人要、沒人愛、沒人關心的感覺，被社會拋棄的感覺。就像現在吧，有這麼多人罹患愛滋病，被社會驅逐，然而他們都是我們的兄弟、我們的姊妹。我們在紐約開的「恩賜之家」（Gift of Love），還有在華盛頓開的「和平之家」（Gift of Peace），對愛滋病人的生命還有許多志工的生命帶來了多大的改變。我們接來罹患愛滋病的人，讓他們臨終前有人愛、有人照顧——得以感受到善終的美好。這便是你我可以與他們分享的愛的果實。這便是生命的庇護——天主創造這些人是爲了更大的目的，是要去愛人，要去被人所愛。原註9

◆

我們在澳洲有一處會院，收留酗酒的人。幾位修女從街頭接回來一名男子，他酗酒好多年了，毀掉了自己的人生，毀掉了孩子的人生，毀掉了他的家庭，他的一切。而〔感恩〕我們的修女〔對待他的態度〕，有一天，他忽然覺察到「天主愛我」。什麼時候呢？怎樣發生的呢？……是我們修女對他說話的方式，撫慰他的方式，愛他的方式。她們沒有做什麼特別的事情，單單是她們對待他的態度，帶著那麼多的愛，那麼多的悲憫，那麼多的了解，對他是酒鬼、對他這麼無助、這麼無望，絕沒有另眼相待。然後，忽然間就來了「天主愛我」這樣一句，從那天起，他再也不沾一滴和酒有關係的東西。他回到自己的家，回到家人身邊，回去工作，重拾一切。之後，他拿到了第一份薪水，他拿著錢到我們正在爲街頭酗酒的游民蓋康復中心的地方，這個中心特別是要收留被關在牢裡的老年人，因爲要是放他們出來，他們也沒地方可去，那就又會再回去喝酒。我們想把這些人從牢裡接出來，給他們一個家，讓他們覺得自己也有人愛，有人關心。他帶著錢到我們那裡，說：「天主對我那麼好。從你們的修女身上，透過你們的修女，我現在知道天主愛我。這樣我才重新回到人生的軌道裡去，現在我要拿我的人生和別人分享。」這都是我們修女做的小事，她們沒做什麼。我們能爲別人做的其實少之又少，可是，至少他們知道我們愛他們，我們關心他們，我們願意服事他們。原註10

◆

我永遠忘不了那個小男孩那天晚上有多痛苦。他說：「我去找我父親。」他去找他父親和母親，但他們兩個都不要他。在晚上那時候，那小男孩竟然有勇氣一個人走到我們那裡。這不是很奇妙嗎？我帶他回家，因爲我要他。他是個美麗的孩子。原註11

一天有位修女從街頭扶起一名男子，是在人行道上。她一把他從地上扶起來，他一整片背——連皮帶肉——就掉在地上，掉在人行道上。有一大堆蛆在吃他的皮肉。那修女把他接回到會院裡來。他全身爬滿了蛆。但是那位修女還是替他洗浴，還是以愛對他。三小時後，那男子去世，臉上帶著最美麗的笑容。我到她們那裡去，那修女告訴我這件事，我便問她：「那妳感覺如何？妳碰到他身體時，妳心裡有什麼感覺，妳有什麼感受？」那位年輕的修女給了我美麗的答覆，「我從來沒感覺過主的臨在，但那時候，我知道我碰觸的是耶穌奧體。」原註12

◆

不管在誰的心裡都沒有他們

游民不僅是沒有磚瓦木頭蓋起來的家的人，也是不管在誰的心裡都沒有他們的人，是被排斥、沒人愛的人。原註13

◆

昨天總主教帶我去看泰姬瑪哈陵。看著那麼宏偉的大理石建築卻沒有生氣，我心裡好難過，這裡有冷冰冰的財富，但在旁邊卻有痲瘋病人、有一貧如洗在死亡邊緣的人，活在十足的痛苦、匱乏當中。想到這些我就難過不已——同時卻也教我的決心更加堅定，一定要爲耶穌的苦難化身再多做一些事。原註14

在年輕人當中找到迷失的耶穌，帶祂回家——像聖母瑪利亞一樣——她就找到耶穌帶祂回家。妳們……還有許多人也一定要和瑪利亞一起去找，在年輕人當中找到耶穌苦難的化身——用妳們的愛，妳們的聖德，帶他回家——掰開麵包大家分食，他們便會在父親、母親、兄弟姊妹還有鄰人的身上認識耶穌、看見耶穌。原註15

◆

爲沒人要的孩子找個家

我們一定要讓孩子回到我們照顧、關懷的焦點。唯有這樣，我們的世界才能存活下去，因爲孩子是未來的希望所在。世人蒙主寵召之後，就只有他們的孩子可以頂替留下來的空位。而天主對我們說過什麼呢？聖經說：「縱然母親能忘掉自己的孩子，我也不會忘掉你啊。看啊！我已經把你刻在我的手掌上。」（《依撒意亞書》第四十九章第十五至十六節）譯註16。我們就刻在祂的掌上。還未出世的孩子從受孕開始就刻在天主的掌上了，而蒙召去愛及被愛，不僅在這人世，而是永生永世——天主永遠不會遺忘我們。我要跟妳們講一件很美好的事情。我們正在以領養對抗墮胎。我們照顧母親，安排孩子由人領養，已經救下了好幾千名孩子。我們傳話到診所、醫院、警察局，要求他們不要毀了那孩子，我們會負責照顧，〔我們會〕收養孩子，好讓大家可以把話傳到有麻煩的母親那裡。「來，我們會照顧妳。我們會爲妳的孩子找個家。」我們這裡有很多沒有孩子的夫妻都想要收養孩子，但要是有夫妻因爲做了什麼措施而沒有孩子，我絕對不會把孩子交給他們。耶穌說：「無論誰因我的名字，收留一個這樣的小孩，就是收留我。」（《瑪竇福音》第十八章第五節）[譯註17]。這些夫妻收養一個孩子，就是收留耶穌，但要墮胎，便是不肯收留耶穌。請大家不要殺害小孩。我要那孩子。請把孩子交給我。每一個被選定要拿去墮胎的孩子，每一個我都願意收留，再轉交給別的夫婦收養，由他們來愛這孩子，也讓這孩子愛他們。單單是我們在加爾各答的兒童之家，就已經搶救下來三千名孩子免於墮胎。而這些孩子也為收養他們的養父母帶來那麼多的愛和喜樂，也長大成為充滿愛心的人。[原註16]

◆

在現在這時候請特別為難民祈禱，他們承受那麼大的痛苦。到處都看得到他們十分擁擠。所以，就讓我們要求聖母瑪利亞來當難民的母親，這樣我們就能協助他們擔起苦難，並藉此來為世界求得和平。[原註17]

◆

求天主賜福我們，讓我們協助這些難民和流離失所的人。請各位將天主的愛、希望、力量，帶到無家可歸、一貧如洗的人當中。千萬記得耶穌的話語：「我作客，你們收留了我。」[原註18]

愛的卑微事工

我們將愛付諸行動，以愛的卑微事工將天主寬仁的愛和關懷帶給沒人愛、沒人照顧、一貧如洗的人。世界上的人深受感動，而在許多人的心裡帶起深刻的分享意願；有的人因爲富足而有多餘可以分享，但還有許多人，說不定佔大多數，是犧牲自己，把原本自己想要有的東西分送給其他比自己不幸的兄弟姊妹。看見這種犧牲的精神出現在那麼多人身上，是多美好的事啊。因爲這樣不僅是收受的一方解決了燃眉之急，施與的一方也因天主的愛而更加富有。原註19

人類生命最重大的進展

我們照顧病苦、垂死的人，我們收留流落街頭的人。單單在加爾各答，我們就收留了近三萬一千人，其中超過一萬四千人得以善終。對我而言，人類生命最重大的進展便是得以安息主懷。原註20

◆

妳和我都是爲同樣的目的而創造的，也就是去愛人，去散播悲憫，像聖母瑪利亞一樣……我覺得女性的心就是懂得以美好的悲憫去感受他人的傷痛，感受到了就會去盡力做些什麼。妳和我在心底都懂得悲憫。但我們眞的發揮我們的悲憫心了嗎？我們有聖母瑪利亞一樣的眼睛，看得出來他人的需求嗎？說不定像是在我們自己的家裡，我們眞的知道父母的需求嗎？丈夫的需求呢？孩子的需求呢？孩子回家待在我們身邊的時候，是像耶穌待在聖母瑪利亞身邊嗎？我們眞的爲自己的孩子準備了家嗎？原註21

說不定耶穌基督在你心裡是無家可歸的人

他們無家可歸說不定是因為頭無片瓦可以遮風擋雨，所以無處可去，或者是孤獨、沒人要、沒人愛，因為欠缺以你心中的愛搭建起來的家，所以無家可歸；由於愛起自家裡，所以在你的心裡、在你的家裡、在你的鄰里、在你生活的國家、在這世界，耶穌基督說不定就沒得吃、沒得穿、生重病、無家可歸。原註22

◆

「我就是那個來敲你的門的人。」耶穌說，「我就是那個躺在街頭的人。我就是那個在殘破的家裡死去、凍僵的人。」原註23

◆

無家可歸而尋求妳心裡給與庇護的地方，祂詢問妳……妳會當幫助祂的「那人」嗎？原註24

◆

耶穌一定好愛你們這裡。我老是在想祂不在耶路撒冷找地方落腳——而是一路走到伯達尼——去找瑪利亞、瑪爾大（Martha）和拉匝祿（Lazarus）。他們愛祂——他們要祂。我現在覺得耶路撒冷那邊也不要祂，我相信你們這裡便是祂的伯達尼。請保持這裡始終是祂的地方。原註25

德蘭修女的身教：見證

我們不可以讓他留在街頭

嬤嬤聽說倫敦有許多無家可歸的人露宿街頭，便要我們帶她去看看。所以，一天晚上，安・布萊奇[譯註18]和我便陪著嬤嬤去了。嬤嬤特別注意到一名男子，下車去探視他。一開始，那男子沒發覺嬤嬤就在他身邊。可是等她捧起他一隻手，他抬起眼睛看著嬤嬤，說：「我已經好久沒感受到另一個人手上的溫暖了。」嬤嬤回到車上，跟我們說：「他病了，我們不可以讓他這樣子就留在街頭。」安・布萊奇說：「沒錯，嬤嬤，可是晚上這時候我們能送他到哪裡去？」那時候約當晚上十一點。嬤嬤說：「我們帶他到樞機主教公署去吧。」所以，雖然司機和布萊奇太太都不太高興，我們還是把那人帶上車，在半夜的時候前往樞機主教公署。我們抵達的時候，一扇扇門當然全都關上鎖住了。就在我們覺得進門大概無望的時候，一名神父從外面回來，打開一扇小門的鎖準備進去。我們的司機看了馬上跑過去，對他解釋德蘭修女正在車裡，要為一個露宿街頭的人找地方安身。那位神父很客氣，要我們稍候，便去打電話給救世軍，幫我們把所有的事情都安排妥當。我們便〔把那人〕送到救世軍那裡去了。[原註26]

嬤嬤注意到露宿街頭的痛苦

嬤嬤注意到西亞德（Sealdah）火車站一帶露宿街頭的人困苦的狀況有好長一陣子了——他們是些找不到工作的人進城打零工，乞丐，還有沒地方可去的人。嬤嬤去見鐵路公司的總經理，也見了警察總長，得到他們全力的支持。他們從巴拉克波爾（Barrackpore）派來一支警察小隊，在馬路兩邊的人行道用油布和竹子搭了幾座棚子。修女會的修女們到車站去將月台的病人帶出來，安置在棚子裡。每天晚上九點半再由兩位修女過來發送麵包、牛奶、毯子。志工也會幫忙。許多〔游民〕早上會出去找工作。生病的、無法工作的還有小孩子便留下來。垂死的病人就送到潔心之家（收留垂死病人的庇護所）。病人或是就地醫治或是送進醫院，孩子則要上課到中午。

後來建起了一座比較持久的屋子，有石棉瓦屋頂，也有正式的開幕儀式。舉行開幕儀式的時候，狄亞茲太太（Mrs. Dias）說德蘭修女有米達斯國王（King Midas）點石成金的本領。那時的金價很高呢，可是德蘭修女付出的比黃金還要寶貴——她付出的是愛和感情的黃金。我們另外還成立了一家流動診所，一所救濟中心，一所孟加拉語和北印度語的中學，以及為婦女開設裁縫班。傍晚的時候，孩子們會協助打掃街道，清理車站一帶，把〔椰子的〕空殼收集起來。收回來的空殼沒地方放，就堆在過夜的棚子角落裡，堆得很高，準備丟進垃圾桶。有天嬤嬤來巡視，便問主事的修女：「妳們收集這些做什麼？」那修女給了嬤嬤很簡單的答案，「完全沒為什麼。」嬤嬤忽然說：「那就全部送到恩賜之家（Prem Dan）。我們就拿這些廢棄物來做點什麼吧。」所以，之後每一禮拜都會有小卡車來把空椰子殼運走，送到我們那些沒有工作的貧戶那裡去讓他們加工——像是打成纖維，這是可以做成繩子、門墊、床墊的材料。原註27

你會不准聖母瑪利亞和聖若瑟進我們的庇護中心嗎？

我們在兒童之家收留了一戶有精神病的人家，這是一個母親一人帶著幾個孩子。最大的孩子不良於行，還有智障。這婦人對我們很壞，弄到有一天我再也不肯去兒童之家了，也把鑰匙交了出來，說那婦人留在那裡一天，我就不回兒童之家。嬤嬤過來了，告訴那婦人收拾好東西帶著孩子離開兒童之家。那婦人便收拾東西走了。那時是下雨天，飄著毛毛細雨，也已經是傍晚了。擺脫掉她，我心裡很高興，但是嬤嬤不然。到了快五點的時候（他們離開約一小時了），嬤嬤回到兒童之家，對我說她要去找他們。我覺得後悔，便跟著嬤嬤一起去。她很擔心他們，他們沒有家，外面又在下雨。我的心開始軟化。我們在聖女德蘭堂（St. Teresa's Church）找到他們，把他們接回兒童之家。這是我永遠不會忘記的教訓。嬤嬤說：「永遠都別忘記聖母瑪利亞和聖若瑟在伯利恆的時候被人擋在客棧外面。妳會不給他們地方住嗎？」原註28

嬤嬤馬上站起來

有一次在嬤嬤的節日那天，母院的修女們準備好要演一齣戲，盛大慶祝一番。那天下著傾盆大雨，雨勢太急，卡利夏特開始淹水，水位愈來愈高，而外面還有好多生病人的人。因為空位不夠，我沒辦法把他們全安排進屋裡來，所以我跟嬤嬤說有這麻煩，嬤嬤一聽，沒管戲正演到一半，馬上站起來跟著我一起趕到卡利夏特，很快就解決了問題。把生病的人全弄進屋裡，在嬤嬤根本不是多大的問題，她略做一番安排，每個人在屋裡就都有了位置。我想不出來嬤嬤怎麼這麼巧妙就解決了問題，大家都很高興。有誰到我們的大門口來，嬤嬤確實是從來不會不讓人家進來。所以，我決心也要跟她一樣，不管是誰都挪得出地方來給他，就像嬤嬤說的，來的人都是耶穌的苦難化身。所以，絕對不要拒人於門外，即使找不出地方也不可以。有天主幫忙，我們一定想得出辦法來。原註29

我從來不會不見誰

有人來拜訪，她來者不拒，一概歡迎，從來不會有誰是她不願意見的。用她自己的話來說，「我從來不會不見誰」，因爲她的心胸極爲寬大，不會容不下誰。而她對服事也不倦不怠，從來不會考慮種姓、信仰或是其他這類事情。她就是有這種堅定的美德，認爲天主面前人人平等。原註30

嬤嬤忽然走出人群

嬤嬤身邊圍了一圈「資深修女」、同工等等，很多人。我和其他初學修女等在車邊。有個窮苦的老人家走到我附近，他眼睛看不清楚，便問我們嬤嬤什麼時候來。我們跟他說嬤嬤在大門附近的那一堆人圈裡面。我們看不見嬤嬤的身影。我覺得難過，因爲這個人是沒有機會在近處看嬤嬤一眼了——也是因爲其他修女比出手勢要大家不要靠近。可是，忽然間，我也不知道怎麼回事，只覺得不敢置信，嬤嬤竟然走出「人群」朝這人走過來。老人拿下帽子，請嬤嬤爲他的眼睛祈福，嬤嬤用英語和他說話，爲他的眼睛祈福，對他親切一笑。那人落下淚來。就我個人而言，我十分震撼，因爲按照那狀況，我覺得嬤嬤會走來〔我們站的地方〕，根本就「不可能」。原註31

嬤嬤的協助和鼓勵

「少年鎮」（Boys Town）成立於約二十年前，那時我們仁愛之家收留的男孩子都長大了，要分開居住才好。嬤嬤便去找亨利總主教（Archbishop Henry），請他幫忙，沒多久，他們就為男孩成立了這樣一所「少年鎮」，讓他們上學。再後來，嬤嬤為他們張羅到了「巴塔專案」（Bata Project），這是印度一家製鞋工廠提出來的實驗計畫，協助訓練男孩製鞋謀生，這樣他們便能以製鞋自力更生。再過沒多久，少年長大了會要娶妻，要安家落戶，我們便又再規劃出方案協助他們蓋房子，買少許地。這樣的計畫實現至今，已有八十多戶小家庭在該地欣欣向榮。一開始，這些男孩確實惹來很多麻煩。他們和管教他們的神父有嚴重的誤會，動輒鬧事搗亂。有一名神父待了幾年後覺得工作太棘手了，想放棄他的聖召。嬤嬤出面協助，親自帶他回少年鎮繼續實踐他的使命。有了嬤嬤的協助和鼓勵，他在少年鎮又工作了許多年，成效很好。原註32

他們在階級那麼低的地方

我們在羅馬成立的仁愛之家是要照顧年老妓女，都是因為工作染病以致生活無法自理的婦女。這些都是嬤嬤特地要在那裡照顧的人——由她派來的修女負責照顧——她們位在社會階級那麼低的地方，我怎麼也想不到會有人願意照顧她們。原註33

小孩子的朋友

嬤嬤遇見過一些棄兒，有的時候還是很小的嬰兒，被人扔在垃圾堆裡躺著等死。嬤嬤便在一九五五年設立了兒童之家。這是第一家，之後陸續會再開設多處這樣的會院。許多嬰兒、幼童都送過來我們這裡，有警察送來的，有社工送來的，還有修女們帶回來的。每一個都需要照顧、需要愛，許多原本營養不良的小嬰兒還奇蹟康復。嬤嬤對小孩子有她神奇、親切的感染力，有她在場，他們就覺得安心自在，不出幾分鐘就可以笑開臉和她玩耍。病重的也感覺得到她帶來的安慰、同情和平靜。看著嬤嬤和孩子相處，不管是誰都會想起耶穌，「小孩子的朋友」（the friend of the little ones）。原註34

嬤嬤在晚上十點抱起那嬰兒

在我服務的加爾各答分會那裡，有一次有個七天大的棄嬰被警察局的幾個警察拾獲……到處找不到地方收留這孩子。到了晚上九點半，那幾個警察打電話問我怎麼辦……我馬上打電話找德蘭修女，幸好我找到她了，跟她講我們遇到的困難。她沒多說，只問我那警察局在哪裡，知道情況後，她一樣簡單表示她半小時內會去接孩子。那時候已經快要晚上十點鐘了。原註35

有個人在照看我們：我們最親愛的嬤嬤

我是在大吉嶺的兒童之家長大的孤女。我們幾個孩子還很小的時候父母就死了。我們不記得父母的樣子，唯一記得的是關心我們、照顧我們、爲我們找到寄宿的家的人；不是別人，便是我們最親愛的嬤嬤。我很小就認識嬤嬤了，也還記得我們很小的時候嬤嬤會來看我們。她是從加爾各答搭火車先到西里古里（Siliguri），再從西里古里搭公車到大吉嶺，在大吉嶺火車站那裡下車後，就徒步走到我們的兒童之家來。每次看到她來，我們都會興奮大喊：「嬤嬤！」她也會笑得很開心，朝我們揮手。我們都會衝過去幫她提行李，牽她的手。每次看到她，我們都高興得不得了。……身為孤兒，我們像是被人拋棄，但是我們最親愛的嬤嬤給了我們寄宿的家，照顧我們，指點我們生活的道路，協助我們自立自強。我丈夫和我都在工作，我們小小的家很幸福。而我們能有這樣的局面，全有賴於我們愛心洋溢的嬤嬤和仁愛傳教修女會。原註36

我是兒童之家最頑皮的男生

嬤嬤是從加爾各答街頭把我撿回去的，那時我大概四歲吧。她扶養我長大，讓我受教育。我和她一直十分親近；她便像是我媽咪。她很愛我，而我可是兒童之家最頑皮的男生。她先替我洗澡，然後替我清理身上的癤子，那時我身上全都是癤子。她替我敷藥，餵我吃麵包、喝牛奶。……她在我們身邊的時候，我們就覺得有「天使」（Angel of God）在身邊陪我們。原註37

這難道不是奇蹟？

有個叫艾格妮斯的女嬰，是出生沒幾天被人從垃圾桶附近撿回來的，身上還出現皮膚感染。我在她兩個月大的時候帶她回家，讓我的醫生親戚替她診治，好了之後送回兒童之家。接下來七個月的時間，我常去接她回家來住，之後，她就被送到西班牙的領養人家去了。領養她的人家有個比艾格妮斯大的兒子，在領養艾格妮斯之後又生了漂亮的小兒子。他們的家很漂亮，對我們也都很好。……每次一想到可憐的小艾格妮斯有漂亮的家、可愛的哥哥和弟弟，我們就忍不住想，「這難道不是奇蹟？」原註38

帶著悲憫去接觸痲瘋患者

一九五七年，五名痲瘋患者因為被工作的地方踢了出來，而找到嬤嬤那裡去。嬤嬤對於眼前需要去做的事，反應一直很敏銳，所以就開始了照顧痲瘋病患的工作。她馬上為他們開設流動診所，沒多久就在加爾各答成立了五處庇護中心。……

後來因為痲瘋病患增多，我們便再為他們成立一處會院，分設戶外和戶內部門。聖母修會（Marian Society）〔聖母小昆仲會〕也加入一起支持我們設在蒂塔加爾（Titagarh）的這一處中心。而從我們做的這工作出現一句口號，現在已經人盡皆知：「帶著悲憫去接觸痲瘋患者」。嬤嬤費心和正在治療、外貌已經變形的痲瘋患者談話，為他們注入希望和尊嚴，跟他們說他們還是可以工作。他們做的工作後來壯大成為小鎮的規模，印度各地的痲瘋患者都到這裡來治療、復健。原註39

⬩◆⬩

政府提供地方給痲瘋病患的家屬居住，痲瘋病患則住在城外的洞穴裡。一整片地方都交給嬤嬤去照顧痲瘋病患。她的貢獻卓著，教人敬佩，她為痲瘋病患家屬規劃的小住宅區，也獲政府認可。〔我丈夫〕和我第一次見到嬤嬤時，她跟我們說只要花一百五十塊蓋一棟小茅屋，家屬就有地方可以住，也有一小塊地方可以種菜自己吃。許多人為這些茅屋上請願書。這些人家裡得了痲瘋病的人都獲得治療，其餘的家屬也都接受預防性的治療。嬤嬤把這樣的村子叫做「和平村」原註40

嬤嬤分秒必爭

難民（於一九七一年）沿著孟加拉邊境湧進印度西孟加拉邦（West Bengal），嬤嬤分秒必爭，馬上派出一批修女到大型的難民營去。才到一天，嬤嬤馬上掌握到難民需要的是什麼，所以，第二天她一人回到加爾各答，一分鐘也不多等，又再派出一批修會裡的修女和修士帶著墊子、衣物、糧食出發……嬤嬤每天都要到鹽湖去看看我們年輕的修女能工作的是不是都投入了工作。她們一大早出發，傍晚的時候回來。難民營裡最大的難題中，有一項便是為大批婦女在有的吃、有的穿之後還要有事做，同時參與醫療服務，照顧有需要的人。

嬤嬤接手綠公園的一處庇護中心，那裡收留的是因為饑餓、疾病而垂死的難民兒童。我們的修女日以繼夜照顧這些孩子。那裡還有兩處庇護中心，一處收留生病的老年婦女，另一處收留懷孕婦女。嬤嬤為她們安排竹子、帳篷搭建的臨時住處。在這期間也有一本感人的小冊子問世，於世界各地發行，以嬤嬤對世人的呼籲為主題：「我們有上百萬名孩子正苦於營養不良和饑餓。除非世人運送糧食和蛋白質補給品過來，否則這些孩子恐怕不久人世，世人便都要為他們的死負責。」世人也確實做了回應。嬤嬤竭盡所能去救助難民，縱使她做的比起苦難的規模宛如滴水入海。但她無私無我、不倦不怠，即使我們的組織愈來愈龐大，各種需求佔去她很多時間，都需要她去指導、監督，但她始終對自己、對修女們不放鬆分毫。原註41

嬤嬤一定盯著需要做的事情都做到好

我記得有一天下午我到母院去，看到一戶很窮的人家的一個老人和婦人都在哭。他們唯一的女兒被趕出門，因爲她患有癲癇。那女子被帶到嬤嬤開的一處庇護中心，由大家安撫。那婦人問，是不是能找醫生替女兒看看。我丈夫（是醫生）正好在那裡。那女兒被許多醫院拒收。嬤嬤那時拖著虛弱的病體，一直等到那女兒安置好才走。她就是有那種強大無比的韌性，一定盯著需要做的事情都做到好。原註42

部長旁邊

有一天，一位部長正好和嬤嬤同車。嬤嬤看到一個很老的人坐在路邊，便接他上車，安排他在車裡坐在部長旁邊，送他到我們的一處會院。在那一刻，貧苦的人比政府部長還要重要。原註43

我們都忘了露宿街頭有多悲慘

我在屋裡，有人來找嬤嬤。她在另一間房間裡。我去應門，看到門口站了個可憐女子，模樣十分悲慘。她是露宿街頭的游民。看起來像是有精神疾病，一身衣服破破爛爛。她說：

「我要上洗手間，」說完就往裡面衝。大門正對著一道樓梯，通往樓上的臥室。我們一個漂亮的美國修女這時正好走下來，看了就說：「瑪格麗特，來吧。」瑪格麗特帶著滿臉的淚上樓進了浴室，沒有關門。那姊妹跟我說：「可憐的瑪格麗特，露宿街頭最麻煩的事情就是上廁所沒有隱私。」所以，看來瑪格麗特一天要來我們這裡好幾次。之後，她走下樓，看起來非常激動，對那修女說：「我可以去跟耶穌講講話嗎？」那修女說：「當然可以。」所以她到小聖堂門邊，脫掉她破破爛爛的鞋子，那修女和我一起也跟著進去，跪下，我還記得她的襪子破了好多洞，跟光著腳差不多，我心裡想：「可憐的女人。」她年紀沒多大，說不定三十多歲而已。我們從小聖堂出來後，她向姊妹還有我道謝，就轉身走了。這件事最動人的是我們這位修女的態度，她講話好親切。我覺得我們都忘了露宿街頭有多悲慘。他們可是連找個地方歡迎他們使用洗手間也沒有呢。[原註44]

有那麼多人死在街頭，我怎麼可以躺在電風扇底下納涼？

我在嬤嬤的房間裡，「醫生，你會不會熱？」「會，嬤嬤，我熱到流汗了。」我抬頭去看天花板，想找吊扇，但沒看到，我便說：「您怎麼沒裝吊扇？」到現在我都還記得那天嬤嬤說的話，教我十分感動，「有那麼多人死在街頭，我怎麼可以躺在電風扇底下納涼？」這一句話眞的教我十分感動。[原註45]

兩隻腳伸了出來

幾位修會裡的修士在等我和嬤嬤到修院外面去一趟。我們從後門出來，那裡有一個大垃圾桶。我們走過去時，看到有兩隻腳伸了出來。一隻腳穿著紅襪子，另一腳光著。嬤嬤就說：「喔，有人需要我們。」……這個可憐人睡得很沉。一開始我們還以爲他死了。他看起來不像活人。嬤嬤彎下腰，對他說：「先生，你還好嗎？」這時那人睜開眼睛，他喝得非常、非常醉。他喝醉了，絕對不會錯。看他那樣子也像幾個禮拜沒洗澡了。我們扶他站起來。嬤嬤說：「你要不要跟我們來？」他說：「好，我跟你們去。」嬤嬤說：「我的這些兄弟會幫你。他們會幫你找乾淨衣服還有吃的。」她全心全意就在幫這可憐人。

幾個修士坐在廂型車後座，嬤嬤和那男子還有我坐在中間那一排。從修院到修士的會所途中嬤嬤和那男子談了談。嬤嬤對他的態度好尊重。她問他是不是有家人，他說：「唔，至少過去這二十五年是沒有，以前倒是有家人。」嬤嬤說：「我們幫你聯繫他們好嗎？」他說他也不知道怎麼聯繫，因爲他們有那麼久沒聯絡了。

嬤嬤是眞的關心。她不是在表現器量。這是個有重大急難的人，但是嬤嬤始終沒說過他是酒鬼或他很髒、他的臉不知多久沒洗過了、他身上好臭，等等。他是個人。我們直接帶他回會所。同行的修士馬上就帶他上樓。他洗過澡，睡了一覺，好好吃了一頓。第二天，這個人像變了個樣子，我們幾乎認不出來，他向我們道謝，會裡的修士跟嬤嬤說，那天正好是支票寄來的日子，所以他要到郵局去領他的社福津貼。而他準會拿了錢就到雜貨店去把錢花光買酒或什麼的。不過，總之那人來了，態度十分莊重，對嬤嬤說他有事要進城去處理。所以他要走了，他向嬤嬤道謝，謝謝她協助他，也向在場的修士道謝。他們認得他。他來他們這裡很多次了。他走後，嬤嬤對他也始終沒有批評。其他人大概不會想要靠近這個人。但是嬤嬤從來不會有這樣的念頭。要是當時他說：「我不跟你們走，我寧願躺在這裡就好。」嬤嬤應該也不會勉強他。這件事情好美好。我好敬佩嬤嬤對待他的態度。德蘭修女怎麼對他，他就投桃報李，也怎麼對待嬤嬤。多美好的一刻。我從沒見過她遇到有需要的人卻沒有立即回應的。原註46

嬤嬤趕到每一處地方

甘地夫人（Indira Gandhi, 1917–1984）下葬之後，我們幾個人跟嬤嬤說起德里的暴動導致數千人死亡。嬤嬤聽了無法入眠，在床上翻來覆去。之後，彌撒才剛結束，她便要過來主持彌撒的神父跟她說說民眾的情況……嬤嬤匆匆吃完餐，帶了我們幾個修女就趕到附近的公立學校去。唉，眞是一團混亂，完全沒有秩序……好幾千人擠在學校避難，因爲他們的房子都被燒了。民眾像瘋了似的——尖叫，大喊，大哭——沒水喝，沒東西吃。警方在學校裡面、外面盡力維持秩序……以人的角度來講，這情況沒人知道怎麼辦。吵鬧得不得了。

嬤嬤安安靜靜帶著我們幾個進去。不少人認出嬤嬤，撲向她不住哭喊。嬤嬤很鎭靜（腳步始終不停往前走），用孟加拉話和零碎的印度話說：「會好轉的，都會好轉的，大家要勇敢。」她四下大概看了看，就下令要我們去拿掃把來。我們把找得到的掃把都收集起來，再急急趕回到嬤嬤身邊。她拿起一把掃把便開始在教室裡掃地。每掃過一間，便跟裡面避難的民眾說：「按照一戶、一戶來安頓。」我們跟著嬤嬤照做。許多男男女女也開始效法。等地掃完了，我們以爲應該沒事了，結果嬤嬤走到廁所去。裡面髒臭得要死。嬤嬤第一個動手清洗起來。我們趕快過去幫忙。不過，在這期間，我注意到原本騷動的人群漸漸安靜了下來。尖叫、哭喊的聲音變少了，一戶戶人家遵照嬤嬤的吩咐開始找地方安頓下來。等清洗廁所的苦差事結束之後，嬤嬤再去聯絡市政府，調集飲水。等飲水送來了，她還盯著民眾好好排隊依次取水。之後她再聯絡物資主管和部會首長安排糧食供應，也親自監督避難的群眾都有東西吃。我覺得自己像是看見耶穌餵飽了眾人。所以，那一處難民營後來相當平靜。

到了傍晚，嬤嬤又再趕往別的難民營，動手做同樣的事。她召集大主教和其他修道人仕、神父、修士，修女、志工，大家一起開會。沒多久，總計就規劃出六十處難民營了。許多慷慨的人捐出大批物資。嬤嬤緊盯著物資公平、合理地分送到營地有需要的人手中。所以，就這樣因為嬤嬤主動去做、去關心受苦的人，那時的德里才免於大難。嬤嬤也集合了政府官員、部長等等——〔遍及各黨〕——一起合作。只要擠得出來時間，她就會替受傷、燒傷的人包紮傷口。她嘴裡總是說著一些安慰的話，輕拍安撫，臉上微笑，帶著愛的眼神，從來就沒停過，這都是那些身陷危難的人極為需要的。嬤嬤就這樣在難民營裡創造奇蹟，超乎人類所能理解。嬤嬤這樣子安排、組織五天之後，就先離開了，但沒多久就又回來了。和平由掃把帶進了營地。原註47

◆

孟加拉水患的救濟，一九七〇年代在西孟加拉北方的難民營，一九七六年的瓜地馬拉大地震，一九八八年的亞美尼亞大地震，一九九三年印度馬哈拉施特拉邦（Maharashtra）的大地震……這些地方嬤嬤無不親自趕過去，竭盡所能扶助災民；其他諸多天災她也從來不落人後。她一天接一天始終在忙，不停詢問狀況，以便她能做出最好的判斷，進行最有效的協助。不管是怎樣的人，即使人人避之唯恐不及，她也來者不拒。她跟政府官員說，遇到沒有人要管的人，就一定要聯絡她。……雖然她始終保持獨立、自主的地位，但也一直和民間政府、宗教機構有密切的合作。她使出渾身解數，以她的過人天賦和寬容將世界變成更好的地方，更具人性、更爲純潔。她不論到哪裡去，面對的都是髒亂和苦難，但她從來不把時間浪費在找人負責、怪罪。她反而把時間和精力完全用來解危救難。爲了貧苦的人，任憑外人如何羞辱、惡待、誣衊，她甘之如飴。原註48

默想

「我作客，你們收留了我。」（《瑪竇福音》第二十五章第三十五節）

「爲無家可歸的人提供居所——不僅是片瓦撐起來的屋宇，還包括願意理解、願意庇護、願意去愛的心。」原註49

我在街上遇到游民，是不是會繞道而行免得不舒服？我有辦法向那人打招呼嗎？我有辦法帶著笑臉和傾聽的耳朵去對待他／她嗎？還是我會覺得自己比他們高一等，排斥他們，甚至更糟，瞧不起他們，還自命清高？

我應該怎樣爲家裡、家族、社群、工作場所、鄰里的人，打開自己的心胸？可有什麼小小的善意，可以讓我的家人、親戚、朋友、同事在我的家裡都覺得爲人接納、爲人欣賞、爲人所愛、爲人歡迎？親切相迎的笑容，讓接近你的人如沐春風，說不定是最有效的好客之道。

祈禱文

瑪利亞，我們最親愛的母親，請賜給我們你那美麗，純潔，無玷的心，賜給我們你那充滿愛情和謙卑的心，好讓我們能領受生命之糧耶穌，能如同你一樣愛慕祂，和在窮人中最窮的人中服事祂。

——德蘭修女

【第五章】

照顧病人

「我患病，你們看顧了我」

苦難本身並無意義，但苦難若結合於基督的苦難，便是對人的莫大恩賜，能分享基督苦難是最美的恩賜。

——德蘭修女

病苦的人在德蘭修女心中始終佔有特殊之地。但凡人生在世沒有誰不曾有過病苦的，而且生病的人是最脆弱、最匱乏的。一個人的極限、弱點都在這時候曝露出來，對別人的依賴也更明顯。德蘭修女只要遇到這樣的人，一定全力付出愛與關懷，從來不曾爲求省事而略過什麼，同時盡力不讓對方覺得自己是別人的負擔或是惹人討厭。

長年臥病或是來日無多的重症患者，是她格外細心關注的人。在她於全世界開設的眾多會院，除了病人該有的醫療照顧絕對不會少之外，還要給與病人充滿愛的呵護，也是她一貫堅持的原則。她督促修會姊妹要以親切的態度，全心全意去「看顧重病、垂死的人，不僅照顧他們的病體，也要呵護他們的心靈和精神」。她對修會照顧的每一個人都力求他們過得安適，爲他們的疾病尋求醫療。她剛開始照顧貧苦民眾的時候，痲瘋病人（這在當時的傳染力還是很強的）便耗費她極大的心力，但後來遇上的情況還是一樣艱鉅。例如美國第一所收留愛滋病人的安寧病房，便是她出面成立的。即使對她會有危險，她始終一秉捨我其誰的初衷，盡力協助病苦的人。

德蘭修女對病苦的人有那麼深厚的悲憫，起自她童年的經驗，她從她母親的身教，學到要去照顧病苦的人。她母親不時會接回生病的婦女到自己家中照顧，也要兩個女兒協助，在婦女休養、復原期間，幫忙照顧婦女的孩子。

德蘭修女悲憫病苦的人，還和她自己也少不了病痛的折磨有關係。雖然她的健康一般不錯，直到年過七旬才出現心臟疾病，但她還是有不少難受的小病小痛需要面對。她的醫生便透露過一件小事，從中可見端倪：「她有慢性頭痛的問題……但她總是當成小事來看，不過，從她一直都有這問題來看，她確實是有這樣的病症，而且一直沒消失過。……

我認爲她應該是把這問題當成上呈天主的獻禮。另還有一件事也很有意思，她把她頭痛的毛病說成是『棘冠』。這是她與耶穌同在的方式。」原註1她面對其他試煉也是如此，這樣的身體病痛她也呈獻給天主做爲靈魂的進益。聖保祿的話：「如今我在爲你們受苦，反覺高興，因爲這樣我可在我的肉身上，爲基督的身體——教會，補充基督的苦難所欠缺的。」（《哥羅森書》第一章第二十四節）想必她便可以親身做爲見證。

德蘭修女深知以正確的心態去看待痛苦，痛苦便有價值，因而教導他人以相同的態度去領會痛苦、接受痛苦。她發揮足智多謀的特質，不論遇到什麼一概物盡其用，包括痛苦，所以她發起「病苦同工」（Sick and Suffering Co-Workers）的運動，由同工奉獻自己的祈禱和病苦，祈求修會在貧苦人中的使徒服務可以取得豐盛果實。「愛，必須做出犧牲，……痛苦本身不算什麼，不過，分擔了耶穌苦難的痛苦，就是奇妙的恩賜，」她說，「我很高興你們願意加入仁愛傳教修女會的受苦同工行列。……每一個人，任何人，想要成爲仁愛傳教士——成爲天主愛的使者——都萬分歡迎；但我格外歡迎癱瘓的、跛行的、得了不治之症的人加入，因爲，我知道他們會把許多人帶到耶穌的腳邊。」

德蘭修女對痛苦做這樣的理解，有別於西方世俗的主流文化，西方一般都將死亡看做是去除痛苦的諸般方法之一。她對病人付出寬仁、悲憫的愛，接受人世難免的痛苦，而且提升到靈性的層次。德蘭修女維護每一生命的意義、價值和尊嚴——無論未出生的、剛出生的、年幼的、年老的、生病的、殘障的——主張但凡生命一概必須尊重、保護。

對於「倒臥路邊的傷者」，我們的第一反應說不定是裝做沒看見而走過去，一如「好心的撒瑪黎雅人」寓言中的司祭和肋未人（《路加福音》第十章第三十三至三十四節）譯註

19，德蘭修女的榜樣就激使我們應該「滿懷悲憫」，「走近」那些有急難的人，「以心去愛、以手去服事」。原註2

德蘭修女的言教

我病了，你來看我

各位照顧病人的工作可以是一個美好的渠道，去幫助他們滿足於耶穌和祂的愛情，我想這是我們聖母帶給你們的最怡人的恩賜。原註3

耶穌變得跟痲瘋病人一樣

我們知道聖母是怎樣的人——帶著滿心悲憫的美好母親，充滿愛。她從來不以耶穌這兒子爲恥。人人都棄祂而去，唯獨她始終陪在祂的身邊。耶穌遭到鞭打，被人唾棄，變得跟痲瘋病人一樣沒人要、沒人愛、人見人厭，她卻從來不以爲恥；祂，耶穌，是她的兒子。她的心也有深厚的悲憫。所以，我們的窮人受苦的時候，我們站在他們身邊嗎？他們受屈辱的時候呢？做丈夫的丟了工作呢？那時我是怎麼對他的？我是否以滿懷的悲憫對待他呢？我了解他的痛苦嗎？孩子被人帶壞，偏離正道——我是不是帶著深厚的悲憫去尋找孩子，站在孩子那邊，歡迎孩子回家，以滿懷的愛去愛他們？我在我們修會裡是否像聖母瑪利亞一樣去對待其他姊妹？我看得出來她們的痛、她們的苦嗎？我要是神父，神父便有聖母瑪利亞的心，以她的悲憫去寬恕他人，將天主的寬恕帶到他面前那受苦的罪人身上，帶來聖母瑪利亞那樣深厚的悲憫。她不覺得羞恥。她說耶穌是她的兒子。原註4

◆

耶穌釘十字架時，我們看到她站得直挺挺的——天主的母親站得直挺挺的。這要有多強大的信念，有她對兒子不止息的愛——才能站在那裡，看祂被人人背棄，沒一個人愛祂，沒一個人要祂，這是最悲慘的境地，但她站著不動。她以祂爲子。她認祂是她的兒子。她認祂是屬於她的，也認自己是屬於祂的。認祂做兒子，她一點也不害怕。我們的人受苦的時候，我們認他們嗎？他們被人拋棄，我們的人，我們自己的人，我們自己的親人，我們認他們嗎？〔我們知道〕他們在受苦嗎？我們看得出來他們對耶穌的渴望嗎？這是對諒解的愛的渴望。所以聖母瑪利亞才這麼偉大，因爲她有諒解的愛，而妳和我，都是女性，我們身上都有同樣的非凡品質，也就是諒解的愛。我們在我們的人身上就看到了，何其美好，在我們困苦的婦女身上，她們一天又一天，每一天，都在受苦，爲了孩子甘心受苦。我見過一名家長，這是個母親，要什麼沒什麼，什麼都沒有，爲了孩子甚至要去乞討。我也見過母親緊緊抱著殘障的孩子不捨得放手，因爲那是她的孩子，她對自己孩子的苦，有諒解的愛。原註5

耶穌帶來喜樂和平安

我看到天主為我們在世界各地的修女所做的事……〔我們在俄國的時候〕每一星期有一天會有神父在傍晚的時候過來。我們在我們小小的聖堂裡做彌撒，神父為我們帶來耶穌。醫院的氣氛就因為這樣而不一樣了：整個地方看起來都不一樣了。過了一個星期後，醫生來找我說：「德蘭修女，我這醫院是怎麼了？」我說：「我也不知道啊，醫生，什麼怎麼了？」他說：「準有事。護士、醫生一個個對病人都比以前要和氣，都比以前要更有愛心。病人也不像以前那樣動不動就痛得大呼小叫。怎麼回事啊？妳們修女做了什麼？」我看著他，說：「醫生啊，你應該知道怎麼回事。過了七十年，耶穌終於來到這家醫院。耶穌現在就在這家醫院。就在那裡，那間小聖堂裡。祂就在我們當中，在愛我們。祂帶來了喜樂和平安。」……他說了一聲「喔！」沒再多說一個字就走開了。這麼大的變化他不想多談！他沒辦法相信我們和聖體會帶來這麼大的變化！原註6

那麼多人都好渴望有人探望

「我患病，你們看顧了我」，這是耶穌說過的話。所以，我們那麼多的病人都好渴望有人來探望。你們和他們講話時，要在講出來的話裡注入你全心的愛和溫柔——要不然也可以要耶穌透過你的口來講話。耶穌基督是神聖的，是眾所期待的默西亞〔彌賽亞〕，〔證據〕就在於福音是對窮人傳揚的——證明這樣的事工便是天主的事工，福音是要對窮人傳揚的。禱告感謝天主選擇妳過這樣的生活，做這樣的事工。原註7

小到一般人才沒時間去管

昨天我到我們修女那裡去和她們講話。她們去探望的地方都是老年人，一個親人也沒有，沒有人要。他們就待在那裡，眼巴巴盼著，算時間等著禮拜天到來，因爲禮拜天我們的修女就會到他們那裡去爲他們做一些簡單的事情。說不定只是臉上帶著笑去看看他們，替他們把床單拉好一點，扶他們在床上坐直一點，替他們梳頭，剪指甲，都是些小事情，小到一般人才沒時間去管，但這些人，這些人是我們的人，是我們的兄弟姊妹。原註8

◆

像在印度好了，就有愈來愈多的印度教信徒、穆斯林、佛教徒也一起在做這樣的工作。這是爲了什麼呢？他們爲什麼要來呢？因爲他們感覺到了神。他們要用他們的方式去服事神。他們發現經由犧牲、經由禱告就可以做到，而且是在貧苦中最貧苦的人身上做到的。特別是在印度，碰觸痲瘋病人、碰觸垂死的人是非常、非常、非常困難的事。可是〔我們〕看到這麼些年輕人來到那裡做那些事情——因爲在我們的社會，我們只有這些卑微的事情可做——餵饑餓的祂進食，爲衣不蔽體的祂著衣，爲無家可歸的祂找一個家，看顧病苦的祂、被囚禁的祂。原註9

◆

我們照顧過的痲瘋病患多達五萬三千人，我們有的是最好的醫藥，非常貴，可以治好這些人。用這些昂貴的藥，我們可以把陽性極高的〔痲瘋〕病例治到成爲陰性（沒有痲瘋病）。所以，只要有藥物可用，就有希望。我們可以把生命、把愛、把喜樂帶回到我們這些痲瘋病人的生活當中。我們到處都有政府分發給我們的地。他們的人生有了新的生命。可是，講起孤獨，沒人要，沒人愛，那就很不一樣了。原註10

◆

在我們的潔心之家和兒童之家，我要妳們早上、傍晚都要禱告。在一天開始看顧痲瘋病人以及醫療工作的時候，以禱告做爲開頭，照顧病人的時候多加進一點溫柔和悲憫，可以幫助各位記得自己看顧的是耶穌基督的身體，而祂渴望各位親手接觸。各位會不給嗎？原註11

◆

堅持去做修會爲貧苦中最貧苦的人所做的卑微工作吧。我們的「家」，一定要保持乾淨、整齊，但是簡樸、卑微。我們對貧苦、病苦、垂死的病人一定要親切照顧；對於老年、不良於行或是有精神疾病的人一定要待之以尊嚴和敬重，無時不刻莫忘耶穌的話：「凡你們對我這些最小兄弟中的一個所做的，就是對我做的。」原註12

◆

服事窮人當中的病苦基督時，我們要全心全意去服事——我們對每一個病人都要十分專心，不可以被別的事情分去心思，以致未能好好接觸、服侍基督的身體。原註13

有的修女被情勢的進展推著走，而開始忽略病苦的人、垂死的人、有殘疾的人、痲瘋病患、沒人要的人。沒多久她們就沒時間、沒地方去接納這樣的人了。我們奉獻給天主的，就是奉獻給貧苦中最貧苦的人——也就是沒人要的人。原註14

◆

我需要像你這樣的靈魂

苦難本身並無意義，但苦難若結合於基督的苦難，便是對人的莫大恩賜，能分享基督苦難是最美的恩賜。

希望妳好了一點——我不時便會想起妳，把我做的服事和妳受的苦連在一起——這樣我就覺得妳像是在我身邊。今天我要跟妳說一件事，妳聽了一定會很高興。妳一直想和我們修會一起服事，即使到了這時候在心底深處也還是我們仁愛傳教士，所以，妳何不在靈性與我們修會同在呢？——妳這麼愛我們修會。所以，我們在貧民窟等等地方服事的時候，妳在妳那邊就以自己身受的痛苦和禱告，與我們分擔善功、禱告、事工，不是很好嗎？我們的工作極爲繁重，我確實需要人手幫忙，這一點沒錯，但我也需要像妳這樣的靈魂爲我的事工禱告、受苦。所以，妳是否願意當我靈性的姊妹，在比利時當我們的仁愛傳教士，不以形體，而以靈魂——在印度這裡，在世界各地，都有靈魂渴望我們的天主，卻因爲少了人爲他們償付他們該負的債，結果沒有辦法來到祂的面前。妳就是我們眞正的仁愛傳教士，妳代爲償債，而由其他姊妹——妳的姊妹——協助他們以形體來到天主的面前。妳就拿這一件事來禱告吧，有了結果就讓我知道妳的意願。我需要很多像妳這樣的人，用這樣的方式加入我們修會；因爲我希望我們能(1)在天堂有榮耀的修會，(2)在人世有受苦的修會——靈性的子民，以及(3)作戰的修會——投身戰場的姊妹。我想妳看到我們的姊妹在靈魂的戰場上對抗魔鬼，一定會很高興。只要關係到靈魂，她們從來不覺得有什麼事會太困難……

妳好嗎？還是只能仰躺著不動？這樣子要維持多久？我們的天主不知有多愛妳，妳看祂把祂的苦分給妳這麼多。妳是幸福人呢。因爲妳是祂選中的人。要勇敢，要開心，爲我多多奉獻——我就能多多帶領靈魂來到天主面前。一旦妳接觸到人的靈魂，妳的渴望就會日日增進。原註15

◆

看到妳願意加入仁愛傳教士的行列做受苦的一員——妳知道我的意思——我十分高興，妳和其他加入的人，都會爲我們分擔禱告、工作，還有其他我們爲靈魂所做的一切，妳的禱告、妳的痛苦，同樣是在爲我們分擔。妳知道我們成立修會的宗旨是在滿足十字架上的耶穌對人們的愛的渴望，所以要努力帶領貧民窟的窮人獲得拯救、成聖。這樣的事，除了妳還有和妳一樣受苦的人，誰還能做得更好？妳受的苦、妳的禱告便是聖爵，我們這些實際工作的修會成員，則會將我們收集到的人們的愛，傾倒進聖爵當中。所以，爲達成我們的使命，妳是同樣地重要和需要，要解耶穌的渴。我們定要有一個聖爵，妳和其他的人——男男女女，老老少少，窮的富的——一概歡迎來做我們的聖爵。妳在現實裡，雖然臥床不起、忍受痛苦，所做的貢獻卻比我這樣四處奔波要大得多；而妳和我聯合起來，可以爲祂做到任何事，因爲有祂爲我們帶來力量。原註16

我們可以拿幾段我們說的祈禱文，讓妳祈禱時也可以用，加深我們是同屬一家的理念，不過有一件事我們一定要一樣——也就是我們修會的精神：徹底臣服於天主，懷抱愛去信任，全然歡喜。這樣，妳就可以稱做是仁愛傳教士了。每一個人、任何一個人，想要成爲仁愛傳教士，想要做天主愛的使者，一概歡迎，但我格外歡迎癱瘓、不良於行、得了絕症的人加入，因爲我知道他們能夠帶領許多靈魂來到耶穌的腳邊。在我們這邊，我們的姊妹每一個人都會有一名姊妹爲她禱告、受苦、思索，與她聯合，等等——就像另一個自己。妳看吧，我親愛的姊妹，我們的工作是最困難的。妳要是和我們同在，爲我們、爲我們的工作禱告、受苦，我們便能——因爲妳——爲愛祂而做出重要的事。原註17

我自己是覺得很開心，想到妳還有其他人以靈性加入我們修會，我就覺得有新的力量注入到我的靈魂。現在有妳和其他人一起在爲我們做事，我們還有什麼是做不到的？我們還有什麼是沒辦法爲祂做的？原註18

禱告和忍耐

聽到你將你的禱告、犧牲、病苦奉獻給仁愛傳教修女會譯註20，我十分高興。接受病苦是天主因爲特別愛你而給你的恩賜。這表示你與祂的距離那麼近，近到祂可以把你拉到祂十字架上那邊去。這已經不再是你在受苦了，這是耶穌基督透過你在受苦。所以，請繼續以禱告和忍耐將你的病苦做爲奉獻，讓你的病苦爲靈魂結出豐碩的果實。原註19

德蘭修女的身教：見證

妳有機會抱起垂死的耶穌

有一天，嬤嬤去探望家有重病親人的幾戶人家。嬤嬤叫來一輛人力車，要我坐進去。嬤嬤再由另一名修女幫忙，扶了一位病得很重的男子過來，男子大概四十五歲的年紀。這男子得了肺癆，不停咳嗽還吐血。他的衣服髒得要命；之前一定是躺在路邊的臭水溝裡。嬤嬤跟人力車伕說我們要去治療肺癆的專門醫院。之後嬤嬤便和另一位修女走在人力車前面。我永遠不會忘記這一件事，還有當時我對這個男子病得那麼重、一直在吐血有什麼反應。但是嬤嬤當時對我說：「妳有機會抱起垂死的耶穌。扶助祂，照顧祂。不要害怕，我在安排他入院的事。」而我心裡百般糾結，只想著「要是我父親或是親戚在路上遇見我，看見我跟一個年輕男子坐在一起，男子病得那麼重，靠在我腿上快要死了，那怎麼辦啊？」……我開始在心底對聖母瑪利亞禱告。

禱告過後，這垂死男子抬眼看向我，眼神好痛苦，含著淚水。才那麼一秒，我的心像有一道光閃過，我在眼裡看到的是，「瑪利亞從十字架上抱下來摟在懷裡的耶穌」。嬤嬤說的話——「這是妳懷抱垂死耶穌的機會。用愛扶持祂。不要教祂受傷。妳可以求聖母幫妳——」這時候變成了真的。我一開始的嫌惡變成了愛，超越了人的本性。這一次在現實中感受到耶穌臨在病苦、垂死的人身上，臨現在這樣的化身裡面的經驗，會永遠烙在我身上。深植在我靈魂內，確信耶穌以苦難的化身出現在現實當中，從那一天起，就由嬤嬤深植在我身上了。原註20

我們就趕過去開始動手做

你看，她掀起全球的關切，這當然是她和她帶的那一群修女可以服的簡單方式。我常說：「妳怎麼知道該怎麼做？舉例來說吧，颱颱風或是有火災的時候，妳怎麼知道該怎麼辦？」她就會回答：「我們做過的次數太多了，對吧？所以，我們就趕過去開始動手做。每個人都加入我們，每個人都出手幫忙，這樣就做成啦。」一來她說得輕描淡寫，好像很簡單；一來我又覺得她心裡知道，她和她那一群修女代表的是不偏私的良善，因此能將普通人心底的良善吸引出來——一般人身上都是帶有某種良善的——加入她們的行列，一起將事情做成。原註21

嬤嬤要求不可以鋸我的腿

我以前〔還是德蘭修女扶養的孤兒時〕在學校出了意外。我放風箏時不小從學校屋頂摔下來，摔斷了腿。校方送我到〔加爾各答的〕醫院治療，也通知了嬤嬤。嬤嬤聽到消息，和我的認養人一起趕到醫院來看我。我在那家醫院治了一個月後，嬤嬤對治療不太滿意，便把我轉到另一家醫院去。〔有個骨科醫生〕對嬤嬤說我的腿因爲有壞疽的關係必須截肢。嬤嬤要求醫生不可以鋸我的腿，而要以對我最好的做法來考量。嬤嬤和我的認養人到醫院來看我，而我歷經三次手術，終於完全康復，像是奇蹟，雖然過程很漫長，我在醫院待了幾近一年半的時間。原註22

嬤嬤的寬宏大度無人能比

我記得有一次和嬤嬤一起到〔墨西哥的〕提華納去參加慶典。她和其他人都很累。時間已經晚了，太陽正在下山。有人從附近的街區過來對我們說：「嬤嬤，有人在醫院裡要找個神父過去。」嬤嬤說：「神父，我們去吧。」我得老實承認，那時我實在很累。我們才剛下飛機，所以我開始找藉口，藉口都很合理，但沒有助人的肚量：「嬤嬤，到人家的教區來不可以這樣直接就過去。要先跟人家申請等等，這類的事情要處理才行。」嬤嬤沒讓我說完，「喔，對，」她說，「我們會去申請，」然後就帶著我們坐進車裡。我們到了那家醫院，先到隔壁的堂區去一趟。嬤嬤直接找上堂區的神父，說：「神父，我們可以去看醫院裡的一個人嗎？」那神父說：「好啊。」嬤嬤便去探望那一個她根本就不認識的人。探望那人根本不屬於她（直接的）責任內的事。[原註23]

她在這世界最重要的工作

要是有人到卡利戛特〔加爾各答的一所安息之家〕看看病床上的垂死病人，身上被蛆咬出來一個大洞，還看得到蛆蟲在他體內鑽動，這情況一般人是根本無法靠近的。但是德蘭修女最懷念的往事，便是回想她是怎麼開始做起這樣的事工的。她愛跟人說當初她是怎麼坐在那樣一名男子身邊，扶著他頭靠在她腿上，替他把身上的蛆抓出來，完全不管刺鼻的臭味，那時她在這世界最重要的工作便是替那男子把身上的蛆抓出來，雖然她心裡清楚即使幫那男子把蛆都抓乾淨了，男子也還是會死。人們自然的想法會是，唉，那男子終究會死，那就別管了吧，之後幫他淨身，蓋住，好好安葬也就可以了。可是，不行，嬤嬤就是要坐在那裡一連好幾小時幫他清理傷口，把蛆抓出來。聽這些事情聽習慣了之後，等到我真的到了卡利戛特看到類似的情況，才知道聽說跟親身經歷有多大差別。看著一條條蛆在人體裡面蠕動，你整個人，你全身的毛髮會倒豎起來。絕對不會想要待下去。你心裡會害怕，全身上下的毛孔都像在喊：「快走！」可是，她卻可以一小時又一小時那樣替人抓蛆，因爲，她眼中看見的是耶穌，她要去愛這人身上的耶穌。原註24

他需要協助

我記得有天和嬤嬤一起走出母院，準備去參加活動，有人要送一輛運水車給嬤嬤，提供給一些地區使用。我們走出母院就看到有個男子躺在小巷子裡，情況相當緊急。看得出來他真的很需要有人照顧。嬤嬤馬上就把她要去參加活動當貴賓、接受別人捐贈運水車的事情拋到了腦後。她走到那人身邊跪下，扶起他說：「我們要照顧這人才行。他需要有人幫忙。要送他進醫院。」那時她的注意力全在那男子身上，對於沒辦法準時參加活動，沒辦法親自接下別人送的運水車，她一概不管，因爲，在那一刻，她有近人譯註21躺在街頭需要她去照顧，便是她眼裡的一切。我們向嬤嬤保證我們會照顧這人，我們一定會送他去就醫，才終於說動嬤嬤起身離開。嬤嬤走得很不甘願，一直回頭看我們是不是眞的做到我們對她保證過的事。在她心裡，這一件事比她去收下別人送的運水車還重要得多。原註25

連警察都怕他

我們在紐約有一處收留愛滋病患的會院，嬤嬤常過去探望那裡的病人……有個人送進了那裡。他叫做D。是個罪犯，連警察都怕他。但他改邪歸正，極為愛戴嬤嬤。他病得很重，我們送他進醫院。那一陣子，嬤嬤去看他。他找人帶話，說他想見朋友，也就是嬤嬤。所以嬤嬤去看他。而這人說：「我要單獨見妳一人。」我們全都出去，留他一人和嬤嬤在病房裡面。他說：「妳知道麼，嬤嬤，我的頭痛得很厲害；我把這頭痛連接到耶穌戴的棘冠。我的手痛得厲害，我把手痛連接到耶穌的手傷。我的腿痛得厲害，我把腿痛連接到耶穌的腳傷。」他拿身體的每一處部位去表達他是怎樣連接到耶穌的痛苦上去。之後，他對嬤嬤說：「嬤嬤，我有一個願望。」嬤嬤說：「什麼願望？」他說：「帶我去妳們修女的家，我想要死在那裡。」嬤嬤便帶他回到會院。嬤嬤跟我們說，她一回到會院，「就到小聖堂去看耶穌，那人也在那裡待了幾分鐘。他對十字架上的耶穌講話。」之後，嬤嬤露出大大的笑容對我們說：「妳們知道麼，我跟耶穌說，『祢看到了麼？耶穌，這是D，他好愛祢呢。』」所以，我說這故事是在講這些人原本悖離天主那麼遠，後來走向天主靠得那麼近，是因為嬤嬤對耶穌的愛化諸行動，並與人分享這愛。原註26

嬤嬤衝過去幫他

一九六九年，我和嬤嬤一起出遠門。我們在〔印度〕班加羅爾的火車站沿著月台朝我們的車廂走去。嬤嬤走在我的右邊，鐵軌在我的左邊。我們一路走一路講話，我側身靠向嬤嬤，這樣她在周遭吵鬧的雜音裡面才聽得到我講的話。我不時還要低頭看路，從地上四處亂放的行李堆裡穿過去，免得跌倒。結果走著走著我一回頭，就發現嬤嬤不見了。我開始找她，但看不到她的人影。月台靠近鐵軌附近倒是圍了一群人。忽然間，嬤嬤的身影出現在那一堆人中間。我趕快趕過去找她。原來，有一個獨腿的乞丐撐著拐杖正在穿越鐵軌，而一輛電聯車正沿著鐵軌快速開過來，那乞丐看情況是不可能安全通過的了。嬤嬤看到了便衝過去幫他。她彎下腰，伸出手要拉他上來，結果卻是嬤嬤被拉倒了。月台上的人看了紛紛衝上前去把他們兩個一起拉起來，安全落在月台上。我覺得很驚奇，嬤嬤竟然在那麼一大堆人裡還看得到那乞丐，她可是一邊在跟我講話，一邊要注意腳邊免得被四散的行李絆住的。我覺得她奉獻自己好徹底，她心裡的仁愛好深，所以她像愛的大磁鐵，會引來各種機會去服事眾人當中的天主。原註27

我永遠不會忘記這般寬仁的愛

我自己也親身有過美好體驗，在我罹患嚴重氣喘的時候，嬤嬤給了我親切的愛和照顧。……我去找嬤嬤，請她對我施與特別的祝福，要她為我禱告。嬤嬤看著我，萬般慈愛，告訴我接下來一連九天要帶著露德聖水譯註22和湯匙來找她。嬤嬤雙手按住我，和我一起用〈託賴聖母誦〉（Memorare）祈禱。之後她就要我喝一匙露德聖水。我永遠不會忘記嬤嬤這般寬仁的愛。原註28

嬤嬤馬上行動

我在介紹……一名家鄉教區來的女子，她有十二個孩子。嬤嬤對她說：「分給我一個去為窮人服吧！」她們兩個在講孩子的事的時候，附近忽然有個婦人跌到在地，癲癇發作，導致全身抽搐痙攣。嬤嬤馬上行動，彎身用兩條手臂托住婦人讓她在地面可以躺直。她吩咐同行的修女去找毯子，也拿一些熱的飲料給婦人喝。之後，嬤嬤跪在婦人身邊開始祈禱，也要我跟她一起祈禱。她從口袋拿出「聖母顯靈聖牌」譯註23，要我拿住聖牌貼在婦人的額頭。我們兩個一起唸〈聖母經〉（Hail Mary），不過片刻，婦人的痙攣開始緩和下來，人也坐了起來，對我們微笑，相當平靜。嬤嬤看向我也笑了笑，說：「看吧，神父，你總是能帶來奇蹟！」原註29

要是德蘭修女來看你……

我那時候在一所醫院當駐院神父，安排嬤嬤去探望醫院內的一些病人。她先在〔澳洲坎培拉〕聖基多福主座教堂（St. Christopher's Cathedral）對信眾講道，當天人數之多是該教堂史上前所未見的，過後，她便去探望三位病人。其中一位即將要做心臟移植手術，說他不知道自己有沒有辦法與天主和好。我之前已經探望過他多次，都沒有結果，所以我問他：「那要是德蘭修女來看你，你是不是就可以回到天主身邊？」他說：「怎麼可能。」嘸，嬤嬤真的來探望他了，他從床上坐起來，伸手接下嬤嬤遞給他的聖母顯靈聖牌，嬤嬤做過簡短的禱告之後，他就做了告解。之後他接受心臟移植手術，又再多活了幾年。原註30

像耶穌親自來看我

我在加爾各答一所醫院動心臟手術。手術過後第三天，才剛從加護病房出來，忽然聽到病床邊有護士在喊：「德蘭修女來了……德蘭修女在這裡！」走廊馬上一陣騷動，有人跑過。我記得那時心裡在想，「嬤嬤來這裡做什麼？」不過，片刻之後，她就站在我的病床旁邊，彎腰看我！……我好震驚，幾乎講不出話來。……我心裡好激動，滿心覺得嬤嬤來看我幾乎就像耶穌親自來看我，是耶穌在傳達祂的愛的徵兆！……那時有一件事情特別教我難忘，不過片刻工夫，我的病房就擠滿了人；心臟科主任來了，外科主任來了，我的手術就是由他主持的，他還是從手術示範教室直接衝過來的，手術袍都沒換；還有許多其他的醫生、護士、病人也都擠了過來。他們一個個緊盯著嬤嬤，臉上帶著敬愛的笑容。感覺得到他們看到嬤嬤來到這裡，一個個都興奮得要命！小事嗎？沒錯，可是不管嬤嬤到哪裡去，這樣的情況一再重演，自動自發的崇敬和愛一次次湧現。大家都想親眼看看她，和她講話，獲得她的祝福。這樣的場面，我自己親眼見過好幾回呢。原註31

沒人拿得出辦法來幫他

又有一天，有個年輕人才結婚不久，在礦場因為意外而全身癱瘓。沒人拿得出辦法幫他。他的家人便把他連同病床一起扛來做彌撒，放在祭壇前面。嬤嬤立即關切起他的狀況，要我為他祈福。之後嬤嬤吩咐修會的修女為他安排到〔阿爾巴尼亞的首都〕地拉那去就醫。這便是又一個例子，嬤嬤向來非緊盯著需要協助的人確實會得到具體協助不可。她或是她帶的修女要是沒辦法親自出手協助，她就會設法找到別人去做到能做的事。原註32

我生命的喜樂

一九七九年八月，我們和嬤嬤一起去探視海地首都太子港的貧民區。嬤嬤留意的是重病、垂死的人被大家遺棄等死。我注意到的是老鼠在啃他們的肉。有個老人家因為拉肚子，被人棄置在臭水溝旁邊。看了這樣的狀況，嬤嬤說海地比加爾各答還要困苦。嬤嬤決定在海地成立一家會院。會院有兩間房間，鋪了水泥地板，也有屋頂。嬤嬤親自辛苦打掃房子，刷油漆……那裡沒水，沒電，沒有交通工具。可是天主的眷顧落在那裡：天主教救助服務會的會長過來探望嬤嬤，嬤嬤對他說：「麻煩你們，我需要車子來幫我們運送病重、垂死的人。」她的要求馬上就有了結果，才到八月五日，就已經有七十名重病、垂死的人從太子港綜合醫院送到我們的會院來……

可是出了點事；當地的居民看到那麼多病人送過來，不太高興，就在我們的大門前面挖了一條溝，不讓車子通過。這時嬤嬤來了，沒說一個字。嬤嬤雙手闔掌，默聲祈禱，帶來了奇蹟：那些挖溝的人自動把溝填平，這就天下太平了。會院可以開張了。正式開幕那一天，儀式要結束時，嬤嬤引述甘地的話：「服侍窮人，便是服侍天主。」嬤嬤又說：「我一小時又一小時服事貧苦的人、病苦的人、垂死的人、沒人愛的人、沒人要的人、痲瘋病人、精神病人，是因爲我愛天主，也相信天主說的：『是你對我做的。』這是僅此唯一的理由，也是我生命的喜樂：去愛和去服侍祂在窮人、在露宿街頭、在沒人要、在饑餓、口渴、衣不蔽體的人當中的祂苦難化身，而這樣子做，自然而然就是在宣揚祂對我們每一個受苦的兄弟姊妹的愛和悲憫。」原註33

最先看到、最先站起來

聖殿是一座很大的教堂，裡面擠滿了人。那麼多人來參加，當然是想要來看嬤嬤一眼的。有很多修女是從我們別的會院來的。我們收留老人、病人、愛滋病人的會院裡的人也都全員到齊。行聖禮的時候，荷西（José），我們那會院裡的一個人，原本就站不穩，站起來要領聖體的時候跌了一跤，頭撞在大理石的台階上面，流血了。雖然在場的人很多，但是看到這情況馬上起身走向荷西扶住他的人，便是嬤嬤（荷西的體型可至少是嬤嬤的兩倍大），並且還陪著他，把他帶到教堂側邊的祭壇那裡去。嬤嬤輕撫荷西的臉和頭，不肯扔下他。我好感動，竟然是嬤嬤最先看到出了什麼事，最先站起來，還一定要陪在他身邊等到救護車來——雖然那時儀式還在進行。她從來不覺得自己重要——她完全沒想到自己……天主的婢女，天天急著要服事窮人中的耶穌。原註34

我覺得有人站在我身邊

有天半夜我忽然被嚴重的牙痛痛醒。我睡在四樓最後面的一床，痛醒後坐在床上拿手捂著臉。其他人都睡得很沉。我不知道半夜還可以去把誰叫起來，便在大大的宿舍裡面坐在眾多熟睡的修女當中，一人焦急等著天亮，拿手緊緊按住牙齒鎮壓痛感。忽然間，我覺得好像有人站在我身邊，還伸手搭在我的肩頭。她問我怎麼了？我一抬眼就看到那人是嬤嬤。我跟她說怎麼回事，她便說：「我這裡沒藥，但是可以幫妳倒一杯水。」她走開後，我還是坐在床上。那時我根本沒去想嬤嬤這樣可是要在這四層樓裡爬上爬下的呢。總之，她給我拿來了一杯水，在把水交給我之前，跟我說：「我們先唸三遍〈聖母經〉。」所以我們兩個一起唸祈禱文。之後我喝下水，嬤嬤要我躺回床上睡覺，爲我祝福，說：「睡吧，現在沒事了。」確實沒事，我睡得很沉，牙不痛了，而且一連好幾個月都沒再痛過。原註35

嬤嬤趕到毒氣肆虐的城市

一九八四年〔印度的〕波帕爾因為毒氣外洩而導致民眾死傷慘重，事件爆發之後，嬤嬤馬上趕到毒氣肆虐的城市，帶去一整架飛機〔的物資〕還有眾多醫護和仁愛修女傳教會的人員。那時，連最堅強的人道鬥士也在等人去救。德蘭修女到了之後，馬上率領眾多修女加入救援。她親自來到波帕爾，親力親為，〔帶動〕許多人加入她的隊伍，共同扛起艱鉅的任務，對毒氣受害人施以援手。嬤嬤一人帶著修會的修女在受害地區挨家挨戶敲門探視，而這些地區可是連地方政府的官員也怕得不敢靠近。嬤嬤帶的隊伍面對危難堅忍不拔，是真實世界的奇蹟，激發了許多人加入他們的行列。在執行「信心任務」[譯註24]期間，一般人都閉門不出，唯恐遭到慘劇波及，嬤嬤卻在外面奔波勞碌，將物資送到災民手中，為他們加油打氣，帶他們勇敢面對後續的艱苦奮鬥。[原註36]

這麼深厚的愛和關懷

那天我休假，卻從我帶的住院醫生那裡聽說嬤嬤在醫院裡等著很著急，要我〔為仁愛修女會一名受傷的修女〕治療。我馬上趕回醫院，匆匆來到那名受傷修女的病床旁邊時，就見嬤嬤正在替那修女拭去嘴裡湧出來的鮮血。那修女已經沒有脈搏，大量失血，氣息急促。嬤嬤十分痛苦，看著我說：「你是X醫生嗎？我在等你。拜託你救救我這孩子。我會為你祈禱。」嬤嬤本人就站在我面前，看得我一時發愣，嬤嬤像慈母一樣在為這修女的性命祈禱。剎時我覺得有奇妙的力量湧現，一種沒有辦法形容的感覺，從我心底深處帶出強烈的決心，我一定要救回這位修女。我們馬上竭盡所能，百般搶救，從靜脈注射開始，還輸了好幾袋血，另外還有幾位醫生協助我一起搶救。嬤嬤非常擔憂，緊盯著那修女的臉，十分焦急。……脈搏慢慢開始摸得到了，呼吸也開始緩和。我們覺得搶救應該有望，嬤嬤也略微鬆了一口氣。

下一天，那位修女已經可以開口講話，情況多少穩定下來了，嬤嬤也就大為寬心，臉色跟著亮了起來，比較開心些了。她抓著我的手，感激地對我說：「醫生啊，麻煩你用盡辦法讓她快一點復原，她不到兩個月就要發願了。」……這位修女在下巴（下顎骨）和小手臂的骨頭動了兩次大型手術。沒多久她就脫離危險期，嬤嬤便要我讓她出院，因為她覺得醫院那麼忙，佔去一張病床不好，說不過去，說不定會有不少重病垂危的窮苦病人會因此而無法入院就醫。……那位修女按照預定的日期在聖母瑪利亞教堂（St. Mary's Church）發願，我也出席了典禮。原註37

像母親餵孩子吃東西

嬤嬤只要有時間到卡利戛特一趟，都很高興。嬤嬤到了那裡會坐在病人身邊和他們講講話，餵病重的人吃東西，有的時候還親自動手，像母親餵孩子，滿懷著愛和呵護。原註38

嬤嬤握住我的手

我還是備修生（aspirant）的時候，是在（卡利戛特的）潔心之家進行使徒工作的。我在那裡的頭幾天，好怕去碰那些老人家。有個人的腿上有一個好大的傷口，裡面都是蛆。我好害怕。嬤嬤從旁邊走過，看到我捧著敷藥盤站在那裡不知如何是好，她看出來我在害怕。……她握住我的手，把敷藥盤從我手下拿過去，開始替那人清理傷口，把蛆蟲一隻隻全挑出來。之後，她把鑷子放進我手裡，拉著我的手，要我替那病人清理傷口。我清理了一下，嬤嬤便接手過去把事情做完，也幫那病人敷藥，做好包紮。這時，我的恐懼也消失了。嬤嬤又匆匆走出去，回來時拿了一杯熱牛奶給病人喝。嬤嬤要我把牛奶一點點餵進病人嘴裡，她就站在一旁，帶著笑容看我做。之後，我們再去照顧下一位病人，只要有必要，每一位病人嬤嬤都會親自動手照顧。……那天之後，我再也不會害怕。嬤嬤那天一整個早上都陪在我身邊，教我怎麼做。原註39

做這些骯髒事也甘之如飴

我在等嬤嬤一起幫病人敷藥，但沒等到人，我便去找她。找到她時，她竟然在清洗〔馬桶〕，我想幫忙，但她對我說：「妳去做裡面的事，這事我做。」我還是要幫，所以就出去找到了一把掃把，回去幫她。〔回去〕那時，她已經洗好馬桶，正在刷排水管。之後再把一個個垃圾桶裡的垃圾倒進推車，然後自己推著推車到對街去。她也只肯讓我在她要把推車裡的垃圾倒進外面的大公共垃圾桶時，在推車的一邊扶上一把。看到嬤嬤對院內重病、垂死的人懷抱那麼親切、那麼深厚的愛，做這些骯髒事（洗馬桶、刷便盆、尿壺、痰盂等等）也甘之如飴，從來不假手他人，對我在在都是很大的激勵。原註40

對人的深切關懷

嬤嬤對天下眾生的愛，表現在她對人的深切關懷。她要是到卡利戛特來，都會跪地坐在病人身邊，她會伸手輕撫病人，詢問病人有何需要。要是病人說他想吃奶豆腐湯圓〔rasgulla；孟加拉常見的甜食〕或是別的，她也會確認病人得到了想要吃的東西。她會一床接著一床探視病人，每一人她都不吝帶著笑容伸手接觸，輕聲對話。原註41

我的朋友在哪裡？

當我是望會生時譯註25，是在恩賜之家的女性病房工作。嬤嬤每次到院裡來，都要先把病房內的病人逐一探視過一遍之後，再逐一見過院內的修女。嬤嬤每次來的時候都會問，「我的朋友在哪裡啊？」那是……又聾又啞的婦人，在叢林邊被人發現的，嬤嬤把她接回來，先收留在頓頓會院，後來才轉到恩賜之家來。嬤嬤每次來〔她〕都很高興。嬤嬤每一個病人都要探視一番。嬤嬤好聖潔，每一個人都要關心。嬤嬤的愛教我好感動。我生平第一次看到有人用那麼深厚的愛去對待每一個病人、每一個孩子、每一個修女。原註42

我代貧苦的人收下這禮物

嬤嬤代貧苦民眾乞討的過人本事，從一開始就展露無遺。她就是有辦法把話傳到願意幫她的人耳中。她就這樣收集了許多圖書、鉛筆、衣物、藥品。她要是直接出面去跟人要藥品，有的時候會成功，但有的時候也會吃閉門羹。我記得有一次她帶我一起去一棟大樓找一個醫生。她要找藥爲一個小女孩治病。小女孩叫做瑪瑟拉（Marcella），她得了骨結核。那醫生很兇，不肯幫忙。嬤嬤只好站起來，雙手闔掌，帶著笑，溫婉地說：「謝謝你。」她的態度大出醫生意料。就在她走到大門前的時候，一句話傳了過來，要她回醫生診間。

那醫生對嬤嬤說：「我什麼也不肯給妳，妳還對我說『謝謝』。那要是我給妳這些呢？」那醫生把嬤嬤要的藥交到嬤嬤手中，嬤嬤說：「你先前不肯給，針對的是我，現在，我代貧苦的人收下這禮物。」看得出來那醫生先前從沒遇過這樣的事。原註43

扛起耶穌的十字架

等到他們終於替我的背照了X光，就明顯看得出來我的脊椎損壞得很嚴重。……我把消息跟德蘭修女說了……收到她寫來的信，要我為她、為她的服事奉獻一切，也要我找別人一起奉獻。……對我而言，受苦本身不算什麼。我這人沒什麼用，我受的苦……毀了一切。不過，以我受的苦去分擔耶穌的苦難，可就成了寶貴的恩賜。我生命的中心就是耶穌基督，而且我心裡知道，透過耶穌苦難和十字架，為我帶來了莫大的希望：我們因耶穌復活而得救。我要為痛苦尋找解答的時候，我就仰望耶穌基督做為榜樣，每當我看到他在髑髏地艱辛前行，我就知道我只要追隨他的腳步就好。我努力將德蘭修女做為榜樣，把德蘭修女跟我們說的話放進生活當中實踐：「用大大的笑容接受天主給我們的一切，也接受天主從我們這裡拿走的一切。」每當疼痛來襲，我的背又痛起來時，我真的覺得我的肩上就扛著耶穌的十字架。原註44

即使身故，仁愛常隨

德蘭修女——始終信守她的使命聲明：「有朝一日我要是成為聖人，我一定要當『黑暗』裡的聖人。從來就不在天堂，而是在塵世為身陷黑暗的人點起燈火。」——她以仁愛所做的服事，即使現在也還未中斷。許多病人都說過他們看過嬤嬤就在他們床邊。下面就是兩則例子：

◎德蘭修女，謝謝妳

嗨，我叫米蓋（Miguel），我三十四歲，出身另一宗教信仰，不是天主教徒。六月二十三日，我的脊椎要動手術。我在下午一點一十五分進手術室，五點四十五分左右出手術室。七點左右從全身麻醉醒來。……我又睡著了，在夢裡覺得有人走到我的床邊，輕輕碰了一下我的右腿。我睜開眼睛，但我床邊沒有人。之後又來了一次，我覺得有兩隻手放在我的同一條腿上。我再睜開眼睛，還是沒看到有誰在旁邊。第三次時，感覺便只有一隻手。我睜開眼睛，看到了一隻手，但只有左手。我知道這手是誰的，因爲我也看到了紗麗的邊緣和她的念珠。沒錯，就是加爾各答德蘭修女的手。我再把眼睛睜大一點，簡直沒辦法相信我看到的。我看到她的皺紋，她的念珠，臉上有一個黑斑比別的要大一點，老人家一般都有這樣的黑斑。我也看到了一根（粗粗的）手指的指甲邊緣，感覺她用掌心輕撫我的腿。再過一下子，我的醫生來了，說：「我來只是要跟你說一聲，讓你安心一點，你不要因爲腳沒辦法動就害怕。」我就動了動腳，對他說：「沒有啊，你看，我的腳會動。」他很驚訝，離開了。隔天禮拜六，醫生又來了，要我試試看站不站得起來。我對他說：「我昨天晚上站起來自己去上廁所。」他還是很驚訝，對我說：「有人幫你是吧。」我回答說：「沒有，我自己站起來去的。」醫生對我說了句恭喜，就走了。他原本預計在六月二十七日禮拜二那天讓我出院，但是提早到二十五日禮拜天就讓我出院了。謝謝妳，德蘭修女。

◎對，就是她！

我們來自〔墨西哥〕很貧窮的農場。我們雖然很窮，什麼錢也拿不出來，但我們從來就不會看輕宗教的事。我們有一輛三輪車，我女兒朵樂麗（Dolores）和我便靠這三輪車去賣裝了彩色紙屑和一點糖果的彩蛋。我們賺得的錢夠我們吃上鹹玉米餅或是辣玉米餅，偶爾加一碗湯吧。有一次，我們要到另一座農場去的時候，我女兒被車撞飛，摔在地上。她昏了過去。我拍她的臉，想要她清醒過來，但是沒用。我不記得什麼祈禱文，一急就向德蘭修女祈禱，求她保佑我女兒不要有事，不要有血栓什麼的。我唸〈天主經〉、〈聖母經〉、〈聖三光榮經〉（Glory Be），還呼喚〔德蘭修女〕。後來我女兒清醒過來了，距離她被撞的時候都過了八十分鐘。後來，我女兒跟我說，她昏過去的時候看到一個非常慈愛、身材矮小的老太太，她說老太太輕輕摸她的頭髮，爲她祝福。老太太的衣服白得像雪，帶著笑就消失不見了。我們沒見過德蘭修女〔連她的照片也沒見過〕，我們家裡連電視也沒有。後來，有個年輕人（就是幫忙我們寫見證的那人）拿了一張加爾各答德蘭修女的照片給我們看，我女兒好興奮，大喊：「對，就是她！」

默想

「我患病，你們看顧了我。」（《瑪竇福音》第二十五章第三十六節）

「爲病苦的人當慰安的天使。」原註45

「他們病了，〔渴望〕醫療的照顧，還有溫柔的對待和溫暖的笑容。」原註46

我會記得自己生病時的感覺，而以慈善和體貼去對待生病的人。對於生病的人，我可以做些什麼去減輕他們的痛苦？我能否替他們要到所需的藥物？有什麼小小的善舉是我可以爲病苦的人做的呢？像是去探病，和他們聊聊，幫他們做一些小事，例如倒垃圾，讀報給失明的人聽，送上早日康復的祝福，諸如此類的？即使有些感覺必須克服，我是否依然勇敢邁出腳步去協助有需要的病人？小小的事要是出之以大大的愛心，能爲某個人的人生帶來重大的改變。

而我要是病了，我又該怎麼做，才不至於因爲一時虛弱，力有未逮，而爲我和他人的關係帶來不好的影響？

我應該怎樣協助病苦的人看出，要是他們將自己受的苦連上耶穌受的苦，奉獻出來做爲良善的服事，他們受的苦就有莫大的價值？對於我認識的病人，我是否能夠協助他們進行病人敷油聖事？

祈禱文

親愛的天主，偉大的醫者，我跪在祢面前，因爲
每一完美的恩賜無不從祢而來。
我向祢祈禱，賜與我雙手技巧，賜與我大腦清明的眼光，
賜與我心靈良善和溫和。
賜與我專心致志，賜與我力量去
爲受苦的人分擔重擔，
教我切實瞭解這是屬於我的殊榮。
把萬般的狡詐和世俗心從我心中全部拿走，
教我以孩童單純的信仰依靠祢。
阿們。

——一位佚名醫生的祈禱文，德蘭修女每日的祈禱文

【第六章】

探望囚者

他們都是依天主的模樣和肖像而造的

我們做這些卑微的事，像是供應飲食、洗衣、為沒人要的人付出親切的關懷和愛，絕對不是在浪費時間。

——德蘭修女

我們想到關在牢裡的人時，大多數人的第一反應通常是，他們會坐牢一定是有正當的理由：我們心裡的裁判冒出來的速度太快——我們的裁判太輕率。我們的裁判可能對，但也可能錯。然而，不管對錯都未足以改變教會要我們去履行形哀矜的責任。而德蘭修女獨特的一點，就在於她從來不做批判——其實不僅對囚犯如此，她對任何人一概如此。「這樣子做是不對，」她會說，「但她爲什麼會做出這樣的事，你又不知道。……起因是什麼，你又不知道。但我們做批判的時候，批判的便是那姊妹、貧苦人會做這樣的事的起因。」

德蘭修女常去探望囚犯，對他們極爲關心。而她對待囚犯的態度，從來不對任何人有偏見，從來不會看輕誰，不會擺架子，而是不管面對的是誰一概報之以最大的敬意和厚望。她隨時隨地願意再給別人機會（而且不僅是第二次機會！）。她對待每一個人的態度就是完全的仁慈，不管對方入獄的原因是什麼；這一方面是因爲她篤信「若非得主恩寵，如今豈能如是」[譯註26]，另一方面則是因爲她悲憫這些人所承受的痛苦。要是處境不一樣，他們未必會落到現下這般的境地；而反過來，要是我自己落在他們的處境，說不定我也會做同樣的事，搞不好還更糟。所以，不論他們受苦的原因爲何，只要是受苦的人便是需要協助的人，我們不應該冷漠以對。

德蘭修女爲〈印度的〉「入監女性」專門設立了特殊的使徒服務，這裡說的「入監女性」是指流落街頭的女性（通常以精神不正常爲多），由於沒有別的機構可以收留以致將她們收監在獄。德蘭修女經由政府機關協助，爲她們爭取釋放，特別爲她們成立收容中心，提供職能治療訓練，也找些小工作讓她們做。這樣她們便能有尊嚴地工作，並且活得有尊嚴。不止如此，德蘭修女還會代她們聯絡家人，協助他們重歸於好。

德蘭修女的言教

有幸陪伴貧苦的人

感謝天主給我機會與你們同在，與你們分享天主的恩賜，能夠陪伴貧苦的人是一種特恩，是能與基督二十四小時同在的特恩。因爲耶穌說過，「就是對我做的」，耶穌不會說假話，祂說：「我餓了，你給了我吃的；我渴了，你給了我喝的；我患病，你看顧了我；我在監裡，你來探望了我；我作客，你收留了我。」讓我們努力嘗試做到〔這一點〕，你、我一起，帶出那接觸到在痛苦裝扮下的耶穌的喜樂。原註1

◆

例如聖保祿，當他一接觸到基督的愛，就不在乎別的了。他不在乎遭人鞭打，不在乎被關入監牢，在他心中只剩一件事是重要的，那就是耶穌基督。而我們要怎樣才能有這樣的堅定信念呢？「沒有什麼事情、什麼人可以把我和耶穌的愛分隔開來。」原註2

◆

所有你從耶穌那裡接受到的，也要慷慨付出。祂愛我，祂不怕麻煩從天堂降臨到世間，就爲了給我們帶來這樣的好消息：要彼此相愛。我的姊妹啊，我們一定要去愛人。就像聖馬西連（Saint Maximilian）原註3，他們挑中的不是他。可是那個人說：「啊，我太太，我的孩子啊，」……所以〔聖馬西連〕說：「那就要我的命吧。」我們都知道後來怎麼了。他們把他關進牢裡去活活餓死。我們不知道餓死的痛苦滋味，我們不知道；我看過有人這樣子死去。眞的是餓死，〔拖上〕好幾天。他〔聖馬西連〕都沒有死，他們便對他施打毒針。這人爲什麼要做這樣的事呢？爲了大愛。而我願意爲我的姊妹做這樣的事嗎？原註4

監牢或是街頭

我們有好幾千名痲瘋病患，因爲大家不要的、大家排斥的，就數他們排第一。我們有酗酒成性的，有孤苦狂亂的，這樣的人只有兩處地方可去——監牢或是街頭。我們有夜宿中心等等地方。不過……我們每一個人做這些卑微的事，像是供應飲食，洗衣，爲沒人要的人付出親切的關懷和愛，絕對不是在浪費時間。原註5

◆

我們在紐約開設了收容愛滋病人的會院；像他們那麼富裕的地方，這樣的病人卻是人人避之唯恐不及。有三名男子得知自己染病之後，便從大樓的三十五層樓跳了下去。我們收留病重、垂死的人，由於我們的修女願意照顧他們，一整個國家就這樣有了很大的改變。我去見州長的時候，他說：「把耶穌帶到這些人中間，妳是第一個也是唯一的一個。」他也做了美國在這之前從來沒做過的事，他特別批准十二位在獄中罹患這種病的人犯出獄；這是史上頭一遭，在美國可是前所未聞的事情。他們竟然特准〔囚犯〕出獄，過世的時候有我們陪伴。我們的修女在那裡眞的是在施展奇蹟。約瑟神父（Father Joseph）原註6今天早上打電話過來，約瑟神父在這些人當中施展出何等的奇蹟啊。有一位受洗了，初領聖體，領受了堅振聖事，之後過世。我們的修女寫信來說：「他們過世的時候臉上好平和，散發喜悅的光。」而在我看來，這爲這國家創造出了新的希望。許多人都站出來提供協助。這樣的變化，便是天主的奇蹟。原註7

◆

昨天，修女跟我說有幾位修女到監獄去探望人犯，而從她們開始去之後，監獄裡就開始有聖體了，駐在監獄裡的神父也開始每天主持半小時朝拜聖體禮儀。看看這些囚犯——有少年人有成年人——他們都俯伏朝拜（他們還爲那些少年準備初領聖體）。〔他們〕敞開胸懷接受基督的臨在，那祈禱的力量。他們渴望天主，非常渴望天主。原註8

爲一名男子求情請命

親愛的州長：

今天來叨擾你，是要爲一名男子的性命求情——也就是約瑟夫・羅傑・奧戴爾（Joseph Roger O'Dell）。我不知道他是做了什麼以致於被判死刑。我只知道他也是天主爲了更大的目的而創造出來的，是祂的孩子，是爲了去愛、和被愛的。我祈禱約瑟夫已經與天主和好，對天主、對每一個他傷害過的人都道過歉。我們何不留下他的性命，爲他的生命、爲我們全體的生命投下希望。耶穌以慈悲和悲憫在愛我們每一個人，以寬恕帶來奇蹟。我要對你說，親愛的約瑟夫，請相信天主對你滿懷寬仁的愛，請接受天主給你的一切，也給出天主要從你這裡拿走的一切，而且始終帶著大大的笑容。且讓我們祈禱，天主祝福你們。

德蘭修女 原註9

出獄的時候

我們這時候在〔美國紐約市〕哈林區著手在做的另一件事，就是由我們的修女去監獄探望，在那裡有被拘留的人，他們管這叫什麼來的？總之，就是年輕的女孩子被放出去後，隨便什麼人都能控制住她們，帶到任何地方去。所以，她們從牢裡出來以後，就由我們安排去把她們接到我們的地方來。她們需要有完備的日常用品，需要安排正當的工作……每一座城市應該都會有這樣的人……我們會接這些女孩子回來，帶到修女院，這時候〔同工〕就有辦法接手進行之後的工作。原註10

德蘭修女的身教：見證

這說的是人性尊嚴的事情

我們在加爾各答的登格拉（Tengra）為入監婦女開設收容中心，這是嬤嬤心裡最珍惜的服務之一，是嬤嬤用心去為貧苦的人保留尊嚴所結出來的果實，而不僅是只關注他們的物質需求。這些婦女多半都有精神或是情緒障礙，強弱不等，因爲在加爾各答街頭遊盪而由警方尋獲。由於沒有專門的場所可以收留照顧她們，即使她們沒有犯法，警方也只好將她們拘留在牢裡。待政府單位知道了這樣的狀況，而且這類未曾犯法卻遭拘留的婦女人數還相當多，印度西孟加拉邦的省長就聯絡上了嬤嬤。他問嬤嬤，修女是否願意出面照顧這樣的婦女。這裡說的照顧當然不是指衣食住宿，因爲這些東西牢裡本來就不缺。這說的是人性尊嚴的事情，說的是爲這些婦女提供合宜的環境和照顧，以利她們恢復健康，要不也至少有所改善，同時她們覺得自己是有人愛、是受到尊重的。嬤嬤立即同意照顧這些她叫做「入監婦女」的女性，只要政府能夠撥發土地供我們爲她們設立會院就好。事情就這樣說定了，嬤嬤也從不放過任何機會爲我們這些「入監婦女」爭取同工和贊助人來關懷，不厭其煩。她甚至爭取到一些教授等等的人來當志工，協助教導這些女性，傳授她們實用的技術，例如手工藝之類的。原註11

完全改頭換面的一個人

就算殺人犯，她也一樣寄與莫大的期許……美國有個殺人犯，我們和他成了很親近的朋友，他在服無期徒刑期間信奉了天主。我和德蘭修女聯絡。她以深切的愛心接下這一整件事。他待人處世的模式徹底改觀，監獄中的其他人犯經由他也跟著改變。每次我到加爾各答，她都會問：「我那朋友 X 怎麼樣了？就是那殺人犯 X？」他這時候是完全改頭換面的一個人了，每次神父監獄裡去，他都會在一旁幫忙當助手。我有一年到監獄裡去主持復活節彌撒。他爲嬤嬤畫了一幅畫，也畫了一幅給我。我把畫送給我父親，我父親極爲敬愛嬷嬷。喔，對，〔他〕是會被處死，但他依然可以為基督而活。嬷嬷開始和他通信，而他是關在最高戒備的監獄裡的。每次我回家都會去看他。這是我生命的喜悅。……坐牢不坐牢的，無關緊要，在牢裡還是可以服事基督的。……他在一封信裡對我說……「自從我認識了你們，開始寫信給德蘭修女之後，我便常想，要是我在這悲劇之前就早早認識了耶穌基督，我的人生會多不一樣啊……我的餘生就是要奉獻出來，協助那些需要我協助的人。」原註12

美國第一家專門收容愛滋病人的會院

我和德蘭修女還有另兩個人到紐約州奧西寧（Ossining）的辛辛監獄（Sing Sing Prison）去探望人犯……那裡的人犯大多是判處終生監禁的重刑犯，我們到那裡去的時候，那些人——許多不是殺人犯便是強暴犯，諸如此類，而且一個個因為練舉重而孔武有力——但在德蘭修女輕拍他們的頭，把聖母顯靈聖牌發送給他們的時候，竟然有那麼多人都跪了下來，流淚哭泣。原註13

◆

在嬷嬷的心目當中，他們不是罪犯，他們是依天主的模樣和肖像而造的，所以她對他們寄與期許。她向來都找最恰當的話語和行動去帶領他們接觸天主。原註14

◆

嬤嬤決定在紐約開設一所收容愛滋病人的會院。這是世上第一家愛滋病人收容中心，在一九八五年開幕。紐約的愛滋病人大多是同性戀者或是毒癮患者。那時候教會對這一件事也有很大的爭議，因爲同性戀團體強烈反天主教，教會對他們的生活方式也矢口反對。還有幾個很大的神父說：「嬤嬤啊，別插手這樣的事吧。這種事碰不得。會被別人批評，說妳支持他們的生活方式。」在她心裡，這些〔人〕等於是當今的痲瘋病人。沒人要他們。所以，她到監獄裡去。她要開設這樣的會院，只是每個人對這都有意見。唉，吵了大概有六個月之久。嬤嬤終究是把愛滋病人的收容之家開了起來。而嬤嬤也到辛辛監獄……把聖母顯靈聖牌送給獄中罹患愛滋病的人犯，她說：「我會回來接你們。」她去找市長，去找奧康諾樞機（Cardinal O'Connor, 1920–2000）。嬤嬤十分興奮。她的眼睛才剛動過手術，必須戴墨鏡，因爲她得了白內障，但她決定要在耶誕夜開放收容中心，她說：「我要拿它做爲獻給耶穌的生日禮物。我們去把這些人帶回來慶祝祂的生日吧。」

紐約的耶誕夜——根本做不了什麼事。大家都說：「算了吧，嬤嬤。」〔嬤嬤堅持要做〕「這些人一定要從監獄裡放出來。」嬤嬤打電話給州長說：「我要跟你要一份耶誕禮物。我要替小嬰兒耶穌要耶誕禮物，我要你批准那些人的假釋令，讓我們接他們回來慶祝耶穌生日。」州長說：「嬤嬤啊，妳想要這禮物，那就要替我做一件事。妳要替我還有我們一家禱告。」嬤嬤說：「好。」人在布朗克斯的嬤嬤馬上放下電話走進小聖堂開始替他祈禱。州長還沒掛電話，在電話裡說：「喂？喂？」我拿起電話，州長說：「嬤嬤在哪裡？」我說：「她到小聖堂去禱告了。」州長說：「天哪！」州長當場簽署了這些人犯的醫療特赦。……這些人由救護車送過來，穿得像太空人，厚厚的一大團防護衣。救護車一路鳴笛送他們過來，至於相關的爭議，嬤嬤不為所動。

嬤嬤為這一處會院訂立的規矩，和別的會院一模一樣。結果又再引發不小的爭執，因為他們說：「妳要裝電視才行，妳要有收音機才行。這些人需要有這些東西。他們在妳那裡又沒事幹。」嬤嬤說：「不行，全都不行。我們就按照老規矩來。」結果，情況就是這些人彼此開始會聊天，交起朋友了。一夥兒人像大家庭似的。沒多久，他們也開始唸起玫瑰經。這些人什麼背景都有。有的殺過人，有的從十歲起就在街頭鬼混，有的人吸毒。但他們在這時候都學起了天主教的教理。大家就像兄弟。原註15

被她深深感動

有個人，據說是個遠近馳名的罪犯，關在聯邦監獄有十一年了，這期間他可以辦告解，可以領聖體，同樣地，我們也會將修女做的唸珠送去給他。我個人確信這些都教他十分感動。另外還有兩個人，據說是黑幫份子，我帶他們親自去見嬤嬤，他們也被她深深感動；嬤嬤還擁抱他們。原註16

她給我鼓勵、愛和希望

一九九一年，我被警方逮捕，送入監牢。我在等待受審的時候，寫了一封信給德蘭修女，跟她說我的情況。她馬上回信給我，給我鼓勵、愛和希望。在這樣的情況，她竟然還願意花時間寫信，我相當震驚。從一九九二年到一九九七年她過世前幾個禮拜，德蘭修女定期寫信給我，也一定會回我寫去的信。我第一次寫信給嬤嬤的時候，十分沮喪，對自己十分失望。我在信裡把我惹上的麻煩跟她說了一些。而她從一開始就鼓勵我要拋掉過去的麻煩，專注在現在和未來。她一直提醒我天主的愛沒有疆界，一直指點我走向天主的愛的道路。她喜歡我跟她講其他獄友的事情，還要我多多把她給我的信拿給他們看。我都照做，他們的事她向來讀得津津有味。下面是從她寫給我的信裡抽出來的幾段：

感謝你來信，也感謝天主在你身上、和透過你所做的美好事工。……我們要感謝天主的恩寵，祂的恩寵就在你身上彰顯，也要感謝天主在你的心裡點燃起你對鐵窗內的人的悲憫。

◆

耶穌以祂的苦難來教導我們，如何因著愛去寬恕，如何因著謙虛而不計前嫌。我爲你祈禱，希望你在人生遭遇過的痛苦，可以成爲你接近耶穌的途徑。就讓祂活在你身上，這樣你就可以把祂心裡的慈悲傳播到每一個和你的處境相同的人那邊。

◆

我很高興聽到你已經擺脫掉過去，而且善用現在，透過你對身邊受苦的人的愛，在天主的愛裡成長。福音書跟我們說，耶穌心生憂悶的時候，就用比較長的時間禱告。我們也可以在身陷黑暗和痛苦的時候依然跟耶穌靠近，靠近在痛苦當中孤獨掙扎、私下禱告的耶穌。

一個個基督徒都是活生生的天主的聖龕。天主創造了你，天主選擇了你，天主寄居在你身上，因爲天主要你。現在你既然知道了天主有多愛你，你以你的生命去散發這樣的愛，也就是自然而然的事了。原註17

◆

以後絕對不再做這樣的事

有個貧苦婦人在和嬤嬤說話，邊哭邊說。嬤嬤十分憐憫那位太太。嬤嬤看我從一旁走過，就叫住我，說：「妳跟這位太太去一趟。她先生關在拉巴扎爾的牢裡。他兩天前偷車被抓。妳去跟那警察說，『嬤嬤〔說〕要放了他。』」我乖乖聽命，馬上就去。我根本就不知道拉巴扎爾在哪裡，在牢裡會怎樣，那警察又是誰，等等。我只知道嬤嬤吩咐我去做這件事，我便和那不停在哭的太太一起去了。嬤嬤送我們出了大門……

我們抵達拉巴扎爾警察局的時候，是早上十一點。我們在警察局裡聽人跟我們說，局長大人要下午三點才來。我們耐心等待，到了他來的時候，我說：「有個叫〇〇的人，偷了一輛車，嬤嬤說要放了他。」他問：「哪個嬤嬤？」我說：「德蘭修女。」他又再問：「她是什麼人？」我說：「嬤嬤。」（我只知道嬤嬤是嬤嬤，別的就不知了）這個局長笑了笑，打電話給一名警官，交代了幾句話。我們被他們叫到一處地方，一起坐進警察的吉普車，由警察護送到另一處地方。到了那裡我們進入另一間辦公室，我把這件事對那裡的警官又再說了一遍。他說：「可是他偷了東西，我們不能放他走。」我說：「可是嬤嬤叫你放他走。」他便問：「那他要是又再去偷東西呢？」「這我就不知道了，我只知道嬤嬤說要放他走。」他下了幾句命令，我從簾子的縫隙看到那個人手腳銬在一起坐在後面，沒辦法站，因為手腳銬住了。他們解開鐐銬，放他走了。

到了傍晚的時候，我們已經回到母院。那人流淚哭泣，嬤嬤對他說：「你去好好辦一個告解，以後絕對不要再做這樣的事了。天主賜給了你美好的家庭。好好愛你的孩子，一起禱告。每天晚上都要唸玫瑰經，聖母瑪利亞會協助你。」她對他們施與祝福，他們就走了。嬤嬤給他們食物（讓他們吃，也讓他們帶一些走）。那天之後，那個從小就偷雞摸狗的賊，徹底洗心革面了，不再喝酒，不再和他那一幫狐群狗黨廝混，壞習性一概改掉。就算他的損友又來找他，他也會對人家說：「嬤嬤叫我絕對不可以再犯，我答應過她的。」直到現在，（那人）已經……洗心革面——很窮，勉強可以餬口，可是一直沒打破他對嬤嬤有過的承諾。我知道嬤嬤一定在為他禱告。原註18

即使不在人世，德蘭修女依然到監獄探望囚犯

有個修女對我父母說（一件很奇異的事情）：昨天，她到市場去買蠟燭。她覺得有人好像在盯著她看，她轉向那人打了一聲招呼。那人回禮，問她：「你們還會去探監，送吃的給人犯嗎？」她回答：「我們沒在做這種牧民服務（我們在（宏都拉斯）聖佩德羅蘇拉的姊妹只照顧愛滋病（患者）、老年人和邊緣兒童）。」他又說：「我一直看妳是因為妳穿的衣服和二〇〇四年那位修女穿的一樣。那時我被人冤枉關進牢裡，一連兩天都不給我東西吃，是她過來送東西給我吃的。」那位修女就說：「只給你送嗎？」他說：「不是，

每一個人都有，大概是在半夜十一點到一點之間吧。（這當然不是探訪時間！）」那修女再問：「她很年輕嗎？」那人說：「不是，是個老太太。」那位姊妹就拿了一張德蘭修女的小照片給他看，問他：「那位老太太是不是這位？」那人一看就哭了起來，說：「對，一定是她沒錯。」

默想

「我在監裡，你們來探望了我。」（《瑪竇福音》第二十五章第三十六節）

「祂在牢裡病了，〔渴望〕妳給他友情……妳會願意當祂的『那一個人』嗎？」原註19

我對入監的囚犯是什麼態度呢？是覺得他們坐牢活該，還是覺得我也可能有這樣的一天？我看到或是聽到有人坐牢，我是想著：「他／她是做了什麼壞事才被關的？」還是會看到對方也是天主的孩子，也是我的兄弟、我的姊妹？

有沒有什麼途徑可以讓我參與這類慈悲的服務呢？像是我是不是可以加入志工組織或是協助更生的工作，諸如此類的？要是我自己就「囚禁」在自己偏見的牢籠裡，可有什麼具體的步驟有助於我看清楚事實，糾正我的錯誤觀念？

我是不是也囚禁在自己的自負和傲慢當中呢？我能否跳脫自我本位，對於處境比我還要艱難的人伸出援手呢？我對於被「囚禁」在上癮問題的人，是否能以和善、正面的態度去對待？我有沒有辦法接近這樣的人，而且以諒解的愛去爲他們帶來平和和喜樂？

祈禱文

榮耀的聖若瑟，
我們以最謙卑的心向你祈求，
以你對耶穌和瑪利亞的愛和關懷，
將我們靈性和俗世的事務拿在手中，
將它們引導向天主更大的榮耀，
爲我們博得遵行祂聖潔旨意的恩寵。
阿們。

——德蘭修女每禮拜三對聖若瑟做的禱告

【第七章】

埋葬死者

「握著我的手就好」

他們都不是基督徒。他們說直到親眼看到修女為蒲隆地的難民做的事，這才知道天主的愛付諸行動會是怎樣的景況。

——德蘭修女

德蘭修女對垂死的病人格外細心呵護，她這樣的關懷，對死去的人也不例外。她對每一個人生來就應該享有的尊嚴無不抱有莫大的敬意，而不論社會階級、種族或是宗教有何不同，她對每一個人都奉上最大的尊重。這一點在（卡利夏特的）潔心之家看得尤其清楚；在那裡她除了爲一些在死亡邊緣掙扎的人奮鬥，她也特別注意讓死者得以依照生前各自的宗教習俗享有適宜的葬禮。嬤嬤有十足的理由大可省下這些麻煩，有的人說不定還覺得嬤嬤這樣子做太做作，甚至舖張浪費，畢竟該爲重病的生者做的事情還有那麼多。然而，即使人已經回歸永恆，她還是要爲那人付出細心的愛。只要是關乎生而爲人的尊嚴，就是重要的、神聖的，値得事事尊重，直到最後。

埋葬死者在當今的含義雖然大大有別於中古時期，因爲中古時期的城市由於疫癘猖獗，去埋葬死者往往等於冒生命危險。不過，安葬死者這樣的慈悲如今依然在召喚我們，對結束暫世生命的人的身體要給與該有的尊重。許多聖人便是在種種瘟疫橫行的時候，爲了協助他人而致染病身亡，還有許多聖人是爲了救助遇上危險的同胞而勇敢涉險。特別是像達米盎神父這樣的模範；他爲了協助夏威夷摩洛凱島的痲瘋病人，付出了自己的生命[譯註27]。其實，德蘭修女對達米盎神父便極爲崇敬。我們未必會遇上什麼情況，需要做出這類英勇的事情，但我們在現實一定會遇上死亡這樣的事，而必須以仁愛付諸行動，實踐這一哀矜的事功。

德蘭修女的言教

妳確定他眞的死了？

有一次他們從街上接了一個快死的人回來。依印度教的習俗，眾人應該要圍在死者周圍祈禱，然後將火苗放進死者的口中，以火葬將遺體焚化。但他們才將火苗放進那人的嘴裡，那人就坐起來了，說：「我要喝水！」他們便將那人送到卡利戛特來了。那時我也在場。但我不知道先前出過這樣的事。我去看他，他簡直動也沒辦法動。所以我說：「這位只差一步了！」我便替他洗臉……他眼睛睜開了，張得大大的，對著我露出好美的笑容，之後就嚥氣了。我打電話給他們，他們跟我說先前的事，還問我，「妳確定他眞的死了？」

原註1

對基督的愛感染到了每一個人

我上一次到坦尚尼亞去的時候，當地幾位部落酋長來找我，爲我們修女做的事情道謝；他們都不是基督徒。他們說他們直到親眼看到我們的修女爲蒲隆地的難民做的事，這才知道天主的愛付諸行動會是怎樣的景況。總計有超過一萬二千名難民一股腦兒湧進來，這些**謙卑的修女們**一個個忙著安葬死者、扶助傷者。這對那一地區全體，對所有〔坦尚尼亞〕的人來說，像是一**個恍然的領悟**。他們從沒見過這樣的事，活生生的，如此眞實，而且洋溢喜悅。我們那些修女還跟我說，在那期間，連一些小店家都會說：「來吧，修女，儘管拿，需要什麼都可以拿去用。」難民有需要的東西，她們都可以自己進店裡去拿，不必付一毛錢。多美好。由這樣的事情就證明了我們這些修女對基督的愛感染到了每一個人。這樣的事，我想遇到這樣的事是很可怕沒錯，可是再一次的，我們的修女在服事時的態度帶來了感染。她們去碰觸那些人時的態度，抬放遺體時的態度，必須埋葬他們時的態度。

她們說過一個婦人的事，她上路的時候帶著她九個孩子，可是，等到她終於走到了我們的營地時，她只剩下一個孩子，其他全死在路上。所以，我們那些修女爲那婦人和那些孩子做的……都是我們必須持續下去做的……不論是在我們自己的家，在我們自家的地方，不論在哪裡。這便是大家渴望的事，是當今的年輕人想要的事。原註2

握著我的手就好

上一個禮拜天……那裡有個人快要死了，而他什麼也不要。他說，「握著我的手就好，只要我的手握在妳手中，我就準備好上路了。」他靠坐在那裡，躺在冰冷當中，只有他的臉還有光采，但他要的只是這樣。他不要我爲他說什麼或是做什麼，他只要我坐在他的床沿，握住他的手，已經準備好要離開人世。你們說不定哪天不知在哪裡也會遇上這樣的事。你們看這多美好啊，他們這麼信任我們，這麼愛我們，可以這樣把自己交到我們手中。我們到處都一直有這樣的經驗。原註3

◆

物質非常貧困的人也可以是堪受讚賞的。有天我們出去在街頭接了四個人回來，其中一人的情況最是糟糕。我跟修女們說，妳們照顧另外那三個，比較糟糕的這個我來照顧。

所以我用所有的愛去照顧她，我扶她上床，她臉上露出好美的笑容。她抓住我的手，對我說了簡簡單單的兩個字——「謝謝」——便嚥氣了。我忍不住對著眼前的她，開始省察譯註28，我問我自己，我要是她這樣的遭遇，我會說什麼呢？我找到的答案很簡單：我應該會想要別人多注意我一下。我應該會說：「我肚子餓。我快死了。我很冷。我哪裡痛或什麼的。」但她卻是給了我更多的東西。她把感激的愛給了我，過世的時候臉上帶著笑。原註4

我會死得像個天使

我永遠不會忘記那天我從露天臭水溝帶回來的那個男子——除了他那一張臉之外……全身爬滿了蟲。身上到處都是被蟲咬穿的洞，等於是被蟲生吃了。他一定是昏倒才跌進臭水溝的，旁邊也一定有一個個人來來去去，只是溝裡的爛泥蓋住了他，我是覺得好像有東西在動，這才看出原來是有個人在那裡。我把他扶出來，帶回我們的會院，他一直沒動。我才要開始為他清洗，他就開口說，「我在街頭過得像牲畜，但我會死得像個天使，有人愛，有人關心。」兩小時後，我們替他清洗完畢，他便嚥氣了，可是他臉上卻散發喜悅的光。我從沒見過那樣的喜悅——那麼真切——耶穌來到人世賜給我們的喜悅。原註5

德蘭修女的身教：見證

死得有尊嚴

嬤嬤頭一次興起念頭要爲垂死的人設立收容中心，是因爲有一次她在街上看見一名婦人，她送那名婦人進醫院，但是醫院不肯收。嬤嬤十分堅決，不肯退讓，終於爲那婦人要到一塊地舖。沒多久那婦人便死了。嬤嬤不懂，怎麼一個依照天主肖像創造的人，會是這樣子死去。就是這樣，嬤嬤才會想到她應該要去協助這些醫院拒收的病人，尤其是貧苦的人，讓他們死得有尊嚴。原註6

沒得救的

我跟在嬤嬤身邊遇見過露宿街頭快要死去的貧民，卻找不到醫院肯收留他們。我們跑了好多家醫院，想找人照顧他們、治療他們。但他們都說：「這些都是沒得救的。」有不少人就這樣子死在街頭，沒被當人看，沒人聞問。所以嬤嬤特別注意要給他們最好的，最起碼也要給他們安身的家——幫他們清洗，餵食，讓他們覺得回到了家……嬤嬤爲垂死的貧民成立收容中心的目的不是在開醫院。我在醫學訓練結束之後，她並沒有要我開始當醫生。即使我想當醫生，她也說：「不用，他們需要醫生醫療的時候，我們就送他們去醫院。我們做的是沒人要做的事——幫他們清洗，幫他們餵食，然後帶他們去看醫生，到最近的醫院就成。」原註7

天主以祂的肖像創造了你

我們必須回過頭去看嬤嬤當年在卡利戛特成立收容中心的初衷，她的目的不外就是爲加爾各答街頭垂死的貧民維護該有的尊嚴。那樣的人是被社會拋棄，被人生拋棄，連好好死去的基本尊嚴也沒有。所以，這件事在嬤嬤看來並不是要開醫院，幫每一個人把所有的病治好。她是要把露宿街頭的人帶回來，那些路人踩踏過去或走過去但視而不見的人；她說：「你是天主創造的，是天主以祂的肖像創造出來的，因此，我在你身上看到了耶穌，我要以尊重讓你帶著尊嚴離世。」她不是要治好全天下的病，她不是要爲全天下的人怎麼病死的成因找到解藥。她是要照顧病人，爲病人生命的最後時刻帶來尊嚴。她因爲這樣而遭人批評，但這是她聽到的畢生召叫。而有那麼多人在死前得以享有尊嚴、尊重和愛，不論在加爾各答還是其他地方，確實應該歸功於嬤嬤。原註8

死得像個人

卡利戛特，也就是收容垂死病人的潔心之家，給與病人的治療比起政府設的醫院要好得太多了。安息之家收留的病人都是狀況最嚴重的，算是無力回天了。由於缺乏治療，他們的病情已經惡化到不太可能好轉的地步。然而，經由關愛和治療，有許多人還是有所好轉。是有一些人還是死在潔心之家，但也死得像個人，而不像〔街頭上的〕牲畜。原註9

這樣子死去多美好

有個修女和我一起跟嬤嬤到登格拉參加天主教救助服務會辦的工作坊。嬤嬤要發表演講。我們坐我們的小救護車去。車子快到〔加爾各答〕莫達利十字路口的時候，我們全都看到有個人躺在路邊。嬤嬤就說：「我看那裡躺了個病人。」……我們的司機說：「那是瘋子啦。」開著車就穿過馬路往前走。可是嬤嬤對他說：「拐彎，我們掉回頭去看看。」司機把車子掉頭回去開到那人旁邊。嬤嬤和我們全都下車，結果嚇我們一跳，那人竟然是位年輕女子，發著高燒躺在地上，身下一灘她自己的排泄物之類的穢物。我們馬上把她抬上擔架，送她到登格拉去。嬤嬤吩咐幾位修女幫她清洗，換掉髒衣服，立即送她回卡利戛特。第二天，那位病人死了。嬤嬤跟我們說：「那時我看她躺在那裡，心裡像是有什麼東西敲了一下，所以我才要車子回頭去看看狀況。」原註10

不是一般人做得到的

我們都去了〔卡特戛特〕。有個修女叫嬤嬤過來，說：「嬤嬤，有個人要找妳。」這人躺在病床上，幾乎沒辦法講話。嬤嬤說：「什麼事？」還彎下去用手臂環抱著他的頭，看到有人這樣子做，眞的是美好的一幕。這人滿身是傷，全身化膿，情況很糟，嬤嬤卻這樣子對他，這不是一般人做得到的。單單是看那人的樣子，我們大概就會噁心想吐了。他身上還帶著惡臭呢。可是嬤嬤輕輕撫摸他，問他：「你有什麼事嗎？你怎麼樣了？」他對嬤嬤微笑，笑容好美，露出斷掉的牙。嬤嬤再次用孟加拉語問他：「你是想要什麼東西嗎？」「對，」他說，「我想吃炸糖圈（jalebi；印度甜食）。」嬤嬤便吩咐我們：「去幫他弄炸糖圈來。」我母親馬上往外走，我們的大門外面就有人在做炸糖圈賣。我母親很快就買了一個回來。嬤嬤把炸糖圈放進那人的嘴裡。他吞不下去。他只剩最後一口氣了。但他還是接下炸糖圈，露出大大的笑容。他試了試還是沒吃成，之後也就嚥氣了。嬤嬤說：「妳看看，這樣子死去多美好。」想想看吧，要是死去也可以這麼美好，我覺得，這裡便是我們能夠擁有的美麗地方，有嬤嬤與我們同在。那人死在嬤嬤的懷裡，一定升上了天堂。我們每天都有這樣的奇蹟。原註11

同一個耶穌

嬤嬤以前常到卡利戛特來。有個禮拜天她來望彌撒，有個初學生拿了一張凳子給嬤嬤坐。嬤嬤不肯坐凳子，卻坐到一名垂死病人的床沿。彌撒舉行期間，嬤嬤的左手從頭到尾都搭在這位垂死病人身上。嬤嬤在全心全意參與彌撒的時候，也在分神關心這位病人。她一直在輕輕撫摸病人。這人快要死了，即使在舉行成聖體的禮儀時，嬤嬤的一隻手也還是搭在那人身上。嬤嬤去領聖體回來之後，又再把手放回他的身上，那病人接著便嚥氣了。我真的了解嬤嬤說的這句話，「聖體聖事中的耶穌，也就是貧民破敗身軀上的那同一個耶穌。」原註12

她看到了耶穌

我們的嬤嬤一九八〇年到海地太子港來看我們。我們和嬤嬤一起到收容垂死病人的會院去。嬤嬤和他們每一個人講話，他們每一個人對她都很重要，可是嬤嬤特地走到一張病床邊，床上的男子快要死了，十分痛苦（他得了肺癆，還得了很嚴重的病；全身的皮膚潰爛脫落）。嬤嬤在他附近停下腳步。我站在一旁看，在心頭沉思。我不記得嬤嬤說了什麼，但我知道那時她看到了耶穌。那種良善，那種愛，那種寬仁，那種聖潔，都寫在嬤嬤的神態裡，我還是找不到可以描述的言語來表達我看到的景象。我從沒見過有誰會像那一刻的嬤嬤那樣撫摸一個痛苦的病人。只有神聖一詞可解。原註13

我在往天堂的路上

我是仁愛傳教修女會的志工，在紐約格林威治村專門收留男性愛滋病人的「恩賜之家」服務。一天晚上，約十點的時候我在和一名病人講話。他住在會院裡，有毒癮。我們聊了很多各種各樣的事，他說他這一生最幸運的事，便是染上了愛滋病。要不是當時我坐在椅子上，我準會跌到地上。因爲那時我在心裡說，假如這眞的是他畢生最幸運的事，那他這一生可是有多慘！我便說：「你怎麼會這樣子想？這怎麼會是最你幸運的事呢？」他說：「因爲我要不是得了愛滋，說不定早就吸毒暴斃在街頭了，沒有誰會愛我。」這便是奇蹟。原註14

最悲慘的疾病，就是孤獨

有多少人？在印度、在世界的其他地方，有多少人死的時候身邊沒有人陪伴？有多少人……因爲嬤嬤總是說，「全世界最悲慘的疾病，不是癌症，不是愛滋，全世界最悲慘的疾病就是孤獨。」有人身邊連一個關心他的人也沒有。在安息之家……有一年過耶誕節的時候，我在那裡當志工，要把一名男子的遺體送到洗浴間去清洗，之後會有靈車來接他走。通往那洗浴間的走道掛了一張美麗的標語，寫得很簡單：我在往天堂的路上。多簡潔啊！

嬤嬤就是有這般難得的本事，這種天賦、聖潔、神奇的秉性，有辦法把生命最複雜的處境化約成非常簡單的情境。原註15

她頂著結冰的酷寒過去

一九八八年嬤嬤到亞美尼亞一趟，那裡有好幾千人被埋在瓦礫堆裡〔同一天一連來了兩場大地震〕。她頂著結冰的酷寒過去。……嬤嬤和修女們一起從瓦礫堆把一息尚存的人抬出來……她在斯皮塔克（Spitak）留下的名聲，亞美尼亞人永遠不會淡忘。原註16

仇恨的怒火在加爾各答熊熊燃燒

一九六三年，加爾各答爆發印度教徒對抗穆斯林的暴動。全市到處都有人被困在一小塊、一小塊地方進退不得。嬤嬤把我叫進她的辦公室，跟我說卡利戛特那裡有幾個穆斯林病人過世，但沒辦法送去穆斯林的墓園安葬。她需要我父親出面協助。我父親那時在軍中官拜上校。我打電話給我父親，跟他說我們手上的麻煩事，他馬上就趕了過來。……嬤嬤和我一起回到〔加爾各答〕威廉堡（Fort William）我父母的家去，我父親換上軍服，叫來一隊軍車，護送我們回卡利戛特。那天接下來我們便忙著把穆斯林病人的遺體送到穆斯林的墓園，把印度教徒的遺體送到他們的火葬場。

之後我們再到法蒂瑪聖母堂（Fatima Shrine）去（法蒂瑪聖母堂那時候還只是竹子蓋的大屋子）。亨利神父在裡面主持彌撒，聖母堂周圍的貧民窟到處都是火光，無家可歸的基督徒只能擠在聖母堂裡頭避難。我記得嬤嬤跑上祭壇，湊在神父耳朵旁邊悄聲跟他說彌撤要馬上結束才行，然後我父親和我便帶著軍方的人員協助聖母堂內的基督徒坐進幾輛大卡車，送他們到下環路（Lower Circular Road）的收容所去；那處收容所現在已經劃歸為兒童之家增建的房舍了。我從沒這樣既害怕又振奮。我們四周到處都是火光。一塊塊起火的東西〔土製汽油彈〕被人朝街上扔，我們帶著這麼幾百名男女老少，要想辦法保住大家的性命才行。那時我還是很年輕的初學修女，親眼看到仇恨的怒火在加爾各答熊熊燃燒之際，德蘭修女挺身一出，既協助穆斯林，也協助印度教信徒還有基督徒。她對近人的愛不畫界線。嬤嬤從未忘記那一天的狀況，每次她提起我父親的時候，都會講起那天的恐怖經歷，還有我們救出來的人命。原註17

今天我成了一個男子漢

有一天，德蘭修女和嘉布里奇神父（Father Gabrić）在卡利夏特照顧一名垂死的貧民，法隆神父（Father Fallon）和一名年輕的印度學生走了過來。他們站在一旁看，過沒多久，那位病人忽然嚥氣過世了。那人正好是穆斯林。馬上有人送進擔架要將遺體送走。嬤嬤、嘉布里奇神父和法隆神父三人把那人的遺體抬起來放上擔架，那位印度年輕人待在一旁觀看沒動。嘉布里奇神父注意到這位印度年輕人猶豫不前，可見他心裡正在掙扎：他看著法隆神父和嬤嬤都親自動手將遺體抬起來送上擔架；法隆神父是他極為仰慕的人，嬤嬤則是盛名在外的人。這樣的景象，無疑教他十分感動。這時候，他們三個就要抬著擔架把遺體送走……他好像心念一動，覺得他應該加入，他應該自動擔任抬擔架的第四人……但他心裡有根深柢固的觀念，害怕這樣有失他的種姓身份……他可是婆羅門的階級呢，怎麼可以動手去抬穆斯林的遺體呢？譯註29……嘉布里奇神父看著這年輕人，心裡十分清楚他的顧慮。這時，突然間，這印度年輕人下定了決心，說：「我可以幫忙嗎？」嘉布里奇神父馬上挪向一邊，讓出擔架的第四支把手給這年輕人去抬。所以，他們四人就這樣抬著遺體送到停屍間。他們放下擔架的時候，嘉布里奇神父聽到那年輕人重重歎了一口氣說，「AJ ami manush hoechi!」〔孟加拉語〕，意思是：「今天我成為了一個男子漢！」他的意思當然是說他真正成為一個自由的人了，跨越了擋在人與人之間的壁壘。原註18

嬤嬤會憐惜地輕撫他們每一個人

嬤嬤每逢禮拜天會〔固定〕到安息之家去。嬤嬤會在門口和我們一起禱告，然後穿上她的圍裙，拿起掃把，開始做起掃地之類的卑微工作。一有垂死的人送進來，嬤嬤一定親自去照顧。嬤嬤會憐惜地輕撫他們每一個人，對他們說幾句話。

嬤嬤每天都會去清洗太平間，維持遺體整潔。有一天我看到嬤嬤和一名男子一起抬著一具裹在白布裡的遺體送到太平間。我看了很害怕，但我還是跑過去從那人手中接下這件事。嬤嬤露出笑容，和我一起把擔架放下來，再很輕柔、很仔細、很恭敬地把遺體放在太平間的架上。原註19

那母親用自己的鮮血餵孩子

嬤嬤為了描述天主對我們的愛，會用亞美尼亞一名母親做例子來說明，那位母親深愛孩子，甘願為孩子犧牲自己的生命。一九八八年亞美尼亞大地震，這位母親和孩子被困在瓦礫堆裡，沒被壓死。可是母子兩人無法脫困，也沒有飲水和食物。那母親竭盡所能只求保住孩子的性命，由於別無他法可想，她就切開自己的手指頭拿鮮血餵孩子，她就這樣子做。等到援救人員找到他們的時候，母子的情況都很糟糕，但是母親比孩子更糟，情況十分危急。他們盡力要保住兩人的性命，但後來母親還是死去。孩子倒是救活了。這是一個母愛的眞實故事。她寧可犧牲自己的性命，也要救自己的孩子。原註20

默想

「我對同族的兄弟常大方施捨。我把我的食物分送給饑餓的人，把我的衣服施捨給裸體的人；我若看見同族的屍體，被拋在尼尼微城牆外，我便一一埋葬。」（《多俾亞傳》第一章第十六節第十七節）

「你是天主創造的，是天主以祂的肖像創造出來的，因此我在你身上看到了耶穌，我要以尊重讓你帶著尊嚴離世。」原註21

要是有人家裡有人過世，我可以怎樣協助他們呢？除了表達弔唁，我是不是還能做些具體的服事去幫忙呢？

對他人的尊重，即使是對過世的人也不可少。有的時候我們能爲逝者做的，不過就是不要再說他的不是。我們的仁心善念，不會改變其人已逝的事實，但有助於我們克制自己的心思和話語，教我們懂得我們爲逝者維護名聲之時，另外也要顧念生者的名聲。

祈禱文

親愛的天父，
我把自己交到祢的手中；
任由祢憑意旨對待。
不論祢怎麼對我，我都感謝：
我已經準備好接受一切。

但求唯有祢的旨意在我身上奉行，
在祢創造的所有生命當中奉行——
除此之外我別無所求，親愛的天主。

我將我的靈魂交付在祢的手中；
以我心裡所有的愛，呈獻給祢，

因爲我愛祢，天主，
所以必須交出我自己，
必須將我自己奉獻到祢手中，
毫無保留，而且滿懷無限的信心，
因爲祢是我的天父。
阿們。

——眞福夏爾・福蒄（Blessed Charles de Foucauld），
德蘭修女禮拜二的祈禱文

【第八章】

教導愚蒙

「勿糾正，多教導」

「有好多團體是專門溺愛有錢人的；所以，你們看，多好啊，有一支專門為窮人成立的團體在溺愛窮人。」

——德蘭修女

德蘭修女在其修會生活中的前二十五年從事的是教育工作。既身爲校長，也教授地理和教理，以她教學的長才加上流利的英語、孟加拉語和印度語，對衆多學生投下深遠的影響。後來她成立了自己的修會，奉獻於服事貧苦中最貧苦的人，便又成爲修會衆多修女最重要的導師，她的教誨在現今依然是靈性寶藏的庫房。德蘭修女深知教育於人的一生、於別人的人生，能夠帶來怎樣的機會和益處，因此她把修會的第一批修女都送去各級學校和大學就讀。不止如此，對於弱勢的族群，她也戮力提供教育機會。她成立的第一所學校，便是貧民窟的「貧民學校」（slum school），開在一棵樹下，拿泥巴地當黑板，拿木棍當粉筆在地上畫出孟加拉語的字母。雖然教的都是很簡單的東西，卻能爲貧窮的孩子奠定基本教育，讓他們有機會到正規的學校就讀。之後，她還會盯著他們就學、畢業，希望他們有機會改善一己的生活條件。她的主張，用她自己的話來說，就是「往下俯身去扶持他們起來。」

不過，她傳授的不限於基本的教育。只要有需要，她也給與宗教和道德教育，特別是一些人因爲物質匱乏而缺少這些薰陶的時候。然而，德蘭修女於教誨這方面，最有意思的一點還是她一語中的、一針見血的獨到本領。她深諳「眞理必會使你們獲得自由」[譯註30]。對別人指明或是告知事實，在當今講相對論、唯物論的世界有時會有麻煩的。但她從來不退縮。只要做得到，她就會要大家去注意貧苦、受壓迫的民衆承受的痛苦，指明大家應該遵循的道德眞理，提醒世人尊重生命，捍衛未尙出生的胎兒。而且她是說服力最強的老師，因爲她把言教形諸身教。

德蘭修女的言教

找地方放黑板

我那些小朋友第一次看到我，一個個交頭接耳在問我到底是神還是魔。在他們心裡只有這兩類，沒有中間的。對他們好的人，他們就像自己信的神明一樣崇拜，但要是性情容易生氣的人，他們就會害怕，只會對那人一直鞠躬。我馬上捲起袖子開始搬房間裡的家具，提水過來，拿起刷子開始刷地板。他們都好驚訝，呆呆看著我，因爲他們從沒見過當老師的人會做這樣的事，特別是這樣的事還是印度社會的種姓制度當中階級最低下的人才會做的。可是他們看到我做得很開心，很樂意，女生便一個接一個開始幫起忙來，男生也開始去幫我們提水。不出兩小時，髒兮兮的房間就成了教室，到處乾乾淨淨的。那房間是長方形的，先前當禮拜堂使用，但這時候總共有五班的學生在那裡面……我們彼此再熟悉一點之後，他們高興得不知道有什麼可以做的，便開始蹦蹦跳跳，繞著我唱歌，唱到我伸手一一搭在他們髒兮兮的頭上〔祝福他們〕。從那天開始，他們只用這樣的稱呼叫我：「媽」，就是媽媽的意思。啊，只需要一點點小事，這些孩子就會高興得不得了。……有一天一個孩子來我那學校……衣服又破又髒，我把他叫出教室，拿肥皂把他好好洗個乾淨。洗好後，我幫他梳好頭髮，從別人捐到修女會來的衣物當中挑了一些舊衣服給他穿，才讓他回教室去。你們看有多神奇啊！教室裡竟然沒一個人認出他是誰，全都大喊，「媽，媽，新同學，新同學！」原註1

莫迪吉爾[譯註31]——成群孩子已經在橋下等我。總共四十一個——都整潔多了。不整潔的，我就在大水池旁好好把他們洗乾淨了。第一堂衛生教育課過了之後，有教理課——然後是閱讀課，我笑了好多次啊——我從沒教過小孩子。所以我們的「扣扣霍」（ko kho；孟加拉語字母的頭兩個）字母課程進行得不怎麼順利。我們在泥巴地上寫字，沒用黑板。大家都很高興——針織課之後我們去探望病人。[原註2]

把你們的學校變成傳揚基督的中心

把你們的學校變成傳揚基督的中心。教導你們的孩子、你們的病人、你們的痲瘋患者、垂死的人，以他們的貧困和病苦去愛天主——教導他們將一切奉獻給天主。[原註3]

我要這樣說：「基督活在我內。」我眞的要能這樣說。我們要繼續這樣的渴望著。這渴望唯有在我們和天主面對面的時候才會實現。我們在這人世，一定要有這樣的渴求去和貧苦人當中的基督活在一起。耶穌說：「我是無知的，你們教導我。你們帶我到教堂望彌撒。」這不是要激發我們去想像，這不是感覺。耶穌眞的說了這個字：「我」。所以，祂便是我們到處遇到的貧苦人。[原註4]

我要一個修女爲我們會裡的修女講一堂緊急救護的課，好讓大家多多了解修會要做的醫護工作所應該具備的知識和實務操作。這樣，大家便能以更大的奉獻、更好的技能、更高的效率，全心全意去照顧病患，不求報償。原註5

◆

好好認識妳的信仰

各位修女，好好地認識妳的信仰。我們務必要認識我們的信仰，熱愛我們的信仰，活出我們的信仰：認識，熱愛，活出來。要理的教導是非常重要的。所以上課之前一定要好好準備。不要信手拈來就去講課。務必下工夫去眞正付出……我還在羅雷托修女會（Sisters of Loreto）的時候，學校的事全歸我管，整天都在教宗教、地理等等的課程；要負責的事情好多，連記帳等等雜事也要做。這些事情，教書的修女們也都要準備。原註6

◆

教導人認識他們的信仰。像在慈善廚房，大家就應該至少花個十分鐘的時間教導信仰的事。把教理教給小孩子，教給一户户人家。我們的修女在這裡剛開始的時候，都會到人家家裡去教小孩子，順便要他們全家人一起加入，這樣一家子的人都可以一起學。原註7

◆

祈禱文、上課內容、課程等等，都要事先準備好——把妳要對他們講的寫在紙上。像B神父那麼多年下來每一次主持彌撒之前都會下工夫，花上一個小時去做準備，雖然他已經那麼忙了。這是因爲他覺得彌撒是最重要、最神聖的事，修女們也是神聖的。關於省察的善工，妳會如實的教導他們要偕同主和以愛心做省察嗎？原註8

以自己的經驗來教學

我們是傳教修女，而不僅是在地的修女。我們的第四願約束著我們譯註32。我在上教理課之前是怎麼備課的呢？在母院這裡，就太美好了，準備起來眞是美好，因爲我們現在必須遵循良心去教導天主教的教理，因爲聖父針對教理教學的準備工作已經給了嚴格的命令。那種熱情啊，準備的時候。大家在禮拜五下午全體集合起來，這可不是去教一點什麼就好。傳教士可是天主派出來的愛的使者，除非你先付出這樣的愛，要不然你是扛不起那一份愛的。原註9

我們定要渴慕靈魂。我渴。譯註33渴求愛慕靈魂。不論妳要做什麼事，不論妳要上什麼課，不論妳要準備什麼課程，都要全心全意放〔在那上面〕。不是妳做了多少，而是妳放了多少愛〔在那上面〕。原註10

◆

教導修女們怎樣禱告。妳們沒辦法單用書本去教她們，而要從妳們自己的經驗去教。

她們去找妳們的時候，問問她們默想的時候是怎麼做的，她們是怎麼做省察的，妳們在指導之前會先準備嗎？妳們在對她們講話之前就先想過要對她們講什麼嗎？把「我渴」連上妳們教的每一堂課、妳們做的每一個指導。妳們跟她們談四願的時候，也要連上「我渴」。看到聖父寫「我渴」的事，我好高興。他是寫給教會全體的。但願他們逐步在每一座教堂的十字架旁邊都寫上「我渴」這樣的字。教導她們簡單的短禱，可以幫助她們常停留在耶穌身旁，另外也要教她們珍惜特別挪出來做禱告的時間。有多少人專程到這裡來就只爲了花那麼一點時間做禱告；他們可是特地多花那些力氣到這裡來，爲了做那些〔志願的〕事工的。同樣的這些事，在我們身上卻是責任呢；所以，我們自己做得如何呢？妳們爲這些修女而必須做的事，妳們可知道有多重要？原註11

少糾正，多教導

聖父說過：「勿糾正，多教導」。所有我們爲這些修女們、爲我們自己的人所做的事，妳們給的教導，妳們烹煮的食物，都是在給天主的。原註12

◆

年輕人來我們這裡探望的時候，我都教他們要愛彼此。耶穌說：「你們該彼此相愛，如同我愛了你們。」（《若望福音》第十三章第三十四節）。年輕人時常到我們這裡來照顧痲瘋病人。我便教他們怎樣去愛彼此，怎樣經由這樣的愛去看見天主。你要是到印度來，我也教你。付諸行動的愛，在我是最寶貴的。爲能有這樣的愛，我們必須從禱告汲取力量。

這是眞正的愛，我們將我們的生命用在這樣的行動當中。要是未能愛上服事他人，那是不可能向他人展現天主的愛的。原註13

愛的教授

在倫敦那裡，在我們所在的那個地區，有適齡的男孩、女孩都還沒領過聖體。我們的修女一直在努力集合那裡的家庭，集合年輕人，爲他們初領聖體做準備。後來，有一天一戶人家的母親說：「修女啊，要不妳先教我好了。我的機會還比妳多，晚上他們都在家，我孩子在，我丈夫在，我就可以教他們。」所以我們那修女就先教她了，現在連她丈夫我覺得也應該是提早回家來，跟孩子一起聽太太上課。現在〔我們那修女〕從單單那一個婦人那裡就連結上了二十多位這樣的母親。她有二十位母親，每個禮拜六都會來。她把那個禮拜該上的課教給她們，再由她們去教。原註14

◆

我永遠忘不了上一次我在委內瑞拉的時候——我們會裡的修女有在委內瑞拉服事的，我們總共開了五所會院——有個很有錢的人家給了我們一塊地興建兒童之家。我便去向他們道謝。在他們那戶人家家裡，我看到他們的長子有嚴重的殘障。我問他母親：「孩子叫什麼名字呢？」他母親回答我：「愛的教授。因爲這孩子一直在教我們付諸行動的愛是什麼。」這母親的臉上浮現美麗的笑容。「愛的教授」！因爲從那個嚴重殘障的孩子——畸形的孩子——他們學會怎樣去愛。原註15

教他們去愛彼此

妳們的學校要是有年輕的男孩、女孩，那就要教他們對生命的尊嚴、尊重以及愛。教他們純潔，教他們聖善。教他們這些，不要怕。教他們去愛彼此。年輕女孩去愛男孩，男孩去愛女孩——這是很美的事，非常美！教他們不要有肌膚之親，這樣他們結婚當天交給彼此的才是處子的心，處子的身。原註16

◆

我常看到一群人又一群人到加爾各答來，不肯去別的地方，專門要到安息之家來服務。爲什麼呢？因爲他們看見了那在受苦的基督，他們接受了祂，他們來了，也有很多參加了朝拜聖體的禮儀，大部份人說著同樣的話：「在我們的國家也看得到同樣的苦況，只是我們從來不去注意。妳教會了我們去看、去注意、去找到耶穌，去做點事。」

這便是年輕人的渴望。我們常常看到來自世界各地的年輕人到印度教的貧民窟來，就陷在那裡了，每次他們出來，要是他們能過來的話，我都會問他們：「耶穌爲你們還嫌不夠嗎？」「可是從來沒人給我這樣的耶穌。」

這便是你們，神父們，必須要把耶穌帶給我們的年輕人。他們對天主的渴慕是那麼強烈。我敢說你們一定比我還要了解這種狀況，但是我們接觸的這些人，我們看到的苦況，我們看到年輕人做那些卑微的事：打掃、沐浴、餵食，而在那個人們垂死的地方，那裡可是有多深厚的寬仁和愛在裡面啊。他們有許多人過了長長一段時間之後，就做了告解，回到天主身邊。怎麼會這樣子呢？因爲和基督臨在有了接觸。

他們很想學習，而你們和我一樣都是被耶穌選中的人。我以你的名字召叫了你，耶穌這樣說過。你是我的。河水不會淹沒你，火焰不會烙傷你。我拿別的民族交換了你的性命。你在我的眼中是寶貴的，我愛慕你。我們在聖經裡看得很清楚，天主對我們有多寬仁，有多深的愛，而祂也要我們對別人一樣這麼寬仁，這麼深厚的愛。

祂要你們爲祂所用，所以你們才當上神父。你們當神父不是要當社工……我們……沒有的東西是沒辦法付出去給別人的……。所以，教我們禱告，教我們做聖潔的人，我覺得我們和我們的人會是聖潔的，因爲，或許有地方你們是沒辦法去的，但你們要是交付給了我們，我們便可以轉交給他們。原註17

傳播好消息的喜樂

天主把傳播好消息的喜樂託付給你們，就是，我們全都是爲了更大的目的而被造的，是爲了去愛和被愛。所以，不論你們在做什麼，不論你們寫下了什麼，一定都要記得你們可以造就別人，也可以毀掉別人。你們可以傳播好消息，爲許多人的生命帶來喜悅，你們也可以爲許多人帶來沉重的哀傷。所以，大家千萬別忘了寫文章這樣的事情裡面，始終都會有人或是因此而更加接近天主，或是反而遠離天主。

務必只寫事實。因爲耶穌基督說：「我是眞理，我是光，我是喜樂，我是愛。我是要訴說的眞理，我是要被愛的愛。我是要走的道路。我是要點的光。我是要給與的和平。我是要分享的喜樂。」所以，我們大家今天呢，就趁聚在一起的時候，大家一起下定決心，

永遠要在寫下來的報導當中傳播愛、和平和喜樂。[原註18]

挑戰

我永遠忘不了淹大水的那時候，我們加爾各答淹過幾次大水，那時〔一群年輕男子〕在忙著打打殺殺放火等的事，水淹起來的時候，大家全泡在淹到脖子的水裡走路；而這些年輕人就來了，總共三十個人，說：「我們是來幫忙的，妳們儘管差遣。」我們一般工作到晚上十點，但他們一整晚都在幫忙，把災民扛在頭頂上；政府官員都搞不懂，怎麼他們這些大學生原本只會調皮搗蛋，這時竟然跑到我們那裡像小綿羊一樣，乖乖做這些最卑微的事。所以，年輕人也是渴望基督的，他們在找的是……挑戰。[原註19]

多好啊……溺愛窮人

有一次我代表全體修會去參加研討會，一位修女站起來對我說：「德蘭修女，妳分送東西給窮人都不求報償，這樣是在溺愛窮人。這樣他們會喪失做人的尊嚴。妳送東西給他們，至少要收取十新派薩（naya paisa）[譯註34]的費用才好，這樣他們就會覺得做人比較有尊嚴。」待全場都安靜了下來，我心平氣和地說：「要眞說溺愛的話，沒人比得過天主祂溺愛的程度。看看祂賜給我們這些恩寵吧，全都不求報償。這裡的每一個人都沒戴眼鏡，但你們每一個人都看得到東西。所以，要是說，天主賜給你視力要收費，那會是什麼情況？我們花那麼多錢去買氧氣救人的性命，可是我們一直都在呼吸，都在靠氧氣活命，而且一毛錢也不必付。所以，天主要是說：『你們工作四小時就可以曬到兩小時的陽光，』那會怎樣呢？這樣能有多少人活得下來？」之後，我也對他們說：「有好多團體是專門溺愛有錢人的；所以，你們看，多好啊，有一支專門爲窮人成立的團體在溺愛窮人。」全場安靜得不得了。之後，再也沒人提這樣的事。原註20

沒有給窮人的時間？

一心付出不計報酬的熾烈熱忱到哪裡去了？愛惜我們貧民窟孩子，願意費神去準備教學的那種心腸，哪裡去了？還有去找青少年來初領聖體，熱心〔召集〕孩子來參與主日彌撒的心思呢？原註21

◆

修女們，我們身在何方呢——假如我們是貧苦中最貧苦的人，我們知道又餓又孤單的滋味嗎？……我們每天都遇見這樣的人啊，我們的貧苦同胞。我們認得出來他們嗎？〔我們〕眞的是他們當中的一份子嗎？我的修女們，我們要是變得這麼富有，而沒有時間給窮人，不僅傷我這嬷嬷的心，也一定傷耶穌的心啊。原註22

德蘭修女的身教：見證

不管什麼事都找得到她去處理

雖然〔聖瑪利亞〕是天主教學校，卻是唯一一所孟加拉語的女子中學。所以，上流社會的印度教徒和穆斯林，他們關心的自然也在自己的文化和語言，都會送女兒過來就學，（而那邊）……嬤嬤對她們一視同仁，她們也會跟我們一起禱告，甚至也上教理課。嬤嬤不管什麼事都找得到她去處理，靈性和俗務的需求都包括在內。學生不管貧富貴賤，都要幫忙校內的打掃和內務等工作。食宿方面，住宿生也一概平等，沒有差別。每人都穿簡單的校服。原註23

◆

我那時有一點緊張，因為我以前從沒來過大城市，也不知道新學校〔羅雷托的聖瑪利亞中學譯註35〕是怎樣的。可是見到嬤嬤之後，我的憂慮一掃而空。我到學校報到的那一天，德蘭修女親自到會客室來，用道地的孟加拉語叫我，用孟加拉的習俗和用語歡迎我。多親切的歡迎啊！之後一個月，我對嬤嬤有了更多的了解，我更欣賞她，為我她就不僅是學校的老師和校長而已。原註24

誰會為他們帶來歡樂？

一九四七年……嬤嬤站在橋上把貝拉戈達（Belaghata）貧民窟指給我看。好悲慘的景象：那麼窮，孩子沒衣服穿，沾滿了黑黑的煤灰，他們都在鐵路沿線撿拾掉落的煤塊。嬤嬤指著這樣的景象說：「看吧！這些孩子窮成這樣。生活裡沒有歡樂，窮得只能做這樣的事情來勉強餬口。這是多悲慘的處境！誰會為他們帶來歡樂？他們不認得耶穌。他們不曉得有永恆的喜樂，所以在現世人生過得這麼苦，這麼窮，這麼慘，在永生中還是一樣，那就是永遠如此。誰會去向他們傳揚好消息，讓他們知道天主愛他們，天主創造他們，他們是祂的子民，讓他們把悲慘的生活扭轉成快樂的生活？妳會跟著我一起去嗎？但要是我們現在就過去，他們準會跑過來朝我伸手要錢，因為我穿得像體面的有錢太太。可是這樣就沒辦法跟他們講天主或是耶穌了。所以，要是我們都穿樸素、窮人的衣服，和他們一起生活，這樣子對他們講話，跟他們談耶穌，那不是很好嗎？耶穌也是窮人啊。祂是為他們來的。所以，妳要來嗎？妳會跟我一起去嗎？這樣不是很好嗎？我們帶這些人去認識耶穌，就可以為這些人帶來喜樂。」原註25

◆

嬤嬤只有一個目的，以她的一生不斷和每一個人、到每一處地方去宣揚天主的愛。也因此她不用等到先拿到文憑或是讀完特殊的課程，她只在〔印度的〕巴特納（Patna）上了幾個月的基本醫療課程，就開始了。她一回到加爾各答就馬上到貧民窟去。她為貧民窟的孩子開了莫迪吉爾學校，替他們洗澡，教他們讀書寫字。泥巴地就當做是上課、寫功課的石板、黑板來用。小朋友當然馬上發覺她確實是帶來安穩和撫慰的天使，開始大批、大批地到學校來，一大早就來等嬤嬤。為了找孩子到學校來上課，嬤嬤還會親自到每一戶人家

去拜訪；我們都跟著她挨家挨戶去找孩子。沒有一個孩子她會放過，全都要找來上學。原註26

把歡樂帶給他們

一九四八年，嬤嬤又回〔莫迪吉爾學校〕來了……她一一詢問我的那六位姊妹和兩位兄弟的名字。我說我叫艾格妮斯的時候，嬤嬤摟著我讓我坐在她膝上。嬤嬤接著對我母親說她會到這裡來，說這裡有那麼多貧苦民眾，我〔德蘭修女〕要協助他們。那天過後，嬤嬤就每天都到這裡來。……她會出門去找出貧苦人家的孩子，帶他們到學校來。嬤嬤每天都從小溪巷（Creek Lane）走到我們這裡來。嬤嬤早上八點的時候到，一直待到中午十二點，之後，下午三點會再來一趟，待到下午六點才回去。……我們什麼也沒有。大家都在樹蔭底下坐在泥巴地上寫字。不出一個月，嬤嬤不知從哪兒幫我們弄來了書本、影印本、石板、鉛筆等等東西。修女們開始給我們上課。我們那裡有個人生病了，她長了一個很大的瘤子，痛得不得了。嬤嬤把她抱在膝上，帶到我們隔壁的房間去。嬤嬤就這樣從不同的地方帶回來五個病人，把他們安置在那個房間裡。嬤嬤親自照顧這幾位病人，其他的修女就幫我們上課。……嬤嬤連禮拜天也不休息。早上八點她親自帶我們全體到拜塔卡納教堂（Baithakhana Church）去……禮拜天是我們最開心的時候……我初領聖體是十一歲的時候，在那之前，我什麼也不懂，沒上過學，不認得字，不懂得禱告：這些全都是嬤嬤教給我的……我是在莫迪吉爾完成學業的。我在莫迪吉爾一直讀到八年級。原註27

有一禮拜天傍晚，我們出門去，總共四個人：嬤嬤，艾格妮斯修女，翠妮妲（Trinita）修女，還有我。嬤嬤把東西分給我們每人來拿：我們要到畢勒戈達（Beleghata）去，那裡是非常、非常窮的地區。我們帶他們玩遊戲玩到四點。男仕全分到我這一組。翠妮妲修女帶的是男孩子。艾格妮斯修女帶女孩子和婦人。我們全都靠著牆站，他們比賽賽跑。男子組跑第一的有肥皂做獎品。婦女組跑第一的有毯子做獎品，小孩子的獎品就是糖果。男孩子的獎品是粉筆和石板。下禮拜還是一樣。你在他們的臉上看得出來他們有多開心。回到母院後，嬤嬤說：「妳們看到妳們為那些孩子帶去什麼了嗎？歡樂。這些人不認得耶穌，但我們有耶穌。我們去參與彌撒。所以，把耶穌帶給他們的唯一方法，就是把歡樂帶給他們。」原註28

嬤嬤臉上的喜悅

主日學：我們在禮拜天的起床時間是凌晨四點半，修女們就要開始忙著幫孩子、大人準備領受聖事：聖體、告解、堅振聖事。嬤嬤要每個修女只要有辦法都要到主日學去教孩子教理。我們那些貧苦孩子大多買不起像樣的衣服去參加初領聖體的儀式，所以我們也會為他們準備好。每年在十月二日的護守天使節（Holy Guardian Angels），看到一個個小「天使」跑跑跳跳和帶他們的姊妹一起到拜塔卡納教堂去參加清早六點半的彌撒，是多美好的一幕！……嬤嬤看到這上千名學童，臉上掩不住喜悅，這些學童有許多的年紀還偏大——他們都是嬤嬤以熱切的愛所結出來的果實。原註29

嬤嬤第一次離開〔阿爾巴尼亞〕斯庫台（Shkodra）……她到一樓的兒童之家去。孩子們圍在她身邊，都是能夠自己走路，精神也算正常的。她馬上用阿爾巴尼亞語教他們〈天主經〉，但她用的方法好棒，把經文講得像是有韻律的曲調似的，孩子們就一句句跟著嬤嬤一起唸。嬤嬤唸過一遍又一遍，成群孩子一邊學一邊笑得很開心。[原註30]

◆

臉上流露很深的痛苦和悲憫

嬤嬤會去求別的修女收我們的孩子當通學生。她送過幾個男生到耶穌會（Jesuits）去，也有幾個送到慈幼會（Salesians）。她會用盡心思讓孩子可以入會就學。我們一般人可做不到她這樣的地步。[原註31]

◆

一九六〇年代我在〔加爾各答中區〕洛雷托安泰利（Loreto Entally）管理一所中學。校內有幾個學生是嬤嬤在兒童之家收容的孤兒。其中有一個孩子有問題，給舍監和老師帶來不少麻煩。學校的教職員盡力接納她，協助她，最後還是覺得她干擾到全班了，便說服主管把她送回仁愛傳教修女會。後來我遇見德蘭修女，她想起了這件事，很後悔孩子被送了回來。講起這孩子的時候，臉上流露很深的痛苦和悲憫。[原註32]

獻金

院裡的姊妹會出去找孩子送進學校唸書。我們的孩子大多太窮、太餓，母院會爲他們訂麵包，由姊妹們送到學校的班級去給他們。英格蘭的學童省下零用錢捐給我們貧苦的孩子，讓他們每天有一片麵包可以裹腹。丹麥也有好幾千名學童省下錢讓他們有一杯牛奶可以喝，德國的學童用他們的「獻金」（sacrifice money）讓印度的孩子每天有一顆維他命可吃。孩子有人教他們洗澡、梳頭。孩子有石板和粉筆可以用，大一點的還有練習本和文具可用。他們的衣著也會照顧到。每天朝會、點名過後，各班開始上基礎課程：讀書、寫字、算數、唱遊、體育等等。於此期間，我們同時也在安排孩子可以到正規的學校註冊就學。原註33

讓他人同享付出的喜樂

兒童之家是專門爲那些沒人要的棄兒成立的收容中心，開辦於一九五五年。院裡的孩子漸漸長大，嬤嬤便再成立兒童福利計畫，由一位慷慨的印度教婦女……領頭扶助十位兒童，爲期十年。印度境內、境外許多人群起效法，這計畫還包含扶助專案，由扶助人提供就學兒童的教育、衣著等等費用。後來計畫參與的規模太大，我們應付不來，嬤嬤便由各堂區把計畫轉交給教區去主持。原註34我在馬哈拉施特拉邦的阿姆拉伐地（Amravati）時，有大學生給了我一些剪貼簿讓孩子學習用。嬤嬤來看我時，我跟她說了這件事。嬤嬤便說：「眞高興看見這樣的狀況，我想去看看那些學生。」我通知他們大學，大學的教授便安排那些學生一起跟嬤嬤見面。那裡總共約有三百名大學生。嬤嬤去了，跟他們座談了一下，嬤嬤說的還是一樣：「耶穌會在這些無知的孩子當中說道：『我便是你們教的那人。』所以，你們一直在幫助我們的修女，我好高興。」原註35

沒人幫他們

我跟嬤嬤說我還在家裡的時候，一直在工作，賺的錢都拿去做我妹妹的教育費用，如今我那幾個妹妹沒人幫她們了……看到我的困難，嬤嬤出面照顧我妹妹，安排她們上學，但後來她們跟嬤嬤說她們也想當修女，所以，她們兩個就加入我們修會。由於嬤嬤對我妹妹的善心和關懷，我們幾個姊妹受到莫大的感召，而將我們的生命完全奉獻給天主。原註36

嬤嬤安排她們就學

我姊姊有四個女兒，在住宿學校讀書，但是繳學費遇到了問題，付不出來。學校便將她們退學，嬤嬤聽我說起這件事，便出面協助她們，讓她們可以繼續上學。原註37

芒果樹下

我們在〔坦尚尼亞的〕塔波拉（Tabora）時，嬤嬤看到我們那裡是在芒果樹下帶孩子上教理課。後來每次她來看我們，都要問我們：「妳們還在芒果樹下給小孩子上課嗎？」嬤嬤看到成群孩子聚在一起上信仰的課，十分欣慰。她也跟我們說：「在發放藥物以前，先帶民眾一起禱告，單單給藥不夠，還要把天主帶給他們。」原註38

貧苦民眾需要的不僅是物資而已

嬤嬤不僅照料貧苦民眾的物質需求，她也為信奉天主教的貧困兒童辦主日學：為讀公立學校的天主教學生開教理課，也開課後輔導班，為孩子輔導課業，為貧困地區的孩子開辦暑假輔導班，在避靜中心開辦祈禱默想營，參加的人除了夫妻之外，還包括住在我們會院、收容所無家的男男女女，還有其他活動，將大家聚在一起，改善關係，打破愛的隔閡，打開眾人的心，迎進友誼紓解痛苦和寂寞。

她奉獻眾多家庭，特別是在六月的聖心月，給耶穌聖心。她堅持全家人要一起唸玫瑰經，每星期堂區神父們與教友一起朝拜聖體，也會有領受和好聖事[譯註36]的機會……她一再申言仁愛傳教修女會做的服事不是社工的工作，而是天主的工作，不論我們做了什麼，都是在為耶穌做的。[原註39]

她以每一個孩子為榮

我在兒童之家工作的時候，和她有密切的來往，尤其是耶誕節和復活節的時候。就是在這樣的時節，我才有機會一睹嬤嬤神奇的法寶。她把孩子都叫到身邊，像牧羊人叫來放牧的羊群。每一個孩子，每一個孩子的表現，她一概引以為榮。有一次，院裡的孩子拿五顏六色的彩旗為她表演彩環舞，她看得好感動，等不及孩子到她跟前接受祝福，她便直接走向他們施以祝福。而她祝福他們時，伸開的五根手指頭代表這一句話：「是為你做的。」她把每一動作都加上意義，讓孩子們了解他們做的每一件事都是有目的的，而那目的便是耶穌。[原註40]

假如母親都可以殺死自己的孩子，那我們還能拿什麼來阻止我們自相殘殺？

一九九四年九月，嬤嬤於當時在埃及開羅舉行的聯合國大會致辭，公開表示：「今天我出自肺腑對各位說，對全世界每一國家的每一個人說，對有權力下重大決策的人說，也對天下每一處大城小鎮的母親、父親、孩子說，……假如母親都可以殺死自己的孩子，那我們還能拿什麼來說我們不可以自相殘殺？唯有創造生命的那一位，才能取人性命。此外再也沒有誰有這樣的權利：做母親的沒有，做父親的沒有，當醫生的沒有，民間機構沒有，全體大會沒有，政府單位沒有。」說出這樣的話，需要很大的勇氣，由嬤嬤此話一出招來多少批評，可以證明。原註41

默想

就在那時刻，耶穌因聖神而歡欣說：「父啊！天地的主宰，我稱謝祢，因爲祢將這些事瞞住了智慧及明達的人，而啓示了給小孩子。是的，父啊！祢原來喜歡這樣做。我父將一切都交給我，除了父，沒有一個認識子是誰；除了子及子所願啓示的人外，也沒有一個認識父是誰的。」（《路加福音》第十章第二十一至二十二節）

「孩子在學校的功課遇到問題，就要協助他。把你的知識和別人分享。」原註42

我的生命可有什麼地方，特別是在靈性生活這方面，是我需要去領悟、去承認自己無知，而需要著手再去學習的呢？尤其是「卑微靈魂」的智慧？我是不是因爲優越感而冥頑不靈，不願意學習、成長？我是不是有勇氣爲我認定是正確的、眞實的事情挺身而出，縱使周遭都是反對的聲音？我是不是因爲固執、疏遠，而妨礙了福音的眞理和價値得以進一步傳揚？我是不是不僅有口頭上的言教，還能以身作則，發揚爲善最樂的精神？

祈禱文

慈悲的天父，求祢以聖神
啓迪、點燃、洗淨我們的心靈，
讓祂以天上甘霖滋潤滲透我們
好能藉著耶穌結出豐碩善行的果實。
阿們。

——〈聖神禱文〉（Litany of the Holy Spirit）末段，德蘭修女的禮拜一祈禱文

【第九章】

解人疑惑

「用無限克服有限吧」

基督將你創造出來，是因為祂要你。我了解你的感受——好深的渴望——還帶著黑暗的空虛——然而，愛你的，就是祂。

——德蘭修女

德蘭修女於其靈修生活一路有過幾道重要關卡，幸賴天主賜與數位導師引領陪伴，她面對內心黑暗的折磨時，這些尤其重要，這樣的折磨可是糾纏了她幾十年不去。一位她的靈修導師就說過她內心陷入試煉深淵的情形：

我們見面時，德蘭修女開始談起她內心的試煉，談她沒有辦法對任何人透露一點這樣的事……。我深受觸動，她講得坦白又簡單，講她陷在黑暗看不見一絲亮光而無比焦慮：她是走在正確的路上，還是被困在種種幻覺織成的羅網內呢？天主為什麼完全棄她於不顧呢？早年她和天主那麼接近，為什麼後來會陷在這樣的黑暗當中？她必須指導修會的姊妹，引領她們進入天主的愛，走入禱告的生活，但她自己卻活在完全的空虛當中，以致這些反而從她的生命當中抹除了：也就是說，她是不是變成了個可恥的假面人，對別人講起神聖的奧蹟頭頭是道，自己的心裡卻空空如也呢？原註1

她在這一段漫長、痛苦的內心試煉期間，雖然備受煎熬，但她對幾位靈修導師透露出內心的痛苦而從他們那裡得到輔導和支持，她對他們十分感激。由於親身體驗過適時合宜的輔導能為疲憊的心靈帶來解脫，她自然也熱切地為有需要的人安排合宜的輔導。

德蘭修女對於安撫「焦躁煩惱的心靈」，有她獨到的天賦。她用的方法很簡單：從傾聽開始。她會細心聽完對方敘述，但她更留心敘述當中透露出來的痛苦和困惑。有的人就說她「讀得出來別人的心思」。她於言行當中確實流露出非凡的理解力和同情心，顯示她的心是敞開著，廣納他人的痛苦。她將自己的弱點始終放在心裡沒忘，特別是她自己內心裡的黑暗，因此她在面對天下人的時候，特別顯得謙卑，樸實。許多人便是因為她這樣的態度，而願意對她完全坦白訴心和去感受她的悲憫。就是有這般真心真意的交流，才有她不帶一絲偏見、不帶分毫批判的傾聽，她提出來的忠告也才常常出人意表。她有她的「信仰洞見」（vision of faith），所以才能從「天主的視野」來看手邊的問題，而爲大家指出正確的方向。

德蘭修女在傾聽別人的困難、爲別人提供建議的時候，從來不會夾帶私心或是定見，只是以開放的態度去了解對方當下的處境，順著情勢的發展去爲對方找出最好的對策。即使提出來的對策沒有立竿見影的速效，大家還是因爲她的建議和指點而得到了安慰。雖然她從來不說她有立即見效的妙方，但她給的倒也常常算是「立即見效」吧，因爲她會以禱告將問題帶到天主面前，她相信天主會代爲處理。

德蘭修女的言教

我能付出的，是我擁有的

世間每一個人在心底深處其實都知道是有天主存在的。世間的每一個人在心底深處其實也都在渴望和天主能有溝通。所以，我說的話……都是眞的，因爲我是天主教徒，是對天主徹底發願〔獻身〕的修女。我能付出的，自然是我擁有的。但我覺得我們每一個人……在心底深處都知道這世上是有天主的，我們之所以被造，是爲了去愛和被愛，我們不是世人中一個數目而已。天主創造我們，是有目的的，而這目的就是成爲愛，憐憫，美善，喜樂的人，同時去服務他人。

各位知道〔即使是〕動物也是有愛的。母獸對幼仔也是有，對牠生的小動物也是有愛的；這是烙印在我們內心的，這樣的愛。所以，我覺得這對各位應該不是難事，各位可以用自己的話來描述；不過，各位應該也很清楚每一個……人……都了解天主就是愛，天主愛世人，要不然這世上怎麼會有人，大家怎麼會存在；而且天主要我們彼此相愛，像祂愛我們一樣。這些我們都知道！每一個人都知道——天主有多愛我們，我們每個人都知道，因爲若不如此我們都不會存在。我們存在人世，就是證明天主——那一位更高、更偉大的存在——在支撐我們，在保護我們。

生命便是生命，天主賜與人類家庭、賜與國家民族、賜與全世界最美好的禮物，〔便是〕孩子。所以，要是孩子生下來帶有殘疾，我們不可以要這孩子死，我們不可以要還沒出生的孩子死，我們不可以要已經出生的孩子死。你的父母要是不要你，你今天不會在這裡。我母親要是不要我，那就不會有德蘭修女。所以，我們的父母要我們，我覺得眞好。所以，我們必須去協助我們的同胞。那個棄兒要是做母親的沒有辦法照顧，那就由各位和我來協助他們照顧那孩子。這是天主賜與那户人家的恩典。原註2

我們在天上的父會及時照顧

梅康．穆格瑞奇是英國記者、作家，爲德蘭修女其人、其事拍了一部紀錄片，他對信仰有很多疑問，但最終還是在七十九歲高齡的時候進入了天主教會譯註37。下面是德蘭修女寫給他的一封信。

主啊，我們在天上的父，祂關照野地的百合和天上的飛鳥——而我們對祂可是比飛鳥和野花還要重要——祂一直在大量供應我們所需的一切，現在就在給，之後也會再給。你記得我們在電視節目上的訪問吧，不論你還是我始終沒有提過一個關於錢的字，也沒提過捐款，可是看看天主為我們做的吧。原註3

變成如同小孩一樣

我覺得我現在對你的了解比較多了。對你內心深處的痛苦，恐怕我是沒有辦法〔提供〕解答……我不知道為什麼會這樣，但你對我就像是尼苛德摩〔《若望福音》第三章第一節〕譯註38，而我確定答案是一樣的——「變成如同小孩一樣」〔《瑪竇福音》第十八章第三節〕譯註39。我敢說你對什麼都會了解得很透徹——只要你在天主手中「變成」跟小孩一樣。

你對天主的渴望那麼深，可是天主卻不靠近你。祂會這樣一定是萬不得已。因為祂那麼愛你，愛到派耶穌來為你、為我而死——基督渴望成為你的食糧。你被豐盛生命之糧環繞，你卻自己要挨餓。基督給你這個人的愛，是無限的，你對祂的教會有的那些小小刁難，是有限的。用無限克服有限吧。基督將你創造出來，是因為祂要你。我了解你的感受——好深的渴望——還帶著黑暗的空虛——然而，愛你的，就是祂。原註4

一切都要為祂

我覺得你現在比以前更要用天主所賜予你的奇妙恩寵愈顯主榮，你所是，你所能，你所做，全為天主和單是為祂。今天在教會表面的事，都會過去。對基督而言，教會始終如

——今天，昨天，明天，都一樣的。使徒也歷經同樣的恐懼、猜疑、失敗、不忠等等的情緒，可是基督沒有責備他們——只說「小信德的人啊，你們爲什麼膽怯？」譯註40 我眞希望我們也能像祂那樣去愛——**就在當前一刻！**原註5

你的家庭一定要排在第一

你跟我說要退出「同工會」，〔因爲〕做這樣的事必須捨下你的〔妻〕兒。他們是應該排在第一的。我會想念你，但是你的家人一定要排在第一。你還是可以擔任同工，但不必去扛主席的重擔，畢竟你在仁愛會（Order of Charity）已經有那麼多事在進行了。我還是會爲這件事情禱告，不過，你的家庭擺第一。你和〔你妻子〕一定要做出決定。你們的幸福，你們對彼此的愛，是我對你們唯一的要求——至於你們是不是還在同工會則是其次。〔你和你妻子〕在我心裡始終一樣。原註6

只要緊緊抓住生活的耶穌

當今在爲信仰奮鬥而且這般艱難又哀傷的時期，你侄子就跟許多人一樣，正處於他個人的淨化階段。只要他緊緊抓住生活的耶穌——聖體——就能從黑暗當中散發先前看不到的光明——基督。原註7

尊重每人如同是天主的子女

把每一個人看做是天主的子女，同樣尊重——我的兄弟，我的姊妹。我知道有的時候這件事是多大的試煉。如果你難以在受苦的人身上看出是耶穌的化身，那便在耶穌聖心內看出那人。祂愛她也以同樣的愛愛你。這樣有助於你們散發更大的愛，尤其是對最需要愛的那些人。你們常在我每天的禱告當中，因爲你們已經在同工會爲耶穌做了那麼多。願瑪利亞，耶穌的母親，成爲你的母親。原註8

不要玩火

有神父身陷多重難關，德蘭修女對他提出指點。

你完全有自由去做你要的選擇，這一點絕對沒錯，但不要忘了：你在你的堂區過得非常快樂，你做得很好，全心事奉耶穌。你父母、樞機、教眾都深愛著你——可是多次禱告之後，你決定放棄這些，一心就要加入仁愛傳教司鐸會。〔你〕一心一意選擇做貧苦中最貧苦的人——選擇成爲仁愛傳教士，加入我們的團體。我有你〔先前寫來〕的信——滿滿都是仁愛傳教修女會的精神和喜樂。

我很明白魔鬼處心積慮要衝破堡壘，摧毀這小小團體。千萬別給他機會來利用你做武器。這是你「完全順服」譯註41的機會。你就放手隨便耶穌怎麼對你就好吧，這才是眞正的仁愛傳教士。你知道嬷嬷有多愛你。這是你這些年來念念不忘的心願——如今心願已經實現，握在手裡不要丟了。這試煉是耶穌賜給你的恩典，好將你拉得離祂更近，而可以和祂一起承擔祂的苦難。別忘了，祂一直在以寬仁和愛護持著你，爲了要兩相結合更富生命力，〔祂〕就要你當祂的神父——祂的身體。做爲仁愛修女會的一員，你的聖召與我相當——也就是成爲仁愛司鐸會的神父，去做貧苦中最貧苦的人。不要玩火——會燒傷，會燒毁。

要常常這樣禱告：**耶穌，我的心相信祢溫柔地愛著我，我愛你，讓我作為仁愛會神父，我願意藉著聖母，全為耶穌。**我們一起禱告。原註9

多笑一笑

嬤嬤給一名女生的指點。

多笑一笑。一遇到人，不管是誰，都要面帶笑容。笑容的功用就在於總能讓大家接納妳。同時還能讓妳的人、妳的臉龐顯得美麗。妳要是生氣，更要用力去笑，沒多久妳就會發覺自己忘了生氣，而開始一見人就笑。原註10

耶穌，求祢降臨在這人身上

你開口講話的時候，眼睛要看著面前的人。在心裡做這樣的禱告：耶穌，我和這人講話的時候，求祢降臨在這人身上，協助我在他的身上看到祢。祝福我，教我和他講話的時候滿懷眞誠，一如我在對祢講話。求祢透過他的眼睛看到我，協助我把事情做好。我要是在這人身上未能教祢滿意，求祢給我勇氣以溫馴和喜樂去承受痛苦。原註11

德蘭修女的身教：見證

來時皺著眉頭一臉怒容，走時笑得燦爛一臉光輝

雖然嬤嬤每次參加會議都必須應付很多人，但她不論對誰都不吝給與時間、關切和注意。她從不知疲倦的精力、從容又富有魅力的笑容，似乎比止痛藥的效力還要強大，每每教我驚奇。我見過不少人來找她，一個個都有麻煩，來時皺著眉頭一臉怒容，走時笑得燦爛一臉光輝。她獨具天賦能為別人的心靈帶來平靜，為別人敷上歡欣喜悅的膏油。她在給我們的信裡寫過：「天主為我們每一個人都做了那麼美妙的事工，特別是為你們……我們要是放手聽憑天主作功，祂做得就極其美妙。多一點協助，我相信你們一定可以前進到眞正的納匝肋（Nazareth），耶穌會來到那裡與你們一起稍事休憩，我眞為你們高興……陽光驅散世間所有的黑暗，靈性的黑暗也包括在內。我看到你們的臉龐早就是滿滿的笑容了。感謝天主。」原註12

有什麼我能為你做的嗎？

〔有人〕來找她，她絕對不問那人是好人還是壞人……她從不吝給人笑容、慰語或是聖牌，不吝給人一點訊息或是別的什麼。「有什麼我能為你做的嗎？」

她獨具神奇的秉賦特別擅長傾聽，聽得出來別人眞正在說什麼，甚至聽得出來話語背後的意思。她有大智慧，對人始終來者不拒。原註13

耶穌會怎麼做呢？

我沿著台階往上走，她一把把我拉過去。「神父啊，我有事馬上要跟你說。」……〔她〕說：「神父，我今天早上接到省長打來的電話……」「嬤嬤，省長找妳什麼事？」「他想知道有一個人的死刑令他是不是該簽……那人冷血殺了兩個人，民衆要求把他處死。省長在問他應該怎麼辦——他是要判他終身監禁還是判他死刑。我不懂他怎麼會打來問我這樣的事。神父，我不懂這中間的情況。所以我跟省長說我會為這件事禱告，『你晚一點再打電話過來。』所以，他說他八點半一定會再打電話來問。」「嬤嬤啊，我知道他是政客，要是簽了死刑令，他就偏向一邊，要是簽了終身監禁，偏的就是另一邊。他這是要妳幫他脫困呢。」「喔，那我懂了，神父。」過了幾天，我收到一張便箋，我這裡還有影印本存檔。便箋上面寫道：「省長打電話來的時候，我對他說：『耶穌在你的位置會怎麼做，你就怎麼去做。』」——原註14

嬤嬤始終沒給她難堪

一九九七年，一名富家太太來求嬤嬤協助。她有很嚴重的酗酒問題，三番兩次要戒酒都沒戒成。……那太太跪倒在嬤嬤的輪椅旁邊，嗚咽哭泣。嬤嬤始終沒給她難堪，而是極為和藹、慈祥地要她到聖體龕去，在耶穌面前把祂當朋友一樣傾訴自己靈魂的苦惱。在那一刻，你真的感受得到天主的恩寵在作功。這太太接下來一小時就待在聖體之前潛心祈禱。嬤嬤在禱告過後便回她的房間去了，安靜而且感傷，但她始終不把這位太太的問題說破。最美妙的是第二天我看到那位太太又來了，這次是來做告解的。我永遠不會忘記她臉

上煥發平靜的光采。她答應把收入交給會內的修女保管，以免她又禁不住誘惑。她有堅定的決心要戒酒。原註15

我的答覆是「不要作聲」

十四位婦女集合在〔嬤嬤〕面前。一名年輕婦女走向前來，問嬤嬤她丈夫找她吵架、擺臉色給她看，還動不動就出言不遜，她應該要怎麼辦？「該跟他吵起來、以牙還牙嗎？我們該怎麼辦呢，嬤嬤？」其他太太也這樣問。〔嬤嬤〕沒作聲。另一方剎時也像凍結在沉默裡了；情況很是尷尬。但緊接著嬤嬤微微一笑，說：「我的答覆就是『不要作聲』。妳們最好不要作聲。不作聲不代表害怕或是受到壓迫，不代表軟弱的心靈或是擔心自己會被趕出去。不作聲代表的是妳痛恨，妳厭惡一切兇惡、醜陋的舉止。記住，天主就在妳身上，天主也在妳在家裡面對的那人身上；他同樣也是耶穌！天主要我們展現心靈的韌性，展現我們對眞、對美的順服，展現我們心靈的平靜和堅毅，因爲我們相信天主。教天主悲傷的事，我們都不可以做。相信祂，就是相信妳自己、妳的心靈、妳內在的天主；天主就活在我們心裡。我要說：『像天主愛你一樣去愛彼此！』千萬別忘了天主把祂最大的愛都給了我們。祂也把祂愛的精髓放進了我們的心裡，這樣我們才能把同樣的愛給與他人。即使對妳看似兇狠的人，也要把妳的愛給他，這樣〔妳〕才不會犯下〔他〕在犯的錯誤。不作聲，這樣的反應就教他了解到他的生命少了一樣東西——少了〔好好愛〕妳這件事。他那是在自己身上培植醜陋的怒氣、怨恨、自私、惡行。天主一樣把他創造得很美好的，但他自己在摧毀自己的美好。總有一天他會明瞭的。但是，妳們自己不要跟著他一起培植這些。我們千萬別忘了火上加油滅不了火。我們需要的是水。水才能滅火。同理，我們也要以美對抗一切的醜惡。以良善對抗一切的兇暴。以好話對抗一切壞話。即使妳們要求分離，也要以愛和友誼來處理，而非敵視。」

其間她們又再問了幾道問題，比如離婚、分居、虐待婦女等等。嬷嬷在回答另一問題時說：「家庭應該講合不講分。大家不要忘了要求離婚，也是選擇以殘酷的決定爲女子帶來痛苦。大家在結縭的第一天就應該禱告，祈求家人不離不棄。大家可以全家一起禱告，聚在一起。大家應該要把禱告當做日常的習慣。但不是花幾分鐘咕噥幾個字就好，而是全心全意懷抱熱切的願望在禱告，發自內心眞誠的禱告。結縭不是等著後來要分開的，而是要攜手共同面對生活裡的難題。」原註16

孟買四處起火

一九九二至九三年間的連番暴動，孟買四處火起，許多人趕赴孟買救援。其中有兩個人竟想了個奇招。世上要是有誰能爲這處動亂的城市帶來和平的訊息，莫過乎德蘭修女了。只是不巧當時德蘭修女健康日衰，沒辦法出遠門到孟買去。後來〔他們〕想出解決的辦法。由一批攝影小組搭機到加爾各答，拍下嬷嬷發言的影片，再將片子傳送到印度各大電台以及有線電視台播放。〔他們〕聯絡德蘭修女，嬷嬷馬上同意。攝製小組抵達加爾各答的母院時，卻發現院內的修女不太歡迎他們。德蘭修女前一晚病況不佳，但她那天一大清早還是一定要去探望加爾各答市內暴動的受害人。攝製小組決定等一等德蘭修女。那天近傍晚時候，嬷嬷回來了，看起來十分疲憊。可是她一見到 P 博士，馬上露出了笑容，說她準備好了，馬上可以開始拍攝。可是她覺得攝影小組應該先吃一點東西，「他們一定都餓了，」她對院內一名修女說，「大老遠地跑來。」攝製小組人人就這樣先吃了簡單的一餐，只有麵包、奶油、香蕉和茶。但是人人都覺得這是他們有生以來吃過最美好的一餐。

接下來幾小時德蘭修女便和攝影小組一起工作。拍攝工作並不輕鬆，但她始終配合得十分完美。即使因爲技術問題或是技術瑕疵而必須重來，她也從無怨言。而她傳遞給孟買市民的訊息，維持她一貫簡潔但有力的作風。她懇請大家要像手足一般愛護彼此，善待彼此，照顧彼此。

第二天早上，攝影小組要趕在一大清早五點的時候離開加爾各答，那時德蘭修女竟然已經等在大門口祝他們一路順風。她光著腳，手上拿著唸珠，爲他們全體簡短地作了禱告。他們走時，她還拿了幾塊聖母聖牌塞進他們手裡。即使到了現在，已經是六年前的事了，他們每人依然將聖牌保存得好好的。遇到困難或是壓力的時候，德蘭修女祝福過的聖牌總能爲他們帶來慰藉和平靜。拍好後的下禮拜，德蘭修女講的話就在全印度各大電台播放，看過的人無不感動。這是愛與平和的訊息，由天主選中的信使傳達給他們的。原註17

最好的老師便是聖母瑪利亞

我才剛對嬤嬤許下出任院長的許諾。立下許諾之後，嬤嬤給了我簡短的指示。嬤嬤對我說要把我的手放在瑪利亞的手中，每一步都要緊緊追隨瑪利亞。我也問嬤嬤怎樣可以把禱告做得更好。嬤嬤對我說：「最好的老師便是聖母瑪利亞。」所以我應該要〔求瑪利亞〕教我怎樣禱告，像她以前在教導耶穌那樣。她也跟我說我要爲我做的每一件事情禱告，每一件事都要爲天主而做，而不是做給誰看的。看看我們的聖母瑪利亞就好，她總是把祂的話語放在心裡思量。假如我要當個眞正的仁愛傳教修女，我就一定要學會靜默，將祂的話語放在心裡思量，而讓愛去滋長。「對聖母要坦率誠懇，」嬤嬤說，「把心中所思所想全跟她說，她是你在每日需求中幫助你的那一位。每天都要用心地唸玫瑰經，在每一奧蹟中讓瑪利亞陪同你。」在這些寶貴的時刻，我總覺得嬤嬤只爲了我而來。她對我的全副心思就是要我當個眞正的仁愛傳教修女，嬤嬤一直都要我們每個都是道地的仁愛傳教修女……對我而言她眞的就是我的母親。原註18

我眞傲慢

我被指派出任院長。但我覺得我好渺小，又沒有經驗等等的。所以我寫信給嬤嬤問這件事：我怎扛得起這麼重大的責任？我還那麼年輕，三十一歲而已；是一個微不足道的人；我好害怕：那麼大的團體，有〔神修〕培育中心，有兒童之家、潔心之家這樣的使徒工作，有施藥站，有痲瘋病人工場，有物資運送部門，有德蘭修女同工會等等。我覺得我的信寫得很謙卑。但我接到一封很客氣的回函，說我這人眞傲慢，居然想要自己一個人扛起所有的事，而不是讓耶穌透過我來做這些事。我怎樣也想不到會收到這樣一封信，但是這封信打開了我的眼睛，教我學會順服，而且感謝天主，我的使命……順利完成，讚美主。原註19

這只是魔鬼在打亂妳

有一次我在倫敦的女性游民之家上大夜班。那晚失火，我根本還不知道失火了，火勢就已經燒得很大，導致十名婦女因大火而喪命。在我〔培育期的〕第三年時，魔鬼開始騷擾我，跟我說失火還有多人喪命都是我的錯，而且變得像咒語一樣，我在腦裡、在心裡都聽得到。我想用理智把這些推出去，因爲這麼多年我都十分平靜，但它就是不走。嬤嬤到羅馬來接受我們發願，我和嬤嬤雖然有過長談，但我沒有提起這事。我心裡始終在叨唸說我應該要跟嬤嬤講這樣的事，但又每每自己反駁說嬤嬤太忙了，根本沒這必要。

到最後，進行發終身願（profession）的日子來了，我們快要出發到教堂去之前，我終於下定決心要跟嬤嬤提一下這件事。我走進嬤嬤的房間，只有她一人在內。我開口說：「嬤嬤，我可不可以佔妳一點時間講一下那一次倫敦失火的事？」嬤嬤手一伸，高高舉起，不讓我講下去。「妳跟失火沒有一點關係。不應該怪在妳頭上。天主任令火災發生，是在教我們要懂得謙卑。」我便跟嬤嬤說，之前我從來不覺得自己對火災有責任，我心裡一直都很平靜，直到今年。嬤嬤說：「這只是魔鬼在打亂妳，因爲妳要發終身願了，魔鬼不想要妳發願，但又沒有別的門路來找妳麻煩，所以就使出這法子了。妳就去吧，放心。」嬤嬤講完便爲我祝福。從那一刻起，魔鬼的嘲弄就停了，從沒再出現過。原註20

該那位姊妹不應該當仁愛傳教會修女

我找嬤嬤談修會裡一位姊妹的事，她是發了終身願的修女，但是依我觀察，她有嚴重的問題。我認爲因爲這樣，那位姊妹不應該再當仁愛傳教修女。我沒跟嬤嬤指明那位姊妹是誰，但是等我講完了，嬤嬤帶笑看著我，笑容滿滿是愛。她的表情在在寫著她都知道。嬤嬤稍稍別過頭去說：「她沒有母親的愛。」確實如此。這位姊妹（很小的時候）母親便過世了。嬤嬤知道我幫不了這位姊妹，所以嬤嬤對我說，就由她來調離那姊妹吧。不過六個月才調離。嬤嬤不像我那樣憂慮這件事，也從來不覺得不應該讓那姊妹寬免誓願。原註21

也要講好話

在我們的團體裡面，修女之間也會有一些過節的。我就見過多次我的院長掉淚哭泣。我也發覺有許多高階修女常回母院。一天早上天氣很好，嬤嬤到我們這裡來，召集大家，給我們一些指點。嬤嬤說：「我很高興妳們有一些人回去看我，跟我說一些妳們團體的事，不過，各位姊妹可別忘了，嬤嬤我不是垃圾桶，別跟嬤嬤淨講些難聽的事，嬤嬤也很喜歡聽修女們的好話。所以，來跟嬤嬤說一說妳們團體的好事吧。妳們的院長是很好的人。妳們也講一講她的好事吧。」嬤嬤鼓勵我們多多挖掘我們院長美好的一面，等嬤嬤下次來時講給她聽。原註22

關愛的小事

有個富家太太來找嬤嬤，希望嬤嬤為她和女兒當調人，協助兩人和諧相處。嬤嬤建議她對女兒多做一些關愛的小事，但不要讓女兒知道是她做的（例如在她桌上放一瓶她愛的鮮花，特地為她煮她愛吃的東西等等）。結果有效。做母親的為女兒做這些關愛的小事，就打動了女兒的心。原註23

一定要始終面帶微笑

有一次我去看嬤嬤，嬤嬤覺得那天我不太對勁。我便跟嬤嬤說我和我的院長對事情有歧見或是誤會，搞得我心情很壞。嬤嬤便握著我一隻手像母親一樣對我提了一些實用的建議。她說我應該盡快找理由去見我的院長，而且〔在院長面前〕一定要始終面帶微笑。她說每當她和院內的修女相處遇上問題的時候，她就用這一招。原註24

是爲祢做的

「我才不要。他不是好人，我才不服事壞人。」我相當氣憤，而站在我面前的是德蘭修女，正在聽我說這些氣話。「妳假如眞的有困難，」嬤嬤對我說，「覺得服事一個妳討厭的人很委屈的話，那就像這樣去做。」嬤嬤張開右手手掌擺在我面前，再用左手大拇指去碰右手的小指，說「是爲祢做的」，說時用左手大拇指點在右手小指，一個字點一根手指，說到「的」的時候點到右手的大拇指，五根手指頭代表五個字。「把妳的事工獻給天主，對自己說：『天主，這件事我不是爲這討厭鬼做的，我是爲祢做的。』然後就爲天主去做。把妳的心交出去讓天主拿去當做實現旨意的工具，讓妳的手去做天主要做的事。這樣子去做，妳就會發覺很多我們不喜歡做的事也可以順順利利就完成了，一點也不覺得爲難。」我發覺每當自己要做很不喜歡但又非做不可的事時，這方法很簡單卻又很有效。原註25

妳繼續吧，修女！

又有一次我們到奧蒂斯街的大殿去參與舉行終身願的儀式。這天M修女正好要拿垃圾出去丟，她走後門的捷徑，這樣她就不會遇到訪客了。她拖著一坨大大的黑色塑膠袋，裡面滿是垃圾。嬤嬤正好從後面的一間房間衝出來，幾乎是用跑的。她閃了一下沒撞到我，卻一頭栽在M修女拖在手裡的垃圾袋上，M修女嚇了一跳，愣在一旁不知如何是好。垃圾袋裡的垃圾開始往外掉，可是嬤嬤沒生氣反而笑了起來，把垃圾袋從M修女的手上接過去，等M修女回過神來，才再把垃圾袋放回她的手中。「妳繼續吧，修女！」原註26

默想

「凡勞苦和負重擔的，你們都到我跟前來，我要使你們安息。你們背起我的軛，跟我學罷！因爲我是良善心謙的：這樣你們必要找得你們靈魂的安息，因爲我的軛是柔和的，我的擔子是輕鬆的。」（《瑪竇福音》第十一章第二十八節至三十節）

「基督是富有而甘願成爲貧窮者，爲救贖我們而掏空自己，召喚我們見證耶穌的眞實面容：貧困，謙卑，是罪人，軟弱和被卑視的人的朋友。」原註27

我心有懷疑、困惑、黑暗的時候，能否敞開心胸去尋求、接納他人的指點？我在心思不夠清明的時候，是否但憑衝動行事而不去聽別人的建議？我是否有謙卑的心，願意去考慮別人的建議，斟酌是否可行？

我是否願意聽他人表達看法？我是否願意花時間聽他人說話？別人心有懷疑、困惑時，我是不是有耐心相伴？我提供給他人的建議，是不是我從禱告、默想，加上爲別人著想的最大善意當中得出來的結果？我的意見是不是夾雜了自己的私心，或是少了眞正的關懷？

祈禱文

聖神啊，請在在我內噓氣，使所思所想皆聖善，
聖神啊，請在我內工作，使所行所動皆聖善，
聖神啊，請吸引我心，使我只戀慕聖善，
聖神啊，請堅強我，使我能保護聖善，
聖神啊，守護我吧，使我常是聖善的。

——聖奧斯定對聖神的祈禱文，德蘭修女每日以之祈禱

【第十章】

勸人悔改

「我是罪人」

絕對不要公開糾正別人的錯。要糾正別的姊妹之前，一定要先跟耶穌說，然後問自己：「我要是犯了同樣的錯，嬤嬤會怎樣糾正我？」

——德蘭修女

勸人悔改堪稱德蘭修女的慈悲事工當中做得最高妙的。她知道自己便是罪人（所以沒比別人好），因此她在糾正別人的時候，自然便會流露理解和同情。修和聖事（sacrament of reconciliation；告解）是她導正人與天主、人與人的關係最愛用的方法，她在這方面也有她精闢獨到的領會。每個禮拜的告解她是絕對不會缺席的，她也愛向別人推薦告解便是在領受天主的慈悲，是原諒、治療、求得內心平靜還有和解修好的泉源。

德蘭修女與人來往無不帶著「痛恨罪惡，但是深愛罪人」這樣的原則。她很清楚罪惡和罪人二者有別，錯事和做錯的人不能劃上等號，不論犯下了什麼錯，她對犯錯的那人本該享有的尊嚴，絕對不會輕忽。這種能力在世人當中並不常見，以致於有時會被別人誤會成為姑息或是怯懦。但她其實一有機會教人認錯悔改，絕不會放過。只是她這樣做的時候，從來不會去譴責犯錯的人，而是鼓勵那人，勸人悔改，改過遷善。她要人改過不是因為她對他們做錯事很生氣或者是牽連到她，而是出之於她對天主的愛，她對罪人的愛，因為犯罪是在破壞一個人和天主、和他人還有和自己的關係。她會竭盡所能去協助那人與天主修好，找回內心的平靜。她糾正別人的過錯不在於給人難過，不在於打擊那人，而在於扶助撐持，希望最終能像她說的那樣，「我要你成聖。」

德蘭修女對她的修女們也有相當強硬、嚴厲的時候，但是，她們從來不會因此就躲著她，做錯事了反而會主動去找她。「對妳們，我的修女們，我不會只以你為一位好修女而滿意，我希望能獻給天主完美的奉獻，唯有聖善才能使奉獻完美。」這便是她的標準，而她的修女們一個個都知道在她面前不必文過飾非，不管她們有何過錯、疑惑都可以去找她，因為她的話語便是釋疑、解惑、撫慰、治療。她是十足的母親和慰藉。

德蘭修女的言教

我是罪人

在苦路[譯註42]那裡，面對基督承受的種種苦難，看看十字架吧。我在十字架看到我犯的罪……我們可以是有罪的罪人，也可以是沒有罪的罪人。妳們眞的愛基督嗎？妳們能夠面對世界嗎？妳們眞的相信「任何受造之物都不能使我們與天主的愛相隔絕」？（《羅馬書》第八章第三十九節）即使把我切成碎片，每一碎片都屬於祢。[原註1]

◆

看吧，那浪子唯有在說出：「我要起身，我要去，我要說，我要對我父親說我是罪人，我對不起他。」（參見《路加福音》第十五章第十八節至第十九節）[譯註43]才回得去他父親身邊。在他沒有踏出那一步「我要去」之前，他是沒辦法跟他父親說「對不起」的。他知道在家裡有愛、有善——他知道他父親愛他。聖母瑪利亞會協助我們做到的。我們今天就去做：起身，去找我們的天父，告訴祂我們不配在這裡，不配當祂的子民。[原註2]

◆

我們和耶穌的差別有多大啊！愛那麼少，悲憫那麼少，寬恕那麼少，良善那麼少，我們根本不配靠祂那麼近——不配進入祂的聖心。因爲至今祂依然願意敞開心胸擁抱我們，至今祂的頭上依然戴著棘冠，至今祂的雙手依然釘在十字架上。所以我們就要找出來：

「那些釘子是我釘的嗎？祂臉上的口水是我吐的嗎？祂的身軀、心靈可有哪裡的痛苦是我造成的呢？」不必焦慮或是恐懼，而是以溫馴、謙卑的心去找出來祂身上是哪處〔在受苦〕，我自己的罪在祂身上劃出了哪些傷口。我們不必一人獨行，而可以把自己的手放進祂的掌心。只要我知道天父愛我，祂來就是要寬恕我七十個七次[譯註44]，祂以特別的方式召叫了我，給我名字，我歸屬於祂，連同我的不幸、我的罪、我的軟弱、我的良善……我是祂的。[原註3]

慈悲聖事

天父的愛何其偉大、寬仁，賜與我們慈悲聖事，教我們前去時是有罪的罪人，回來時是無罪的罪人。天主的愛多麼寬仁！只要我們願意放手讓祂愛我們。「不要害怕——我以你的名字召叫了你，你是我的，河水不得淹沒你，火焰也燒不著你。你在我眼中是寶貴的。我愛慕你。我已把你刻在我的手掌上。你是我的。」〔參見《依撒意亞》第四十三章第二節，第四十九章第十六節〕[原註4] [譯註45]

⬩◆⬩

一個妥當的修和聖事是聖善的開始。我們都是罪人。聖善而無罪，所以我們必須成為沒有罪的罪人。聖母瑪利亞不必說「為我們罪人禱告」。我是有罪的罪人。我好好辦過告解之後，我就成了沒有罪的罪人。而我是怎麼變成有罪的罪人呢？有聲音叫我「別說」但我偏要說的時候。這就是我們要辦告解的原因。我希望各位每個禮拜都能好好辦告解。[原註5]

告解對耶穌、對我們同等重要。這是一種共同的行動：耶穌和我。就跟領聖體一樣：耶穌和我。沒有耶穌，我不會得到寬恕。我不說出〔我的罪〕，耶穌就無法寬恕我。好好告解比嬤嬤的教誨或是修女的教誨還要重要。「我會起身去找天父。」原註6

◆

我有妥當地辦告解嗎？

我有妥當地辦告解嗎？告解也要好好做省察才行。辦告解時，妳是以眞心、眞誠去說要說的事嗎？還是「說一半」，有的藏著不說或是略過不提？魔鬼是非常聰明的。耶穌說過，「不要害怕。」要是有心事在煩惱，那就在告解時說出來，只要一說出口，就不要再拿來煩心了，因爲有的時候，即使過了好幾個月，魔鬼還是會纏著我們不放，不到破壞我們辦告解的熱誠是不會罷休的。這件事不應該變成心靈的折磨。原註7

◆

告解是耶穌和我的事，此外和任何人都沒有關係。告解是出之於深切的愛而做出來的美好事情……我們不拿大罪或是小罪譯註46來衡量我們的愛，不過我們一旦做錯了，告解便是我們洗淨自己的方法。就算有一條鴻溝，也不要因爲羞慚而卻步，還是要像小孩子一樣勇往直前。原註8

◆

所謂告解不過就是承認罪過。一旦故意做出不好的事，就絕對不要拖拖拉拉不去辦告解……這是多美好的恩賜。就是這緣故，告解時只應該承認自己犯的罪，像是不該頂嘴還是頂嘴，不該擅自發送物品卻擅自發送出去，此外絕對不能亂講閒話。告解就應該像小孩子一樣，像那浪子，起身去辦告解把事情說都出來：絕對不做掩飾，要不然這件事會畢生在妳心裡啃噬妳的心靈。原註9

◆

每當做出不好的事情，就要去辦告解，說「對不起」。天主是慈悲的父，祂會寬恕妳的。除非我自己說「好」，魔鬼是沒辦法動我分毫的。所以，妳們絕對不要怕祂。原註10

◆

不要因爲羞愧而老想著，「天父會怎麼看這件事？」天父就是要來把妳們的罪從妳們身上拿走的。我們把自己的罪對天主說，取得天主寬恕，天主就把我們的罪拿走了。我們一定要單純得像小孩子一樣，「我會起身，去找我的天父。」而天主會怎麼做呢？「拿出上等的袍子、戒指、鞋子、肥牛犢」……妳們看看那極大的喜樂。爲什麼呢？因爲「我這個兒子是死而復生」（《路加福音》第十五章第二十二至二十四節）。我們也一樣；但我們一定要單純得像小孩子一樣，起身前去告解。原註11

不要在自己的心裡製造憂疑……假如是一時失察才做出放縱的事，那就去辦告解，要記著，天主的慈悲是非常、非常偉大的……看看天主的愛有多偉大吧——想一下聖瑪利亞瑪達肋納、聖女瑪加利大高多娜、聖伯多祿、聖奧思定就好了。譯註47 耶穌對聖伯多祿說：「你愛我嗎？」（《若望福音》第二十一章第十五節開始）。譯註48 這便是條件。絕對不要說「明天再說」；不要玩弄貞潔聖德（chastity）。魔鬼會對妳說：「別擔心啦，嬤嬤跟妳說了那麼多，嬤嬤又不懂，我才懂。妳是個人，放縱的感覺是妳需要的。」不管怎樣的試探，一定要堅定表明：「我不要。」看看聖瑪利亞．葛萊蒂，「毋寧死，不犯罪。」看看聖依搦斯，「毋寧死，不犯罪。」原註12 譯註49

◆

即使墮落，犯下不潔的罪，也要有勇氣去辦告解。聖女瑪加利大高多娜就像妓女，是大罪人，然而每年她慶日的那一天，她的遺體都重現完整譯註50，證明天主已經寬恕她了。所以，好好告解，然後做個了斷。絕對、絕對、絕對不要再想！唯獨可以說：「對我生平犯過的罪，尤其是不潔的罪，我要道歉。」用這樣來表示謙卑。原註13

聖母會協助妳

聖母會協助妳保持純潔的。我要是讀那樣的東西，可能會被誘惑抓住。所以妳們一定要有勇氣保護自己。我們爲什麼養狗？有人來時發出警告——聽到狗叫我們就知道有人來了。魔鬼便是吠叫的狗。妳偏心那人，那就有人會離間妳對基督的愛，或者妳想擅自拿東西送人。除非妳辦告解，妳是無法全心爲主的。原註14

◆

聖母有潔淨的心，所以看得到天主。她有謙卑的心。假如我們有眞正純潔的心，我們也看得到天主。就是因此我們才需要告解，這不單是去說些什麼而已，而是以有罪的罪人前去，以無罪的罪人歸來。我們要是有這樣的愛在我們當中，我們就可以付出愛。我們內心要是混亂，就無法付出愛——我們是可以裝假，但是沒有就是沒有。原註15

◆

純潔如〔聖母〕無玷聖心（Immaculate Heart），純潔如陽光——不管什麼都沒辦法擋在我和耶穌之間。多多利用告解。「我知道我不應該」——只要是明知故犯的事情一概都算。也就是我心裡有聲音在說「不可以」，但我偏偏就去做了。去辦告解……妳對施藥所那裡的人沒有耐心，那就要辦一下告解了。原註16

耶穌洗淨我們的罪

爲什麼要辦總告解（general confession）？不是因爲心有困惑，而是要做聯繫，要去瞭解天主對我一直有多好——天主的好……我們不是對神父而是在對耶穌辦誠摯、謙卑的

告解的。原註17

神父要有多純潔才能將耶穌寶血倒在我身上，洗淨我的罪。神父要有多偉大才能說「這是我的**身體**」。妳們絕對不可以懷疑這話，「我赦免你的罪，我使你自由。」就算神父不好，他也有權力寬恕妳，教妳自由。原註18

◆

當神父說：「我赦免你的罪」時，這一刻耶穌便來洗淨我們的罪。耶穌的寶血倒在我們的靈魂，淨化我們，潔淨我們的靈魂。原註19

像那有罪的婦女一樣站在耶穌面前

妳們入寢之前……會眞的好好去看一下十字架嗎？不是用想像的。而是要把十字架拿在手中好好默想……我們看到我們的姊妹勉力地提起一桶水。我是不是像那隻小鳥一樣，嘗試銜取那一小塊棘刺？我有沒有悲憫的心腸？耶穌對罪人有悲憫的心腸。那個有罪的婦女站在耶穌面前，耶穌卻沒有譴責她〔《若望福音》第八章第十一節〕譯註51。那就是告解。我也有需要別人寬恕的地方。告解不過就是像那有罪的婦女一樣站在耶穌面前，因爲我犯了罪。原註20

告解應該是喜樂

聖依納爵（Saint Ignatius, 1491–1556）向來把這放在心裡：告解——表達的是我們需要別人寬恕，而不是使人洩氣。成立告解聖事的時候不是在耶穌受難日的禮拜五（Good Friday），而是在耶穌復活的禮拜天（Resurrection Sunday），所以告解的目的應該是喜樂。告解聖事的成立不是在折磨人，而是要讓人歡喜慶祝。原註21

◆

有位神父寫過好幾本書，而他就每天都要辦告解。我問他：「那你都說些什麼呢？」他說他寫作的時候，會把寫好的重讀一遍做修改，但有的時候他讀稿單純是因為喜歡或者自豪。所以，他去辦告解。馬尼拉樞機辛海棉（Cardinal Sin of Manila, 1928–2005）——好聖潔的人啊——就跟我說過：「我幾乎是天天都要辦告解的。總主教官署有很多神父，我就隨便抓一個來辦告解。」看吧，姊妹們，告解應該是十分喜樂的事。我們絕對不可以輕忽告解這件事。輕忽便正是我們應該告解的事。我去辦告解的時候一定要帶著愛，因為這時候我有機會洗淨我的靈魂，變得純潔。辦告解便是直接面對天主。我死後自然必須直接面對天主，但在現在我也有機會帶著罪來到祂面前，但走的時候已經洗淨了罪。原註22

我們一定要承認自己有罪

有個叫匝凱的人〔《路加福音》第十九章第一至第十節〕譯註52想見耶穌，試過許多方法都看不到，直到後來他承認自己太矮——這一承認，就帶著他踏出下一步——願意去做丟臉的事，爬樹，這樣一來大家就知道他有多矮。大家都很驚訝，像他這樣有頭有臉的人爲了看耶穌一眼竟然願意爬樹。匝凱的身材是矮小，但對我們而言，我們的矮小便在於我們有罪，我們一定要承認自己有罪而去辦告解——去時是有罪的罪人——來時是無罪的罪人。原註23

試探出現的時候

妳們的純潔一定要十分純潔。不論發生了什麼事，我都要妳們去辦告解。我要妳們有純粹的那種純淨，貞潔的那種貞節，處子的那種童貞。別拿妳自己來擾亂妳的心思。人人都會碰上試探；這其實是成長很好的途徑。與召叫相反的試探一定會有，但要像「小花」〔聖嬰耶穌聖女德蘭〕一樣譯註53，「我屬於耶穌，沒有一個人、沒有一件事可以將我和祂分開。」聖保祿也遇見過試探，而我們應該要像聖保祿一樣說這樣的話，「我是屬基督的」。那麼大家來看到的就只有耶穌，因爲這樣我們才眞的是天主愛的使者。原註24

◆

試探來的時候，別忘記這幾件事：

第一，我不要這些。這樣魔鬼就碰妳不得。妳就安全了。

第二，忙一點——只要妳知道也懂得說「我不要這些」，那就沒事。

第三，投靠聖母瑪利亞。這是她能獻給耶穌的寶貴東西。原註25

找出罪人

耶穌來到人世，親自展現祂寬仁的愛、悲憫……不過看到硬心腸、不信主的法利塞人除外。否則祂一貫都是溫和、謙恭的，凡是認祂的人在祂的聖心都會有一席之地。就是祂的寬仁跟悲憫，使祂自然而然地去同情眾人，治療病人，尋找出罪人。原註26

◆

我們都那麼渺小，都是罪人，都是不幸的人等等的，然而天主卻彎下腰來問我們一個個人，「你來嗎？」祂不強迫我們。這是天主給與我們的自由，美好而寬仁。妳們可以在聖願的愛裡成長，圓滿到成爲眞實的聖人。原註27

◆

我們正視自己是罪人的時候，我就常常想到我們的聖母。我們唸〈聖母經〉唸到「爲我們罪人祈求天主」的時候，應該（要出之以心靈、靈魂整體）是全心全意地唸。能教我們擁有純潔的心靈的，就是她了。看到沒有酒的，就是她（《若望福音》第二章第三節）。所以我們也應該讓她幫我們看出我們是有罪的——沒有聖德——而去轉告耶穌。而她就會跟我們說：「祂無論吩咐你們什麼，你們就做什麼。」（《若望福音》第二章第五節）——敬謹遵從。原註28 譯註54

不可要孩子的命

沒有錯，妳們有些人做過錯事，因墮胎而殺死子宮裡面尚未出世的孩子。可是，妳們可以轉向天主說：「天主，我殺死了我未出世的孩子，我非常痛悔，求主寬恕我，我絕對不會再犯。」天主既然是我們慈愛的天父，當然會寬恕妳。但是絕對不要再犯——相信我，天主已經寬恕了妳們。另外也要記得妳們做的事並沒有傷害到孩子。妳們的小寶寶已經在天主身邊獲得永生。說什麼孩子在〔懲罰〕妳或妳的家人，根本就沒有這樣的事。孩子已經在天主身邊了。妳的孩子愛妳，已經原諒妳了，正在為妳禱告。他在天主那裡，所以他絕不會傷害妳，唯有愛妳。原註29

◆

核子彈發明出來，世界又多出來一樣武器可以摧毀人命，在各國製造出種種恐懼和猜忌——而人是天主臨在於世的美麗肖像。這樣的新式武器就像墮胎殺死未出生的孩子一樣，也會變成消滅世上貧窮人口的手段——他們可都是我們的兄弟姊妹，是耶穌教我們要去愛他們，如同祂愛我們一樣。原註30

◆

世界各地到處都出錯了。錯的是沒有將我們可以奉獻給天主、我們可以付出給彼此的心靈和身體保持純潔。年輕男女愛上彼此，這沒有錯。只是當今美好的純潔這部份多少都被輕忽掉了，而做下錯事。可是我要求一求各位，**幫助**父母，**幫助**子女去**接納**小寶寶而不

是殺死小寶寶。要去接納。我們都會犯錯，犯錯也都可以原諒。然而，殺死無辜的孩子可是非常大的罪。原註31

沒時間去愛孩子

我們以前不會有這樣的問題，因爲一家人向來都在一起。孩子了解父母，父母也了解孩子。但如今父母對孩子的了解愈來愈少，因爲他們沒有時間。要不然就是在電視機前面一坐就是幾小時，父母子女卻從來不會交談。我覺得電視要是用得好，是不錯的東西。但電視這東西也會在父母子女之間製造隔閡。大家不再有時間用在愛的交流，用在應該摟過來親一親、愛一下的孩子身上；孩子都需要這些的。由於每個孩子心裡對愛都有渴望，這時候就會往外面去找。這樣就爲孩子的生活帶來深重的孤單。而爲了消除這樣的孤單，他們可是什麼事都會去做。原註32

改正己身

有母親帶著兒子去見一個聖潔的人，她兒子有〔在正餐間〕吃零食的壞習慣，這人便對母親說：「一個禮拜後再帶他來一趟。」因爲這人發覺他自己也有這樣的壞習慣，除非他自己先改正過來，他是沒有辦法以潔淨、眞誠的心和她兒子談這件事。原註33

◆

我們一定要了解自己有什麼過錯，然後改正。我爲什麼會變成這樣的呢？因爲我傲

慢。原註34

妳們一定要知道自己是怎樣的人；妳要是對自己不眞誠，便無法糾正自己的錯誤。現在便是妳們糾正自己錯誤的時候。妳們要是眞的愛耶穌，就會樂於認識自己、糾正錯誤，否則錯誤就會一直跟著妳，無止無休。原註35

◆

別人糾正妳的時候妳發脾氣，一點意義也沒有。而妳要是不想要成聖，那妳加入修會團體便一點意義也沒有。我們一定要仔細注意自己的心情變化，一開始不對的時候就要好好克制。一旦發覺自己情緒容易不穩、激動，那就要注意、注意、再注意。女性比較容易這樣——畢竟我們是靠感情在過活的，但是修道人就不應該這樣子了。像我今天表現得很熱切，但不要以爲我〔明天也會這樣熱切〕；我不等於我的感情；我在天主面前的樣子才是我。所以，姊妹們我求妳們一開始就要注意自己的情況。現在對自己兇一點，總比往後遇上大麻煩要好。像我的心情容易低落——這沒什麼不對，但我絕對不可以任由這樣的傾向做我的主宰。原註36

絕對不要公開糾正別人

我們必須糾正別人的時候，口氣一定要溫和。絕對不要公開糾正別人的錯。要糾正別

的姊妹之前，一定要先跟耶穌說，然後問自己：「我要是犯了同樣的錯，嬤嬤會怎樣糾正我？」原註37

◆

糾正別人不是要妳大喊大叫，口不擇言。糾正是愛的表示，妳糾正別的姊妹是因爲妳關愛她。原註38

◆

糾正別的姊妹時，絕對不要口出惡言。傷人的惡言不知傷了多少人的心……我不懂妳爲什麼一定要這樣，我可從沒這樣子對妳。我們會裡沒一個人，從一開始到現在，沒一個人會說我曾經拿話語刺傷過妳們任何一個人；說不定有的時候妳們會覺得聽從指導不太容易，覺得嬤嬤對妳們太嚴格了。但這不是我的關係：這是妳們因爲不願意聽從指導而給自己找來的麻煩。原註39

沉默沒有什麼好糾正的

我們要是維持沉默，就沒有什麼好糾正的；我們要是開口講話，我們要是頂嘴，那就會犯錯。原註40

很多事情我心裡自有定見，只是不說出來。我先等等看，而且也一直很感謝天主給我這樣的機會，因爲沉默沒有什麼好糾正的。聖母瑪利亞是可以跟若瑟說她肚中的胎兒是神之子。那個還沒出生的小男孩（聖若翰洗者）知道耶穌已經來到人間。譯註55若瑟站在那裡，什麼也不知道。（《路加福音》第一章第三十九至四十一節。）瑪利亞卻知道若瑟恐怕會離開她。譯註56所以我們應該立下這美好的決心。好好控制自己的口舌，不要髒了自己的嘴。我會全心全意去愛耶穌，所以我就要像耶穌一樣愛護我的姊妹、愛護貧苦的人。我的口舌一定要乾淨；明天耶穌會降臨在我的口舌當中。原註41

◆

我記得我母親。大家都說她十分聖潔。有一天我們三個（孩子）在說老師的壞話。那時候是晚上。（我母親）上樓來關掉主開關。她說：「我是寡婦……我沒有錢花在電費上面就讓你們講人壞話。」結果那一晚我們必須摸黑做事——上樓，下樓，洗漱，上床。

我姊姊是裁縫師，我們牆上有一塊板子：「在我們家裡沒有誰可以講別人壞話。」一天有個很有錢的太太來家裡跟我姊姊訂做衣服，期間她就講了某人的壞話。我母親便對那太太說：「看見板子上的字沒有？」（那太太）站起來就走。我母親說：「我寧可在街上要飯，也不願意在家裡聽到這種損人的話。」姊妹們，妳們有這樣的勇氣嗎？原註42

保持忠信

我們修女們的修道生活出現了許多干擾，全都起自誤導和狂熱。與耶穌合一、與耶穌的教會合一這件事就這樣跟著少了點什麼，以致變得把爲所欲爲以及自由選擇生活型態看得更重。我們修女當中也有人和許多女性平信徒一樣，什麼事情都要講男女平等，連司鐸職也要去爭，以致與耶穌和祂的教會合一的平靜和喜樂，就這樣被帶走了。各位要是願意協助我們去愛、去順從、去忠於教會跟基督的代表（Vicar of Christ；教宗），而回歸到完全獻身的生活，過著眞正的被釘耶穌淨配的生活，這樣我會多感激。原註43

德蘭修女的身教：見證

耶穌要你成爲聖人

她講話的對象要是個罪孽深重的人，她絕對不會說：「你是罪人。」她說的反而是：「耶穌要你成爲聖人，」而這樣、那樣的事是錯的，不可以去做。她會想辦法教那人理解天主召叫他們去做的是怎樣的人。她不做評判。她要人人都去想一想自己在天主那邊有多特別。這便是她打動人心的做法。不是「你要悔改，這樣天主才會接納你，才會愛你，」而是「即使你有罪，天主還是會接納你、愛你，只是天主太愛你，祂不想任由你這個樣子下去。」她從耶穌那邊學到教人覺得自己有人愛，會〔激勵〕他們以愛做出回應。原註44

她讓我們知道她很失望

有一次我們對避靜院的會長嬤嬤失禮，她找上嬤嬤抱怨，嬤嬤就讓我們知道我們的行爲教她很失望，很傷心。她沒罵我們，但在用餐的時候繞過食堂一人在外面唸玫瑰經，沒跟我們一起進食堂用膳。我們都很難過，便去找避靜院嬤嬤請她原諒。這一次的事情教我們明瞭〔嬤嬤〕對權威的敬愛和尊重。她就是有這樣的關懷，有慈悲的愛，容易接觸，容易親近。「嬤嬤」一詞不僅掛在我們嘴邊，也在我們心裡。我們再「叛逆」，她都管得動我們。原註45

我的孩子啊，我可沒想到妳會這樣

嬤嬤把我們每個人的性情、需求都摸得很清楚，而做到了因材施教。我們要是想說什麼不好聽的話，她會伸手捂住我們的嘴，不讓我們說。有的時候我們也會鬧脾氣，跟嬤嬤說些不太好的話，嬤嬤也不以爲忤，只跟我們說：「我的孩子啊，我可沒想到妳會這樣。這樣對我也好，謝謝妳了。」她會禱告，等我們冷靜下來，自己去找她道歉。要是到了傍晚都沒去找她，她就會叫我們過去，讓我們和她修好。之後，這件事她就絕對不再提起。有的時候嬤嬤對我也會十分嚴格，我一倔強起來，她也不會輕饒過我。但她都是帶著愛在做的，是爲了我好。糾正我之後，她會注意找機會叫我過去送我一點東西，免得我難過。原註46

像夏娃吃過禁果

那時候是雨季，我們都必須帶傘。電車車廂裡面人擠人的，我卻要拿著一把大雨傘，我不太願意，那可是最大的一款男用雨傘……我們趕著出去，還沒走出閘門，一看，嬤嬤就站在那裡。她問我怎麼沒帶雨傘，我回答說壞了……嬤嬤要我上樓到她房間拿一把雨傘，要我帶那雨傘出門。我上樓看到那是一把全新的傘……和我那一把一樣大。我沒辦法拒絕，就帶著那一把傘到主日學去了……我不知道我怎麼會想要坐雙層巴士回去的……我覺得坐雙層巴士很新奇……我爬上巴士上層，挑了窗邊的座位坐下，開始欣賞風景。

我們的巴士剛開過〔加爾各答〕豪拉大橋，我就忽然想到：我們要是在母院前面下車，嬤嬤或是其他姊妹就會看到我們了。這一想我心裡就害怕了起來。所以我們打算在席爾達火車站附近先下車，從那裡再走一段路回母院去……亞當和夏娃偷吃禁果，害怕天主，我們兩個這時也一樣……我們要下車時，已經沒在下雨了，我就忘了把雨傘帶下車去。我全身發冷。幸好我們到達時集體用餐的時間已經過去……我良心不安，一直覺得應該去找嬤嬤講實話……沒有勇氣……嬤嬤叫我過去……她早就知道我心裡害怕，因為我到了她那裡時，那一把傘已經回到她手上了。我不知道是誰又是在什麼時候送回來給她的。……總之，嬤嬤要我跪下，問我詳情。起初我接連用謊言掩飾……我跟她說我把雨傘忘在電車上。嬤嬤問我是哪一路的電車，因為她知道我們沒有坐電車。她要我說實話……我是在嬤嬤逼到最後才把實話說出來的。她一搞清楚怎麼回事以後，就要我把自己犯的錯一條條講出來……她沒再多說什麼，我只記得嬤嬤說：「絕對不要再犯。」你看，嬤嬤對我就是有這樣的憐惜和愛。有耐心又慈祥。原註47

◆

嬤嬤不會直接罵我做錯了什麼，而是叫我過去，慈祥地跟我說：「妳一直很乖，這一

次妳是怎麼了？」之後她會用雙手為我祝福。嬤嬤晚年都是這樣子在糾正我的。原註48

我們只能用我們的愛去改變他們

我們院內的孤兒有幾位很皮，有一天他們就被我罰中午餓肚子。我在桌邊對他們說午餐沒他們的份。我吃到一半，嬤嬤卻要我停下來去幫他們拿午餐。她說：「我們只能用我們的愛去改變他們，而不是處罰。」原註49

她用很大的耐心在做糾正

在斯庫台那時候，嬤嬤會親自餵那裡的孩子吃東西；由於那些孩子有抽搐痙攣的症狀，有嚴重的殘障，所以每餵一匙都會把臉弄得很髒。嬤嬤從來不會看那些孩子的臉髒了也不管，每餵一匙都會為他們擦一擦嘴。她用很大的耐心去糾正那裡的望會生（aspirant），教她們怎樣為那些孩子擦嘴。她做這些事情的時候洋溢的愛，比她做的糾正讓我們學到更多。我特別記得有個孩子身體的殘障十分嚴重，而且充滿恐懼，動輒尖叫，連有人靠近他，他也尖叫。嬤嬤就特別關心他，先從牽他的手開始，諸如此類的，過了幾天，他變成一見嬤嬤就露出笑容。之後嬤嬤就把我們叫到他的床邊，向他「介紹」她這一個個朋友，讓他也能跟著接納我們。原註50

我們不會這樣子對待耶穌的

我剛進修會還很年輕的時候，被派到痲瘋病院去服事。一天有一對行動不便的老夫婦在醫院裡有了一點麻煩，便找到母院那裡去了。他們要見嬤嬤。那時嬤嬤正好不方便見他們，他們就每天都跑到母院來，教院裡的修女相當頭痛。一天院裡的修女打電話找我說：「你們那裡有兩個病人坐在我們這裡，鬧得我們院裡上下全不得安寧，你們怎麼不處理呢？」我一聽就生氣了，拔腿就跑。我跑到母院前面的時候看到這一對夫婦：男的戴著義肢，嚴重畸形，非常虛弱。但我還是氣得一把揪起他，塞進救護車。過了一會兒，我就看到嬤嬤下樓來了。她說：「修士啊，你發過第四願的，我們的第四願是什麼呢？全心全意不計代價服事貧苦中最貧苦的人。你發過這第四願嗎？」「發過，嬤嬤，我是發過第四願。」「那你現在是在做什麼？」她說的口氣十分客氣，也不囉唆，教我覺得像是慈母在糾正孩子的過錯。嬤嬤又說：「我們不會這樣子對待耶穌的，貧苦人便是耶穌。他是受苦的耶穌。這個可憐人表現在我們面前的，就是我們在路上遇到的十字架上的耶穌。我們不應該跑掉的。」嬤嬤那天那樣子糾正我，就此扭轉了我這人的後半生。直到今天我都還記得……十分珍惜。原註51

震撼治療

我以備修生（postulant）的身份第一次參加痲瘋病患的服事工作時，很怕自己也會傳染到這樣的病。過了一禮拜，我去找嬤嬤，告訴她我在小手臂上看到一塊斑。嬤嬤相信我，便要 S 醫生來替我檢查一下。醫生卻說什麼也沒有，連一個小點也沒有。嬤嬤叫我過去說：「我要幫妳換地方工作，我覺得妳沒資格服事痲瘋病人。」這對我像是震撼治療。從那天起，我便開始禱告，祈求我可以克服心裡的恐懼，後來只要有機會，我都會回去服事

他們。原註52

仁愛的眞諦

在印度總理為了降低生育率而引進成人絕育措施，那時〔嬤嬤〕馬上致函〔該總理〕，明確表明：「你難道不怕你死的時候必須爲這可怕的罪行負責？」她還同意將信發交給報社，供他們在報紙上引述，因爲她認爲這問題十分嚴重，不這樣子不行。她一步也不退讓。她講的是仁愛的眞諦。原註53

講的是眞理

一九七九年，德蘭修女領取諾貝爾和平獎。……她在返回印度途中路過羅馬，便到我們的神學院來對我們演講……好像是和平獎頒獎儀式後一天，有神父到嬤嬤留宿的女修院去參加彌撒，那時仁愛傳教修女會在挪威還沒有分會。彌撒過後，那位神父跟嬤嬤說，前一天他聽了嬤嬤領獎致辭的廣播，對致辭的內容相當不滿。那是嬤嬤頭一次公開發言反對墮胎，而且措辭十分嚴厲，直指墮胎不下於殺人，而年輕女子怎麼可以這樣子殺人？那神父說嬤嬤那樣的說法只會把年輕女性推得更遠。嬤嬤對我們說：「那時我只是看著神父，說：『神父啊，耶穌說「我是眞理」（《若望福音》第十四章第六節）譯註57，你和我就是要講眞理啊。至於聽的人是不是接受，就看他們的了。』」嬤嬤認爲應該堅持最原本的福音訊息，而她對靈魂的愛那麼深，她不會任由人世的考量來左右的。原註54

你們要回頭去找你們最初的愛

一名樞機……帶了一群神學家過來。他跟嬤嬤說：「我想請妳跟他們說一說妳的心裡話。」嬤嬤便向他們說：「我們讀福音書，讀到耶穌駁斥當時宗教領袖說的話，你們敢不敢老實說你們現在站的立場不會招致這樣子的駁斥？」她又接著說：「你們要回頭去找你們最初的愛。」原註55

我寧可看好的

一天〔X小姐〕開始抱怨政府施政有多腐敗。什麼事情都要送錢擺平才做得成，其實她是想要嬤嬤出面代某人處理一下事情，那人因爲拿不出一大筆錢而要不到政府簽發的許可證。〔她〕說：「嬤嬤，妳能幫忙一下嗎？〔市政府〕眞是腐敗。不拿錢送人就什麼都拿不到。」嬤嬤馬上回答：「妳應該知道我們的人都是很美好的。」接著她開始跟我們說過耶誕節時他們送來多少禮物。那女子便說：「沒錯，嬤嬤，那是很好，可是我們也不要逃避現實，廣大的民衆大多是沒有錢的。」嬤嬤又再一次掀開一絲希望：「妳知道〔他們〕有一項美好的習俗。他們會特地抓一把米留下來給窮人家。」嬤嬤便講了一戶人家分米的事情。這女子連番受挫，忍不住大喊：「嬤嬤妳醒一醒好不好！〔市政府〕都腐敗到底了。」我們全都鴉雀無聲。聽這女子這樣子說，大家都很尷尬。這時，嬤嬤一樣十分平靜，直視那人說：「腐敗的事情我很清楚……可是，我知道他們也有好的！我寧可看好的。」原註56

良善那麼多

有一次我跟嬤嬤說，「嬤嬤，這世界的邪惡眞多。」嬤嬤頓了一下，直直看向我來，說：「修女啊，這世界的良善眞是多啊。」原註57

她兩手交握祈求他們

一九九二年，加爾各答爆發印度教徒、穆斯林兩方衝突的暴動，嬤嬤和修女裡的姊妹帶著即將交人收養的孩子由救護車送到機場。途中，一行人遇上了穆斯林和印度教徒公開械鬥的混亂。嬤嬤走下救護車，冒著械鬥的危險伸出雙手求他們住手。嬤嬤兩手交握祈求他們不要再打了，提醒他們大家都是兄弟姊妹。原註58

她輕聲指正他

我還是初學生的時候，一天有個〔貧苦的〕少年，大約十四歲，走進院母，爬上牆頭，敲壞〔倉庫的〕鎖，拿了幾箱肥皂、盤子什麼的。那時是一大清早我們做晨禱的時候。他拿著到手的東西要等女門房開了門好溜出去。那修女〔門房〕大喊：「小偷！小偷！」我們都衝過去。那男孩子怕得躲進一間浴室。我們跟嬤嬤說了，也高高興興等在一旁要看這小偷怎麼受罰。結果教我們大吃一驚，嬤嬤竟然牽起那男孩的手，帶著深切的悲憫將男孩牽到大門口旁，親自爲他打開大門，輕聲指正他：「不要再犯了，」便讓他離開，好像什麼事也沒有。原註59

這樣的事你我都有可能會做

收容中心有兩名男子被附近的居民從窗口看到他們在自慰。那些看到的人想當然會光火……結果，你看看，就在這時候，嬤嬤正好到我們這裡來了。〔同工會〕有人便問嬤嬤：「這種事我們該怎麼辦？」嬤嬤說：「你們當然知道這樣的事是非常、非常、非常不好的，他們一定要去辦告解。」老實講，那候我心裡其實在等著聽嬤嬤開口說要把他們扔出去，不應該是這樣嗎？但她卻說：「這樣的事是非常、非常、非常不好的，他們一定要去辦告解，可是，說不定明天這樣的事你我都有可能會做。」我不知道別人怎麼想，但這對我像是一顆大鐵球撞上了我的後腦勺，當頭棒喝一樣，教我到死都忘不了……我是說嬤嬤這一句話一直在我心裡盤桓不去，一直到嬤嬤過世之後，我不僅由這句話看出她有多聖潔，而且直到不久之前，才恍然領悟到當時她那棒喝的意思，她眞的是這麼想的。原註60

絕對不要質疑天主的慈悲

有一次我到加爾各答去避靜。當時我對我犯的一件罪過十分擔憂。所以我去找嬤嬤。我把我犯的錯，尤其是教我十分煩惱的那件罪過，都寫下來交給嬤嬤去看。她讀過一遍，然後把紙張撕成碎片，對我說：「我把這些全都交給耶穌的聖心，妳自己永遠、永遠不要質疑天主的慈悲。只要妳對犯過的罪辦了告解，妳就要記著，天主寬恕了妳，也忘了所有的事。」接著嬤嬤對我說明天主的愛、寬恕和慈悲有多偉大。之後，她拿了一張聖母無玷聖心的聖相，在聖相上寫下「當我母親」，還有「願天主保佑妳，嬤嬤」，在相片背面她寫下「我不准妳沉溺在過去的事，堅信我們的聖母」，再把聖相交給我。而我犯過那樣的罪過，就這樣不僅沒有拉著我遠離天主，還教會我懂得謙卑，把我拉得離天主更近，加強我對耶穌慈悲聖心的虔誠敬拜。這都要謝謝嬷嬷。原註61

默想

「要讓基督的話充分地存在你們內，以各種智慧彼此教導規勸，以聖詠、詩詞和屬神的歌曲在你們心內，懷著感恩之情，歌頌天主。」（《哥羅森書》第三章第十六節）

「我們都是貧苦的人，因爲我們都是罪人。」原註62

「我們不會沒有罪，但我們一定要成爲沒有罪的罪人。」原註63

我是否承認自己是犯了很多罪過的罪人？我是不是願意承認自己做的錯事和罪過，接受別人對我的指正？有人指出我的錯誤，我是不是會老羞成怒，變本加厲？別人指出我的錯誤時，我應該怎樣做出大方得體的回應？

遇到必須維護眞實、良善的事，我是否會選擇阻力較少的路去迴避，而不願挺身而出呢？我是不是因爲害怕別人指指點點，而沒有勇氣去說或是做出對的事呢？

我是否懂得善加利用慈悲聖事、修和聖事？

我可以用什麼方式去提醒別人他們做的事情不對？或者是鼓勵他們去把事情做得更

好？我是否能夠以身作則去彰顯眞實和良善？

祈禱文

痛悔經

我的天主，我的慈父，我全心愛祢在萬有之上，我犯罪得罪了祢，很覺慚愧，也眞心痛悔。因爲我辜負了祢的慈愛，妄用了祢的恩寵。我今定志，靠著祢恩寵的助佑，寧死再不得罪祢，並會聽從承行祢對我的所有意願。

阿們。

【第十一章】

忍耐磨難

每天死於自己

傳教士一定要每天死於自己，才能將世人的靈魂帶給天主。她一定要準備好去和祂一樣為眾人的靈魂付出相同的代價，和祂走一樣的路去尋找眾人的靈魂。

——德蘭修女

忍耐、平靜、沉著，是德蘭修女身邊的人在她身上都會發覺的性格特質。由她性格的平和，可知她是個平衡、克己的人，看事情能掌握大局，懂得人生在世必有試煉。她過人的沉著心性，在別人對她不公不義的時候，表現得格外突出。即使橫遭他人冤枉、輕視、誤會，她也耐心以對；她知道這些都是可憐、軟弱、有罪的人所做的事，就像她一樣。所以，她向來以寬容大度甚至仁慈體諒來面對這些。

仁愛傳教修女會於成立之初，德蘭修女在一次神視中，看到十字架上的基督為了愛她、愛世人，而忍耐扛起了世間會有的一切不公。也因此她才會那麼熱切要效法祂，向祂證明她的愛。「假如我是十字架上的耶穌的淨配，那我一定要有匹配得上祂之處——我一定也要有和祂一樣的地方，證明我屬於祂。」因此力行堅忍寬恕便讓她有機會去消解耶穌對愛的渴求。在這同時她便也將自己和貧苦人中最貧苦的人連結起來，而他們在人世每天都在承受種種不公和不義。身受不公不義的時候，當事人要逆來順受、堅忍不拔，可能會有百般掙扎，這也是人情之常。有些狀況一般人的第一反應大概都是能避則避，而且這樣的反應說不定還是對的。然而，世間總是有一些狀況是避也避不了的，這時，不論有心還是無意，我們都必然要正視自己承受的不公遭遇。德蘭修女從來不奢望別人給她特殊待遇，也不要求別人對她特別禮遇，然而，她在遇到比別人還要糟糕的待遇時，卻有辦法寬宏以對。有的時候，重點在於甘心承受別人的偏狹、自私、粗心，但她承受別人的行為之際卻不讓別人察覺到她受到了虧待。

追根究柢，她是認為這樣的試煉或委屈都是經天主容許的，雖然她未必了解天主這樣做的緣由，但她知道天主一定會教這樣的事情有益處，就像聖保祿在《羅馬書》第八章第二十八節認定的那樣（「天主使一切協助那些愛他的人獲得益處」）。因而她在面對試煉的磨難時，都樂意去接受，而將試煉和磨難連接到十字架上的基督，將試煉和磨難做爲洗淨自己、衆人靈魂得以拯救、成聖的奉獻。

但要是反過來，是她冤枉了別人，那她一定搶先去向對方道歉。她甚至做得更進一步，即使不是她冤枉人家，她還是會搶先去和對方和解修好。

德蘭修女的言教

以前在家的時候

我記得我母親和我父親兩人意見是會有不一樣的時候，但是事後我母親還是會看看鐘，她知道我父親回家的時間，然後上樓去打扮，天天如此。我們以前會跟她惡作劇。眞美好啊那時候。他們是會有失和的時候，但他們一定會和好，就像根本沒出過事一樣，每天都這樣。妳們看，這便是我們要從父母那裡學到的一點，他們對彼此的關懷。原註1

共有同樣的熱情分擔磨難

這是很自然的事，畢竟我們都是人，而天主有的時候一定也有這樣的感覺，甚至會流淚痛哭，而且祂覺得非常孤單……當祂快要死去的時候，祂說：「你爲什麼捨棄了我？」

（《馬爾谷福音》第十五章第三十四節）。譯註58 耶穌最大的痛苦便是孤單。耶穌在革責馬尼莊園遭眾人離棄譯註59，我覺得基督在革責馬尼承受的痛苦，在他遠比被釘上十字架要更難接受許多許多，因爲基督的心因爲見棄、因爲孤單、因爲沒人要、沒人愛、沒人關懷——被眾人扔在那裡孤單一人——也被釘上了十字架。而我覺得，我們要是眞的屬於耶穌，那就一定要體會那樣的孤單；我們一定也要有那樣的經驗，甚至有時候是不被祂要的那種感覺。祂一定可以自由選擇。而祂要是做那樣的選擇，也好……所以我們一定要跟耶穌說，「好啊。」假如祂要我們去經歷革責馬尼莊園的痛苦，那就會再重現一次，假如我們眞的屬於耶穌，那麼我們就一定要去體驗基督承受的磨難。我們一定要去體會。有的時候時間會很長，有的時候很短，都不一定——看情況。祂是主人，由祂選擇。祂可以在受難的時候來到我們面前，祂可以在復活的時候來到我們面前，祂可以用小孩子的模樣來，以傳教士的模樣來，祂要以什麼模樣來都可以。原註2

◆

人是很難相處的，可是耶穌說若有人掌擊你的右頰，你把另一面也轉給他（《瑪竇福音》第五章第三十九節）譯註60。有的時候別人是會傷害我們。但要快樂，分擔基督的磨難。把重點放在這裡，仰望看向祂。我們要是謙卑如瑪利亞、神聖如耶穌，別人就會在我們身上看到耶穌，我們也會在他們身上看到耶穌。原註3

◆

耶穌為什麼會被人羞辱而且釘上十字架？都是為了我們。那是很可怕的羞辱，釘十字架這件事是很難平心靜氣去接受的——祂流的汗如同血珠。譯註61我們的生活一樣必須面對許多狀況——非常痛苦的狀況。耶穌從來就不會說：「喔，可是……」祂不討價還價的。那對耶穌是很可怕的羞辱，而我們卻說我們是十字架上的耶穌的淨配。那就要好好省察妳自己：妳是怎麼去接受〔羞辱〕的呢？妳在寬仁的愛裡是否有所成長？原註4

◆

後來我們就看到祂在十字架上了。他們要祂下來的時候，祂大可以下來的。這是祂輕易就做得到的事。他們會害怕然後走開的。祂在革責馬尼莊園就可以這樣子做了。但是，為了對你我的愛，祂留在十字架上。所以，面對十字架或者是羞辱，我們也要盡力不去逃避，而是抓住這樣的機會去像祂一樣，去將祂受過的磨難在我們身上重新活過一遍。愛的使者便是背負十字架者。假如我要當個眞正的仁愛傳教士，我就一定要眞正的背負十字架。扛起十字架是有跌倒的可能。拜苦路善工是很美麗的祈禱，會看見聖母在途中與耶穌相見，或是跌倒時請西滿幫你抬起〔十字架〕。有那麼多人都往髑髏地那裡去——聖母，西滿，韋羅尼加，好幾位婦人。譯註62我們在團體裡是否能像韋羅尼加那樣去對待別的姊妹呢？我們是不是能像西滿那樣去對待長上呢？我們是不是能像慈母一樣去對待貧苦人們，一如瑪利亞在〔苦路的〕第四處那樣對耶穌呢？妳們要祈求耶穌讓妳們的愛更加深厚。原註5

記住我們傷害天主的事

看到〔聖經記載〕眾人是怎麼傷害耶穌的，我們都會驚訝：打他耳光，吐他口水。一般人往水溝扔的東西都往耶穌身上丟。而耶穌呢——不發一言。我們每說一次惡言，每做一次苛責，一概是應在耶穌身上——「都是爲我做的」。惡形惡狀……扔石頭，吐口水——韋羅尼加就是在這時候挺身而出，替耶穌擦臉。朝我們的天主吐口水——「都是爲我做的。」——什麼時候？就在現在。我們覺得那是別人做的，我們不必負責；但我們現在做的正是那時他們對祂做的事。今天我便要妳們到聖體面前去，以備修生、望會生的身份，〔回想省察從前〕在自己的家庭——直接面對耶穌。不論妳們怎麼對待別的姊妹，怎麼對待那些貧苦的人，「我都是在對祂吐口水。」把這樣的事當做是妳做的，妳就會發覺自己的態度整個都變了。就在今天早上，我便和耶穌在一起。我沒說愛的話語，我給的反而是爛泥巴；罪過就是爛泥巴，是邪惡的。耶穌給我們的是愛的話語。假如妳們想要知道自己的心是不是正的，〔省察〕妳的話語；我的手能有行動，我的腳能有行動，我的舌頭透過話語也能有行動。原註6

◆

今天就看看妳們有沒有辦法直視十字架說：「爲了我犯的罪」，「我會起身到我父親那裡去。」……我們可別忘了自己做過那些傷害天主的事。今天爲什麼是我們——而不是〔別的姊妹〕——在這裡？說不定別人只做了一次〔錯事〕，所以不在這裡。這便是天主的奧祕。便是因爲這緣故，我們現在才要唸玫瑰經，爲我們每人，爲我們這修會內的每一

個人犯下的罪做補贖。我們應該要打開眼睛去看自己在生活當中犯下的罪，來祈求聖母當我們喜樂的緣由。譯註63 原註7

◆

說不定是以前〔有人〕說過什麼話傷了我的心，那一次的傷害絆住了我，教我不再擁有純淨的心，教我看不到耶穌。我甚至連禱告也做不到了，因爲唯有心靈安靜無聲，天主才會講話。我要是沒辦法自在對天主講話，我就〔一定〕要省察自己的心是否純潔。我並不想要不純潔，但是有事情絆住了我〔教我看不到、聽不到〕。我滿懷熱誠地對天主說話，天主便會傾聽。假如我們眞心要禱告，眞心要去服事貧苦人，那就要有純淨的心才行。原註8

妳們就會有辦法面對任何委屈

我要妳們用一點時間與耶穌獨處。所謂與耶穌獨處，到底是什麼意思呢？這意思不是要妳們一人孤單坐在那裡沉思。不是，而是即使正忙著工作、忙著處理人的事情，妳也要知道祂就與妳同在。這意思是妳們要知道祂就在妳身邊，祂愛妳，妳對祂十分寶貴，祂與妳是相愛的。祂召叫了妳，所以妳屬於祂。假如妳們知道這一點，妳們不論人在何處，不論由哪位長上帶領，妳們都會好好的，不管怎樣的挫折、羞辱、痛苦，妳們都可以面對，只要妳們了解耶穌祂對妳這人的愛，還有妳對祂的愛。沒有事情、沒有人〔能使我們與基督的愛隔絕〕！〔《羅馬書》第八章第三十九節〕要不然，妳們就會被芝麻蒜皮的小事佔去心神，而漸漸變成消沉的修女。原註9

要準備好去付出祂爲眾人付出的代價

耶穌說：「我實實在在告訴你們：一粒麥子如果不落在地裡死了，仍只是一粒；如果死了，纔結出許多子粒來。」《若望福音》第十二章第二十四節」譯註64傳教士一定要每天死於自己，才能將世人的靈魂帶給天主。她一定要準備好去和祂一樣爲眾人的靈魂付出相同的代價，和祂走一樣的路去尋找眾人的靈魂。原註10

◆

很小的誤會——反覆出現——竟然就造成這麼多的痛苦。以耶穌之名，爲了耶穌的愛，接受祂給我們的這小小恩賜吧。抬頭看那小小的傷害，但只看到耶穌給的恩賜。祂……坦然接受那麼多磨難和羞辱，就因爲祂愛妳。妳難道不能因爲愛祂而接受那小小的糾正或是傷害嗎？原註11

◆

妳寫「我的聖召」；沒錯，妳的還有妳先生的聖召是要你承成主旨。把妳的眼睛給祂，讓祂看得到；把妳的舌頭給祂，讓祂可以講話；把妳的心給祂，讓祂可以去愛；把妳整個人給祂，讓世人抬頭仰望只看見耶穌。妳，由於妳一切都奉獻給耶穌，所以現在給與我的協助比以前講的話語加起來都要多得多。主教打散妳的同工會以致妳必須做出犧牲——還有因此而來的結果，聖座〔教廷〕把那麼大的禮送給了妳的仁愛傳教會，是〈褒揚諭

令〉*呢。這是妳要付出代價才能得到的。原註12

◆

妳們都是十字架上耶穌的淨配。不論妳們人在哪裡，都要有那樣的喜樂、那樣的平安。不論妳們接到怎樣的工作，都要帶著喜樂去做。心、靈魂、心智一概只奉獻給耶穌。妳們要是一切全部奉獻給耶穌，妳們就沒有什麼好怕的。再大的痛苦、再大的羞辱，都是給與妳們的最大恩賜。原註13

◆

純淨的心看得到天主。「我餓了，你們給了我吃的，我赤身露體，你們給了我穿的。」究竟「就是對我做的」是什麼意思呢？妳們的心是不是純淨到〔能〕看得到耶穌就在妳們的姊妹身上呢？甚至傷害妳的也在包括內呢？永遠、永遠都不要口出惡言。原註14

抓住機會

妳們的長上糾正妳們、責備妳們時，要是妳們沒有犯錯，那就一人獨處一分鐘〔省察自己〕。妳要是眞的有錯，就去道歉。要是沒錯，就抓住這樣的機會，將這件事做爲奉獻，奉獻給妳的團體，給孃孃，給妳的意向譯註65……抓住這樣的機會，因爲這樣的羞辱會教妳成爲美好的修女。我可以花一整天的時間跟妳們講謙卑，但妳們沒法因而有一點進步。不過，要是樂意接受羞辱，妳們就會是謙卑的修女。而羞辱這樣的事，我們每一個人都會遇

上的——我們一生中不會缺少羞辱的。原註15

◆

〔妳〕被人指責或是糾正的時候，妳的反應是怎樣的呢？好好省察一下自己。假如妳的反應是抱怨，那麼妳就沒有以信德看事情。被人糾正的時候，仔細觀察自己的心思、自己的話語、自己的行爲。原註16

◆

假如我是眞的謙卑，我就會回答：「沒錯，謝謝你。」傲慢是很放肆的，而且一路摧毀所有可愛、美好的東西。因爲被人糾正，惱羞成怒而說出來的話——像是「喔，她就是偏心嘛」——會傳出去，等這樣的話在外面走了一圈再回到妳這裡時，就已經全變了樣。就像亞當和夏娃犯的罪。他們說不定只咬了一口蘋果，但是咬這一口卻牽連到人類全體直到世界末日。假如我們眞的謙卑，我們就會相似基督，我們會做祂看了高興的事。這時我們就是走在眞正成聖的路上了。除非我們已經走在成聖的路上，否則這世上是沒有什麼能教我們怎樣成聖的。除非我們已經學會坦然接受羞辱，否則這世上就沒有什麼是有價值的，爲貧苦人做再多的服事也一樣。原註17

* 一九六五年二月一日由教宗發佈表揚，且令仁愛傳教修女會直屬教宗管轄。

因爲妳做的事情而挨罵比較好呢，還是因爲妳沒做的事情而挨罵比較好？妳要是弄懂了這件事，妳要是學會天主給妳什麼妳都接受，天主要拿走什麼妳也一定給與，而且臉上帶著大大的笑容，那才是懂了謙卑。我教妳們唸的祈禱文應該會有些幫助：「與世上所有奉獻給祢的彌撒結合在一起我奉獻我的心。求祢教我的心順服、謙卑一如祢的聖心。」原註18

◆

即使妳的長上有時未必了解妳，或是說話傷了妳的心，這都是小小的傷害，不應該擋在妳和耶穌之間。這樣的羞辱還會把妳拉得更加接近耶穌。遇到這樣的羞辱，絕對不要回嘴。痛苦妳就讓它來，羞辱和孤單也一樣讓它來，因爲妳是要當十字架上耶穌的淨配的。妳得到的不是花圈，不會是冠冕，妳得到的是十字架。「妳是我的淨配，與我共有這些。」原註19

◆

妳們要是決心成聖，每一次〔遇到羞辱〕就要當做是大好的機會，趕快抓住；不要讓羞辱沉到妳的心底——而要〔讓它〕直直穿過，從這一隻耳朵進去再從另一隻耳朵出去。這些小小的羞辱都是天主的恩賜。原註20

每個人在一生當中，過的日子不斷都會有這些美好的恩賜——都是一次又一次的機會，讓我們可以在這些小小的事情上面，這些小小的羞辱上面，展現我們對耶穌的愛。我們要是謙卑，我們的心要是純潔，那麼我們在禱告時便看得到天主的面容，也因此能在彼此身上看到天主。修女們，這是一個完整的圓。一件件事一概都是相互連接起來的。我們禱告的果實便是對耶穌的愛——由我們帶著喜樂去接受羞辱來做爲證明。原註21

◆

抱怨是很容易的事。但是絕對不要做。妳到這裡來是因爲妳愛耶穌。今天妳必須要用歡喜接受來證明妳的愛。今天妳被人狠狠糾正了一下，很傷感情。但是絕對不要回嘴。除非對方先問妳，要是她〔長上〕問妳：「是妳做的嗎？」妳可以回答是還是不是。但她要是沒問妳，要是她直接就怪到妳頭上，要是她甚至對妳大小聲，〔那就在心裡問自己〕，「眞的是這樣的嗎？」妳只要問這問題就好。妳的心要是純淨的，那就說：「對不起，我不會再犯。」若不是〔妳做的〕，那接受〔這樣的事〕也會教妳當個謙卑的修女。坦然接受。絕對、絕對——被人糾正之後——絕對不要壞了心情。壞心情是傲慢的果實、是報復：「妳眞傷人。但我又沒有辦法回頭去傷妳，所以我心情不好。」抓住這機會。這樣的羞辱正好可以教妳當個謙卑的修女。純淨的心會爲妳帶來喜樂。原註22

◆

要想快樂，就絕對不要讓憤恨近身。妳要是眞的將自己奉獻給天主，羞辱、挫折、成

功、悲傷、痛苦，就都會包含在那一聲「願意」裡面了。我們一旦忘記自己說的那一聲「願意」……憤恨就會來到心頭。原註23

◆

不要浪費時間。不要擔心她說什麼或是她會不會傷害妳，專注在服事眾人靈魂上面。去感覺妳自己有那麼多事情要去忙、要去禱告的。原註24

◆

別人稱讚妳的時候，要將榮耀歸於天主。別人鄙棄〔妳〕的時候，也不要讓這樣的事傷了妳。〔別人稱讚妳的時候，〕不要因此自負自滿。就讓它從一隻耳朵進、從另一隻耳朵出。絕對不要讓這樣的話進入妳的內心……大家說的話總是各不相同。原註25

◆

永遠都要搶先去道歉。從別人那裡聽來的閒話，絕對不要再從妳的嘴裡說出去。絕對不要傳別人的閒話。有人傷害了妳，絕對不要以牙還牙〔不要報復〕。我們生命的喜樂就在這裡〔寬恕〕。教妳傷心的姊妹，對妳不太好的姊妹，都是貧苦中最貧苦的人。妳要是吝於對她微笑，吝於原諒她，那妳就是在把耶穌從身邊推開。原註26

◆

處境困難的時候——〔也就是〕順服的時候，絕對不要因此表裡不一，誇大事實，或是想一套、寫一套。寫東西的時候絕非必要的就不要去寫；妳傷心或是有別的姊妹惹妳生氣的時候，絕對不要寫東西。等妳覺得心情放寬的時候，那再來寫。妳要是犯錯，不要拒不承認或是遮掩，而要搶在別人指出來之前就先自己寫下來。妳得到的，都是耶穌要妳得到的。妳要是眞誠、聖潔、謙卑，妳應該得到的就都會得到，不多也不少。原註27

◆

記得納匝肋吧，那是祂的家鄉，祂對他們解說經書，他們卻要拿石頭投砸祂〔《路加福音》第四章第二十八至二十九節〕。爲了維護眞理，是要受苦的。妳勢必要說眞理，但不要忘記先禱告再說，「讓我爲了祢聖子的榮耀而說。」藉著聖母全爲耶穌。要承擔得起這些。他們說祂是騙子，是貝耳則步，祂從不回嘴，只有在他們打祂耳光的時候才說了一句：「你爲什麼打我？」〔《若望福音》第十八章第二十三節〕譯註66 當眾被人打耳光是很大的羞辱。但要坦然接受羞辱。沒有謙卑，妳就沒辦法像耶穌還有聖母一樣；坦然接受。原註28

耶穌，因爲愛祢

在加爾默羅聖母聖衣隱修院（Carmelite monastery）那裡，也就是小花所在的修道院，他們有個老修女看誰都不順眼、都不滿意，整天抱怨，弄得沒人願意照顧她。可是小花秉持她對耶穌的愛自願去照顧〔那位老修女〕。所以，每天老修女就開始唸她了，「唉呀，妳這麼慢、妳這麼快、妳會要了我的老命，」要不就是「妳在搞什麼鬼、妳連走路都不會是吧……」——聽來聽去都是她在抱怨。小花每一次都遵照老修女的吩咐去做，老修女要怎樣都依她的意思，因爲小花這一切都是爲了耶穌，她那被釘在十字架上的配偶。很笨吧，大概是吧；但是爲了天主，只要我們說：「耶穌啊，因爲愛祢，」那在天主眼裡便沒有什麼是笨的了。原註29

◆

但願這一陣子我能陪在你們身邊——單單在你們身邊就可以——我知道主教的做法對你們是多大的創傷。但對耶穌聖心所做成的可怕創傷又如何呢？祂先愛他的啊。我們都不好過，而這只在我們的感覺裡，可是我們天主的創傷就又深又痛了，因爲祂的創傷是由祂那麼愛的人造成的。我們一定要爲他禱告，祈求他回到耶穌身邊，我相信耶穌不會看不起一根折斷的蘆葦。譯註67不要讓痛苦和悲傷，再深也無關緊要，佔去你們的心神——，因爲基督現在就需要你們的愛。凡是不愛祂的，你們都可以代他們去愛祂。祂必定能從你們兩人這裡得到祂渴望的所有的愛。耶穌一定好愛你們的家。原註30

◆

可憐哪耶穌——受了那麼多的罪，可是十字架、納匝肋、伯利恆是祂最初的愛。祂原本富有，爲了愛我們而變得貧窮。不要讓任何事使你與基督的愛相隔離，即使是主教那樣的朋友——〔而要〕以更新的心思去想。緊緊依附基督。祂以同樣的愛先愛了你。我們不要去批判。沒有誰……不要被種種念頭和謠言打亂你們的心，把你們的眼睛牢牢定在基督那裡就好。昨天、今天、明天，祂都一樣：是恆久燃燒的愛，是絕不蹣跚的力量，是永遠洋溢的喜樂……帶著笑臉靠在耶穌身邊吧。原註31

◆

〔等了〕那麼久都沒有你們的消息，這時就聽到了大學那裡的壞消息。這正是給我們表達愛教會的機會。這時刻，教會比任何時候更需要我們。我們應該要寬宏大度，支持在苦難中的基督。我好像在這一團混亂當中聽到耶穌說：「難道你們也願走嗎？」譯註68祂是值得去愛的愛，值得去活的生命，值得燃燒的光，值得跟隨的道。記得彼拉多和蓋法嗎？但耶穌還是聽命於他們，因爲他們有「由上賜與的權柄」。譯註69那位好主教就有「由上賜與的權柄」，所以，我們大家都必須聽從——基督只透過他對我們說話——耶穌不會因爲蓋法這位大司祭那麼殘酷、做下那麼多錯事，而不再愛我們。在完全順服，愛的信靠，衷心的喜悅中，讓我們經由我們的主教而心繫慈母聖教會。譯註70 原註32

◆

我這姊妹身上可能沒〔像露宿街頭的人一樣〕長蟲，但是看看她那苛刻啊，她是眞的傷了我的心。所以我要還擊……假如那位姊妹對妳說那樣的話，那是很糟糕沒錯，但是爲什麼〔她會〕這樣呢？妳不知道。不要批判他人。身在團體當中，不批判他人，內心就會平和。原註33

與我們的貧苦人共同承擔痛苦

妳們看嘛，我們的貧苦民眾受那麼大的罪，而我們是唯一肯幫他們的人。將妳們的痛苦爲他們奉獻給耶穌。共同承擔祂的痛苦、羞辱、磨難。沒有誰經歷過的痛苦和羞辱，會多過耶穌。而且全都是爲了妳們。現在我們也有機會爲了愛祂而接受這一切。原註34

只要想一想瑪利亞有多愛耶穌就好了。她始終緊緊追隨在祂身邊：在眾人要拿石頭丟祂、罵祂是貝耳則步、百般羞辱祂的時候，在祂往髑髏地去的時候，在〔祂釘在〕十字架上的時候，在他們打祂、釘十字架、朝他吐口水、要祂死得像個罪犯的時候——瑪利亞始終不以祂爲恥，始終以祂是她唯一的愛，是她所擁有的和她全部的一切。她始終站在祂那邊。所以，我們的貧苦人在承受痛苦、羞辱的時候，我們是站在他們那邊的嗎？原註35

爲什麼是他們而不是你和我？

皮耶神父原註36來過潔心之家一次。我覺得他看得很心痛，因爲他一直說：「爲什麼是他們而不是我？」一遍又一遍。他回到法國之後，寫了一篇很美的文章，標題是「爲什麼是他們而不是你和我？」。我去探望貧苦人時，我會心痛，而妳們眞的是被釘（十字架的）耶穌的淨配，那妳們就應該也會心痛。這便是十字架上的耶穌再現，是髑髏地再現，所以我們才〔需要〕懺悔，因爲我們要一起承擔耶穌的磨難。原註37

德蘭修女的身教：見證

有人找嬤嬤麻煩或是調皮搗蛋的時候，嬤嬤反而更加注意去對那人展現更深厚的愛。

全都是爲了耶穌

在潔心之家，有許多垂死的病人是由加爾各答市政府的救護車送過來的，也有不少是仁愛修女會的修女親自從加爾各答街頭帶回來的。大部份時候這些病人已在死亡邊緣。一群人在報上寫說嬤嬤從這些病人身上抽血，就是因爲這樣……許多病人瀕臨死亡。我要嬤嬤出面抗議，但她不吭聲，很平靜，跟我說：「這些也都是出自天主的意願。終有一天這些人會知道他們的錯，會後悔的。」嬤嬤的話果眞應驗了。這些人有一個後來過得很痛苦。那時根本沒人要照顧他，唯獨普愛世人的嬤嬤始終陪在他身邊。她把愛給了他，那些人也終於懂了他們的嬤嬤。原註38

◆

「隨便那些人去批評我們好了，說什麼嬤嬤有那麼多錢卻不蓋醫院、療養院什麼的。」嬤嬤不跟這些人一般見識。她根本不太注意這些事情，她也不准我們盯著這些事情不放。她每次都會在嘴唇上面畫十字，說：「全都是爲了耶穌。」這便是她的嘴會說的話，「全都是爲了耶穌。」原註39

嬤嬤原諒這位病人，幫他做復健，還協助他的家人

加爾各答那裡有一個痲瘋病人在母院的大門對嬤嬤動粗……我們附近的鄰居家裡有個少年從窗口看到這一幕，便下樓來抓住〔那人〕，威脅他，〔那人〕馬上就跑了。而嬤嬤原諒這位病人，幫他做復健，還協助他的家人。原註40

良善待人的最好寫照

有個〔孤兒〕在母院動不動就惹麻煩，鬧個不停。他還只想要錢。嬤嬤不肯給，他就下樓跑到會客室把椅子全部弄壞。嬤嬤下樓去找他，什麼也沒做，只是靜靜看著他。他便住手，請嬤嬤原諒。但又有一次，他來的時候，全院的人都在午休。他又開始鬧事，還跑到初學修女的宿舍躲在廁所裡。有個修女決定報警，警察很快就來了，但拖了一下才走。午休結束的鈴聲一響，把我們全都叫醒，嬤嬤也跟我們一樣要到小聖堂去。她往樓下看，看到警察，就問出了什麼事。她一聽說是〔那孤兒〕，就很煩惱：「妳們為什麼不叫我，反而去叫警察？」她下樓去找警察，把他們帶到一旁對他們說：「他是我們院裡的孩子，是我的孩子，他不會再這樣了，放了他吧。」之後嬤嬤轉向〔那孩子〕，說：「是吧？」〔那孩子〕搖頭說：「對。」譯註71警察把那孤兒帶到院外，就放他走了。可是我們發願修女在喝過茶後卻被嬤嬤好好教導了一番，說我們帶的孩子、我們帶的人即使惹了麻煩，我們還是應該以和善、寬恕的態度去待對他們。

報上登了一篇很可惡的公開信抨擊嬤嬤

在印度一處城市，由於我們的修女開設了施藥站照顧貧民的需求，以致有醫生的病人開始流失，因而對我們那裡的修女十分生氣。他在盛怒之下寫了一封非常惡劣的投書登在報上，抨擊嬤嬤。嬤嬤到那裡去時，從引爆這封信的修女們那邊知道有這樣的投書。嬤嬤找到那位醫生的住處，敲他家的門。那醫生看到門口站的是嬤嬤，驚訝得要命！嬤嬤客客氣氣地對他說：「醫生你好，我是德蘭修女。關於我有很多事是你不知道的，我來就是要跟你說一說這些。」醫生請嬤嬤進去，完全不知所措。嬤嬤沒跟我們說她對那醫生說了什麼，但他後來加入了同工會，開始協助那裡的姊妹施藥站的工作。原註41

不要擔心我

克里斯多福．希欽斯推出他以嬤嬤為主題所拍的可怕紀錄片，《地獄天使》譯註72，我十分生氣……我打電話給她，說：「嬤嬤，出了這樣的事，我們都好難過，」我可是一肚子怒火、憤恨，很想報復。怎麼有人會因為自私的動機而走到這樣的地步，把一個為了天主而做出這麼多奉獻的人詆毀成這樣？他還是個人嗎？我好替德蘭修女憂心；「唉！不知她會難過成什麼樣！」可是，嬤嬤擔心的是：「妳是怎麼了？妳應該為他祈禱才對，不要擔心我。我們一定也要愛他；我們一定也要為他祈禱。」這我可不知道，只是這件事相當轟動，她的態度卻是說我們應該要去愛他。我們應該要為他祈禱。所以，她這一生就是要去愛人，不僅要愛接近她的人，連把她當成仇敵的人她也要去愛……〔後來〕我在加爾各答見到嬤嬤，她問我他們還在講嬤嬤的壞話嗎？我說：「喔，沒有了，嬤嬤，都過去了。」這時嬤嬤就跟我說：「他們都這樣、那樣在對耶穌了，還罵祂是貝耳則步，我們這樣算什麼呢？這一切都由聖母獻給耶穌吧。」接著她緊緊握住我的手，我永遠忘不了這一幕。原註42

◆

不管我跟她說什麼，「嬤嬤，他們在說妳……」她都會回答我，「一切都在耶穌手中，沒什麼好擔心的。」原註43

不要批判

嬤嬤從來不看輕別人，從來不指責別人，從來不怪罪別人。她反而一直為人找理由，她愛說：「別人就算是做出墮落的事，但我們又不知道人家的目的或是情況到底是怎樣，所以我們不應該批判別人。」她寫過：「有一件罪過是我永遠不用去辦告解的：懷疑別人做的事，包括妳們在內。我當然常常看到別人做出錯事，我也不能說那是對的，只是那人為什麼做出這樣的事或是說出這樣的話，我不知道。這就擋下我不去批判別人了，耶穌就說過了。」（《瑪竇福音》第七章第一節）譯註73

我們應該為他們祈禱

酸言惡語是她很討厭的事。要是有修女開始抱怨別人這樣、那樣，嬤嬤會馬上在自己嘴上劃十字聖號，提醒那修女不要再說。有人告訴她別人批評她或毀謗她，她也會說：「我們應該為他們祈禱，」有時她甚至用謙卑的幽默感拿這樣的事情來自嘲，取笑自己一番。她有的時候會跟我們說：「我們應該要從這件事學到一些東西，利用這來糾正我們做得不好的事。」原註44

有一次有兩個修女起了很大的爭執。嬤嬤想要居中調解，要兩人多看對方好的一面。可是，錯比較大的那人卻把她的怒氣發洩在嬤嬤身上，說出很難聽的話。說完她一轉身就要衝出大門，嬤嬤的反應也很快，一把抱住她，以無限的愛去安撫她，希望她能了解。我相信這位修女之所以至今依然身在我們當中，是個良善、勤奮、忠心的仁愛傳教士，就是因爲嬤嬤的緣故。原註45

我很生氣

我記得有一次我很生氣，嬤嬤注意到了，就叫我到她房間，問我：「出了什麼事？該不會是太陽不該下山就下山了？才三點鐘啊。」我跟她解釋出了什麼事，她教了我寶貴的一課。她說：「妳看哪，耶穌就在妳心裡燒起了熊熊的愛火。妳愛祂，而祂也愛妳。熊熊的愛火就在那裡，只是少了一點東西。祂需要一些香來讓天主的榮耀徹底完美。今天早上妳做過禱告：『助我將祢的香氣散播出去』譯註74，所以祂就提供了一點香來。現在就看妳是不是要拿起香，帶著感激獻給祂了。用妳全部的愛獻給祂，妳就會知道祂的香氣就在妳的心裡。耶穌付出那樣的代價來愛妳，假如妳想爲了愛耶穌而去拯救世人的靈魂，那妳也應該要一起付出一些代價才對。」原註46

嬤嬤，有個小寶寶快死了

我開始看錶，對她說：「妳看，嬤嬤啊，要想趕上飛機，我們現在就要出發才行。」她說：「對，你說的對，我就來。」接著她站起來準備要走。可是，那麼多一個個她都要再祝福一遍！我覺得心裡有煩躁在往上衝，就好像，拜託妳行行好，我們快走了吧！我繼續努力把嬤嬤往車子那裡挪，可是一有人說了什麼，她的注意力馬上跑掉。到最後我們終於挪到了車邊，我爲她拉開車門的時候可眞想把她一頭硬塞進去。但這時有個院長修女忽然又說了：「嬤嬤，有個小寶寶快死了。」嬤嬤頓時停住，說：「把那孩子帶來給我。」

那時我肚子裡的怒火已經燒到頂了，可以這樣子說吧。所以，我流露出來的神情應該就像在說，「我們沒有時間管小寶寶是不是快要死了，我們要趕飛機！」我說眞的！……總之，我什麼話也沒說，可是我的身體語言，我發出的「哼」聲，我連番的歎氣，把我的意思說得一清二楚。不過，嬤嬤也沒對我說：「你很沒禮貌，很沒耐心欸。不要這樣子，你看看你，我這裡說的可是快要死的小寶寶。你這人是怎麼搞的？」嬤嬤也沒要我閃一邊去，像是：「你要是那麼煩那就不要靠過來嘛，我自己會去趕飛機。」她根本就沒指責我或是指出我的態度很糟糕。她只是伸出一隻手搭在我的手臂上，很慈祥地說：「我馬上就來，可是我要先看看這孩子。」在那一刻，我那麼無禮，她卻還是顧慮到了我。

嬤嬤遇到沒禮貌的人，一定也在那人身上看到了耶穌的苦難化身，因爲沒禮貌也是貧苦的一種類型。你知道她沒指出我的態度有多惡劣；她反而接納我，將無禮的我擁在懷中，結果呢？我的稜角融化了，我的心軟了下來。那個垂死的小寶寶被人抱到她面前，嬤嬤想必見過千百個小寶寶這樣的情況，但她還是願意花時間爲孩子禱告，將一面小小的聖牌塞進小寶寶的衣服裡面，之後才坐進車子。這是細膩而美好的一幕，而我有幸親臨現場親眼見證。那不是演給我看的戲——那是嬤嬤的本色；所以，她一生中有多少這般簡單又細膩的舉動呢？單單是想一想就覺得神奇。原註47

很難相處的姊妹

我們有個修女很難相處……一天在吃午餐的時候，那位修女在餐桌上說這樣的菜她才不要吃，她說單單是看那些菜相她就倒胃口了。我們都覺得好尷尬，可是嬤嬤沒有。她對她就像母親對自己的孩子一樣。她先是睜大一下眼睛，然後叫一位修女去幫她拿別的吃的來。之後，嬤嬤又再接下去和大家閒聊。那修女拿吃的回來時，嬤嬤笑了笑，我們吃完之後都站起來離席，因爲時間到了，嬤嬤卻坐著沒動，陪那修女一起。嬤嬤沒跟那修女說妳就犧牲一下，吃什麼、做什麼都和我們一樣吧，諸如此類的話。這樣的事我看過很多次了，嬤嬤對我們這些修女的愛是沒有條件的。……嬤嬤信任我們這些修女，對我們每一個人都有很高的期許，即使是我們也是「貧苦人中最貧苦的」一樣。原註48

只是一心掛念要協助她

有一次有個姊妹有了麻煩。嬤嬤想盡辦法說動她去見神父。那姊妹在和神父談話的時候，嬤嬤就在外面的走廊來回踱步，手上捏著唸珠，顯然在爲那姊妹禱告，她不掛念那姊妹是不是給嬤嬤帶來什麼麻煩或痛苦，她只是一心掛念要協助她。原註49

妳就不能給耶穌妳的好名聲嗎？

我有一次因爲別的姊妹說我壞話而覺得難過、生氣。我跟嬤嬤說我應付不來了。我覺得嬤嬤應該會同情我一點，或者是問我：怎麼會？誰？什麼事？等等的。結果，嬤嬤的回答出乎我的意料。她盯著我看了一會兒，說：「妳就不能給耶穌妳的好名聲嗎？」我馬上就懂了，懂一點吧，懂了嬤嬤的境界是在哪裡。她不執著在困難、事故、人，等等——什麼都歸於耶穌。祂是在跟我說什麼呢？跟我要什麼？給我什麼？也就是說，嬤嬤向來會在情勢的深處去挖掘眞諦——愛的眞諦——而針對那眞諦去做回應。就是因爲這樣，有人問嬤嬤怎樣才可以讓自己成聖的時候，她的回答千篇一律都是：「祂給你你就拿，祂要拿你就給，而且臉上要帶著大大的笑容。」似乎這便是她二十四小時與耶穌同在的方法——懷抱著愛——並教她的人生因天主而美麗。而這樣子生活，貫徹始終，可是需要過人的信仰的。原註50

唯妳的和善才幫得到她

有位神父在宣講的時候給我們難看。嬤嬤來看我們時，我們跟嬤嬤說了他的事。嬤嬤跟我們說：「天主把他放到這裡來，就是要妳們去愛他，去對他好。小心不要講他的不好，而要協助他，對他好。他現在是貧苦人中最貧苦的人。」我從沒聽過嬤嬤講過誰不好，即使那人眞的不好。我跟嬤嬤講過一個人，她馬上要我別再說下去。她都會說：「對她要好一點，唯有妳的和善才幫得到她。」原註51

那孩子竟然從我的袋子把錢抽出去

耶誕節那一陣子，我去市場採買的時候看到一個很可憐、面黃肌瘦的男孩子。我很欣慰有〔他做爲〕我們的耶誕禮物，決定一定要帶他回去。我走在前面，那孩子跟在後面。就在我挑魚的時候，那孩子竟然從我的袋子把裝了九百六十塊盧比的信封袋抽走了。我看到那孩子拔腳跑走，簡直不敢相信這是那同一個男孩子做的事。大家看我那麼著急，就幫我在市場裡面各處找人，但都沒有那孩子的蹤影。我很難過，臨時取消〔採買這件事〕就直接回去了，向大家道歉……我在猜我大概要從大水槽提很多桶水到廁所的水槽，才補得上被偷的款項……同時我也寫信給嬤嬤，對她說明情況。到了二月，母院辦了一場避靜。我膽戰心驚去見嬤嬤，把事情的始末又再講了一遍。嬤嬤聽我說，神情始終很慈祥，之後，她說了一句話，我完全沒想到。「不要放在心上，修女啊，那男孩子恐怕是很需要那一筆錢。」她對那男孩子沒有一句批判或是責備的話，也沒有指責我做事不小心。原註52

嬤嬤愛的力量

加爾各答因爲印度教徒、穆斯林兩方的衝突動亂，很不平靜。中午時，嬤嬤和我出門到公園街去。我們還沒走到公園圓環，就看到好大一群暴民拿著石頭、木棍、刀子、長劍……他們在破壞屋子，很多屋子。還在滿遠〔的地方〕，嬤嬤便抬起雙手，並且要司機〔按〕喇叭。暴民發現坐在車裡的是嬤嬤。他們馬上扔下手裡的石頭等等東西，朝車子這邊跑來。等他們跑到車子附近時，嬤嬤的雙手交握起來。她始終沒對他們說一個字，只是用雙手比出手勢要他們回去。他們一個個撫摸嬤嬤的腳，接受嬤嬤的祝福，轉身離去的時候溫馴得像小綿羊。嬤嬤一直等到大家都回去了才再上路。那天我才了解到嬤嬤愛的力量有多強大，可以爲騷亂的心帶來平靜。我不懂那時嬤嬤爲什麼一個字也不說。之後我才了解嬤嬤這一句話的意思：「我要是開口講話，我就必須站在某一邊，而不是全部的人那邊，那我就會卡在政治裡面，也就不會再去愛人了。」嬤嬤有大智慧；她知道什麼時候應該說話，什麼時候不該說話；她在這樣的時刻做的舉動，就被大家看做是她愛的表示，是帶來和平的源頭。原註53

見見我們在院內的人

〔印度〕阿薩姆的地方政府規劃了一塊很大的地，提供嬤嬤去照顧愛滋病人。省長一定要嬤嬤親自出席贈地儀式。那天下午，當嬤嬤〔到了時〕，一大群民衆都要見嬤嬤，接受她的祝福，等等。有個穿著華貴的太太走了過來，開始對我們所做的服事、對貧苦民衆說種種的不是，好像我們做的事情一文不值。嬤嬤輕輕拍她一下，說：「我沒有什麼可以對妳說的，不過，我希望妳一定要來我們院裡四下轉轉，見見我們的人，之後我再見妳。」過了一陣子之後，那太太回來了。她哭得很兇，對嬤嬤說：「我來的時候滿心空虛，但我走的時候心裡覺得十分充實。嬤嬤，我兩手空空，沒有東西可以奉獻給妳做的事。」接著她把戴在脖子一條很粗的金項鍊拿下來，取下代表婚姻的小墜盒收起來，然後把金項鍊放在嬤嬤的手中，說：「嬤嬤，還請您不要嫌棄，您一定要收下這個。」嬤嬤大方收下，還領著她到會客室去坐了坐，共處了一下。她整個人都不一樣了。她的人生因爲嬤嬤在和她講話之前就先邀請她到我們院內去參觀一下，而幡然改觀。原註54

我兒子

我們那裡有個痲瘋病人給院裡的修女惹來各式各樣的麻煩。像是他有一次在我們的大門附近一連躺了三天，不讓我們的車子或是修女出去。他會朝人丟石頭，砸破我們車子的窗戶，諸如此類的……他一肚子怨氣，我們也不願順著他的心意去做到他無理的要求。我們正左右為難不知如何是好的時候，嬤嬤到我們那裡來了，還從加爾各答帶了幾個人來參觀。嬤嬤一到，我們的病人蜂擁而上，搶著跟嬤嬤說話，也就把事情都說了。嬤嬤從救護車下來，對那〔痲瘋病〕人溫和地說：「我的兒子啊，我要帶你跟我回加爾各答，我會安排〔你〕住進蒂塔加爾那裡，和我們的修士一起。」那人馬上從地上爬起來，輕碰嬤嬤的腳，接受嬤嬤的祝福，準備跟著嬤嬤一起走，一句話也沒講。嬤嬤帶著訪客四處參觀，花了一點時間和院內的修女見面，就回加爾各答去了，我們那位病人也跟著嬤嬤坐進車裡一起回去，乖得像小綿羊。嬤嬤處理這件事的手法，看得我們目瞪口呆，敬佩不已。原註55

離開貴賓席

聖父來〔印度〕訪問。參加聖父的彌撒時，嬤嬤坐在前排的貴賓席中。沒多久，主教的祕書走過去要嬤嬤不要坐在貴賓席裡。跟著嬤嬤坐在一處的那些修女全都覺得很難堪。可是嬤嬤二話不說馬上站起來坐到後面去。是準大使（pro-nuncio）和幾位樞機把嬤嬤帶到貴賓席的，只是主教〔沒給〕嬤嬤貴賓席證。聖父上台的時候，注意到嬤嬤沒坐在前排，就要嬤嬤挪到第一排去坐。嬤嬤便回到第一排去坐了。我們這些修女都十分生氣，因為我們覺得主教是故意要給嬤嬤難堪的，不過這些對嬤嬤卻一點影響也沒有。後來主教的生日到了，嬤嬤還帶著院內全體修女去祝主教生日快樂，她就這樣給我們全體機會去和主教修好。原註56

嬤嬤道歉

有一次A修女和我一起去〔機場〕接嬤嬤。A修女帶了一本新書過去。我在車上拿起那本書就讀。結果嬤嬤輕聲對我說：「未經允許不要讀別人的書。」A修女說：「嬤嬤，她問過我了。」回到會院，我一個人站在那裡的時候，嬤嬤趁這機會就向我道歉，因爲她沒問清楚就糾正我。我眞的欽佩不已。原註57

默想

「爲此，你們該如天主所揀選的，所愛的聖者，穿上悲憫的心腸、仁慈、謙卑、良善和含忍；如果有人對某人有什麼怨恨的事，要彼此擔待，互相寬恕；就如主怎樣寬恕了你們，你們也要怎樣寬恕人。」（《哥羅森書》第三章第十二至十三節）

「祂給你你就拿，祂要拿你就給，而且臉上要帶著大大的笑容。」原註58

對於別人對我做的錯事，還有耶穌爲我在十字架上承擔的過錯，我是不是能將二者連繫起來呢？

我是否能把大家對貧苦人做過的錯事，那種種的羞辱和剝削，放在心上呢？比起加諸在他們身上的錯事，別人對我做的錯事相較起來如何呢？

我是不是曉得自己做的事，別人可能覺得很討厭或是有干擾呢？我是不是懂得自己對別人可能很粗心，讓別人很不好過？（例如別人要專心工作或是讀書，我卻大聲講話？或是有人想要休息，我卻很吵？）我是不是一心一意只有自己，而不會爲別人著想？

而當別人對我很粗心，我又是怎樣的反應？

有哪些不好的事是我還能耐著性子忍受的？包括一些小小的錯事，像聖女小德蘭（就是「小花」）說的「小刺」（pinpricks），除了對我造成不快或是不方便此外無他的小事？

被別人忽視，沒人顧慮到我，我是不是一樣安之若素呢？

祈禱文

主啊，使我作祢和平的工具；

在有仇恨的地方，讓我帶來仁愛，在有罪惡的地方，讓我帶來寬恕；

在有紛爭的地方，讓我帶來和諧。
在有錯誤的地方，讓我帶來眞理。
在有猜疑的地方，讓我帶來信任。

在有絕望的地方，讓我帶來希望。
在有黑暗的地方，讓我帶來光明。
在有憂苦的地方，讓我帶來喜樂。

主啊，助我懂得不求別人安慰而去安慰別人，
不求別人了解而去了解別人；
不求人別愛我而去愛人；
唯有忘了自己才找得到自己，
唯有原諒別人自己才能得人原諒，
唯有在喪失生命時，我們生於永恆。
阿們。

——聖方濟（Saint Francis）的祈禱文，
德蘭修女每天在領聖體後以之祈禱

【第十二章】

赦人侮辱

去原諒！

痛苦在一開始便教我們的禱告變得重要，因為我們需要有勇氣去原諒。而要去原諒，就需要心裡有很多很多的愛。

——德蘭修女

德蘭修女原諒他人的本領，是她極爲突出的性格特質，連宗教信仰不同的人也十分佩服。她出身的阿爾巴尼亞文化有「血仇」[譯註75]的傳統，所以深知原諒他人有多困難，無法原諒又會帶來多嚴重的傷害。大家都說她有「聖經信仰」[譯註76]；這樣的信仰給了她動機和力量去原諒傷害她的人，不管這傷害是大是小。

而她之所以樂於原諒他人，一大原因便在於她知道自己有罪，需要天主慈悲、寬恕。她知道自己也會在無意間傷害到他人，因而也很希望別人能夠寬貸。

德蘭修女遇到有人得罪她，不論大小都願意一笑置之，而不是以牙還牙或是疏遠那人，也不會對他人心懷怨懟或是芥蒂。不止如此，她還會關心傷害她的人，關心對方在情緒和靈性方面是否安好，因爲這兩方面都有可能因爲做了錯事而有所損。

她總是叮嚀她帶的修女「搶先去說對不起」，她自己往往也是第一個踏出修好那一步的人，即使受委屈的人是她。要是對方不肯放下敵意（是有這樣的情況，例如幾位對她提出不公的抨擊而且毫不放鬆的人），她也會原諒對方，而且爲對方祈禱。

任何人被別人冒犯了，她的建議都是「以愛去原諒，以謙卑去遺忘」。有的傷害未必眞的忘得了，而她說願意「去忘」，意思是說願意將這樣的事從她心頭「抹去」，其餘的事就交給天主了。而她對待那人也像根本就沒出過這樣的事，甚至對那人更加和善。

不過顯然地，有的冒犯確實應該要去求得公道和彌補，不過，一般人遭遇的多半屬於「小刺」，也就是我們因爲自私、傲慢或是粗心而對彼此帶來的傷害。這類小小的荊棘可以算是一般人日常生活的一部份了，德蘭修女的態度便是不去放大它，因爲這樣的小問題很容易放大成爲大問題，導致心生怨氣或是芥蒂。事情再小，也可能壞了交情。

德蘭修女的言教

天主的慈悲還要大得多

即使被釘在十字架上，除了寬恕的話語，祂也沒說別的。「父啊！寬赦他們罷！因爲他們不知道他們做的是什麼。」原註1 基督苦難便是天主謙卑最確切的證明。原註2

◆

要是出了什麼事，要是我們犯錯了，那就千萬記得我們的天父是慈悲的父，他一定會寬恕我們。原註3

◆

我們一定要祈禱自己不要犯錯。但要是犯了錯，天主的慈悲比起我們犯的錯要大得多。天主會寬恕我們的。原註4

◆

我在想天主不毀滅〔罪人〕到底是什麼意思——每一個罪人都是破傷的蘆葦——天主不會折斷這樣的蘆葦〔《依撒意亞》第四十二章第三節〕，因爲天主的慈悲比全世界破傷的蘆葦加起來都還要大得多。所以我覺得，我始終認爲，就是因爲這樣，我們在天主面前〔都是〕罪人，但祂絕對不會毀滅我們；祂對我們每一個人永遠懷抱那麼深厚、那般寬仁

的慈悲。原註5

◆

我們一定要祈求天主寬恕世人的罪；我們的，還有他人的。爲了要罪人悔改，我們什麼都可以奉獻。耶穌的寶血無價。我們要在我們的事工當中與祂合一。每一滴寶血都可以涵蓋日常生活的一切，所以我們應該要「把一切」都獻給基督，我們的主。原註6

◆

要先懂得原諒，才懂得禱告

要先懂得原諒，才懂得禱告。那時我們的心才能自由，也才懂得禱告。而且我們一定要眞的去禱告，去做許多犧牲，才能在我們自己的家裡先創造出和平。我們的心要是沒有那樣的和平，就沒有辦法帶動和平出現，也沒有辦法給與和平。就是因爲這樣，才有做出那麼多毀滅生命的東西；那是因爲和平在「我們」自己心裡就已經毀滅了。我們的愛既然可以付諸行動，毀滅也一樣會付諸行動。原註7

◆

痛苦在一開始便教我們的禱告變得重要，因爲我們需要有勇氣去原諒。而要去原諒，就需要心裡有很多很多的愛。去原諒！另外，我們也要知道自己有什麼需要別人原諒的地方。對此，就需要我們有一顆謙卑的心了。所以，謙卑和愛能夠協助大家相互原諒；這時大家不再是彼此傷害，而會開始互相愛護，看出彼此身上的美好。我們每個人都有美好的

地方。只要我們願意用心去看，就一定有辦法去愛那人——即使那人傷我們最深。我們要是有自由的心，就能夠原諒那人。原註8

◆

有人和你起了爭執，一定要原諒人家。要是爭執是由你而起，那你一定要去道歉。爭執要是由別人而起，那你就要去原諒對方，而且不要對那人心懷怨懟。這是耶穌教我們的事，要彼此相愛。原註9

◆

爲了天主，你的家要成爲美好的地方，有著愛、和平、團結和喜樂。即使一家人在一起只禱告十分鐘，也值得。這樣是值得的。一家人就要聚在一起，始終在一起，始終在一起，即使有誤解也要在一起。懂得原諒還有遺忘，你們便能眞的充滿天主的愛，在內心眞正擁有天主的和平。這是非常、非常重要的，尤其是在當今的世界有那麼多動亂的時候，全世界都是，充斥全世界——那麼多痛苦，那麼多磨難。原註10

彼此都要懂得道歉

首先，我覺得我們彼此都要懂得道歉，都要原諒彼此，都要尋求原諒，都要去原諒。除非絆住我們前進的那些東西全都被我們掙脱掉了，否則我們是無法自由去愛的。愛便是自由，而我們一定要愛到痛。而且我們唯有禱告，才做得到這些，因爲禱告讓我們有純淨的心，而有純淨的心我們才看得到天主的面容。我們要是能在彼此身上看到天主的面容，我們便能活在和平和幸福當中，便能爲天主創造出我們的目的而活，也就是去愛別人、去被人愛。原註11

◆

我們在福音書常會看到這樣的話，「你們都到我跟前來。」〔《瑪竇福音》第十一章第二十八節〕「而到我這裡來的，我必不把他們拋棄於外。」〔《若望福音》第六章第三十七節〕「讓小孩到我跟前來。」〔《路加福音》第十八章十六節〕隨時隨地都要接受，都要原諒，都要去愛。祂說的話我們一定要懂——〔耶穌〕說：「阿們，阿們，我實在告訴你們：凡你們對我這些最小兄弟中的一個所做的，就是對我做的。」……能爲我們確確實實求得天堂的位置的，向來〔就只有〕我們爲自己的生命注滿仁愛和良善的舉動。誰也沒辦法知道簡單對別人笑一下能帶來多大的美好。我們跟人訴說天主的慈祥、寬恕和理解——但我們自己是活生生的證明嗎？他們眞的看到了這樣的慈祥、這樣的寬恕、這樣的理解就在我們身上嗎？……對人要和善，要慈悲。不管是誰來到你面前，你都要教他走的時候是更好、更快樂的人。你們要當天主慈善的活見證。教每一個人都在你們臉上、你們眼中、你們笑裡、你們親切的招呼當中看到慈善。在貧民窟那裡，我們〔對那裡的人〕便是天主的慈善之光。原註12

恕和愛

我們的聖父宣佈聖年爲「修和禧年」（Year of Reconciliation）。「修和」（reconciliation）這個字唸起來很長，但指的其實就是：恕和愛。修和並不是從別人那裡開始，而是要從我們自己開始：讓耶穌洗淨我們——寬恕我們，愛我們。修和源自我們於內有純淨的心。有純淨的心便一定懂得原諒，一定能在別人身上看到天主，所以會去愛他們……原諒他們，也請求他人原諒。寬貸而非指責。入寢前，千萬不要念念不忘「那個姊妹對我有意見」，這是耶穌教我們的。即使過錯不在我們這邊，我們也要先踏出修和的第一步。原註13

◆

今天我要跟你們談一談原諒的事。我求妳們，我的姊妹們，要相互原諒，也要相互尋求原諒。因爲不肯原諒而引發的痛苦、不幸有那麼多。……要記住啊，姊妹們，我們念誦〈天主經〉時說：「寬免我們的罪過，因爲我們自己也寬免所有虧負我們的人。」你要是不肯原諒別人，就沒有人會原諒你。好好檢視自己的心底是不是對誰有怨恨呢？要是有，那就去找那個人或是寫信給那個人——說不定是哪個姊妹或是哪個可憐人或是家裡的誰。原諒他。要不然你就不得自由，沒辦法用完整無缺的愛去愛耶穌。心裡不要藏著怨恨不放。有那麼多人都不懂得原諒。有的人會說，「我可以原諒，但我沒辦法遺忘。」告解便是原諒——天主給與我們的那種原諒——我們也一定要學會這樣的原諒。就像很多年前有人說了一些話、做過一些事，結果我就愛說，「她說過這個、做過那個、她這樣……她那樣……」原註14

◆

有個地方，那裡有個神父因爲某種原因而和當地的主教還有其他神父對抗。每次我去看他，他說的話都帶著好大的怨恨，而且他對我說：「我才不原諒，絕不原諒。」這一次我再去，就跟他說了：「這是你的機會；跟你的主教說對不起。主教只要你說這幾個字就好。」後來我在禱告，其他修女也都在禱告。我禱告完畢之後，他說：「德蘭修女，給我一張紙。」我就給他一張紙，我也好開心。我陪他到主教那裡把那張紙給他，免得他改變主意，我還跟他說：「這樣子不夠，你還要說『我原諒』。」——他也照做了。原註15

◆

我們要原諒別人是需要有很大的愛，我們要求別人原諒就需要高度的謙卑了。而耶穌教我們唸〈天主經〉，祈求天父「寬恕我們的罪過，如同我們寬恕別人一樣」，說的就是這樣的原諒別人和求人原諒。而這是爲了我們的生命，這是愛的喜樂。原註16

◆

妳們唸到〈天主經〉那一段的時候，就要停下來問自己：「我說的是眞心的嗎？」我想耶穌受的磨難不僅是釘在十字架上的痛苦而已。祂說：「跟我學罷！因爲我是良善心謙的。」〔《瑪竇福音》第十一章第二十九節〕譯註77妳們要是不懂得原諒，就不會良善，就不會心謙。會毀滅我們的，未必需要很大的東西。省察〔自己的心〕：我要是看不到天主

——那是爲了什麼？原註17

不要說「我會原諒，但我不會遺忘」。當耶穌在修好聖事中赦免我們的罪時，祂也同時忘了這些罪。絕對不要撒謊——無論是妳要求原諒的時候，或是妳不願原諒的時候。不肯原諒是最爲嚴重的傲慢罪。要求人原諒，也去原諒別人。原註18

◆

只要懂得原諒，便可以成聖，便懂得禱告……這些全都起自謙卑的心，有了謙卑的心，就懂得怎樣去愛天主，去愛自己，〔去愛〕近人。在這麼簡單的愛裡就看得到耶穌。一點也不複雜，只是我們老是自己把生命弄得那麼複雜，添加了那麼多東西。只有一件事是要緊的：要謙卑，要禱告。禱告做得愈多，也就做得愈好。但是要怎麼禱告呢？要像個小孩子一樣來到天主面前。小孩子用很簡單的話語表達小腦袋裡的心思，一點困難也沒有，卻表達出那麼多。耶穌就對尼苛德摩說「變成小孩子」。譯註78我們要是以福音做禱告，就能讓耶穌在我們身上茁壯。所以，有一件事是我們必不可少的——告解。告解無非就是將謙卑付諸行動。我們叫這做「懺悔」，但其實這是愛的聖事，是原諒的聖事。就是因爲這樣，告解並不是要我們用很長的時間去說自己遇上怎樣的困難。告解是要讓耶穌把我們身上凡是會分隔、會毀滅的東西全部拿走。我和基督之間要是有一條鴻溝，我的愛便是分隔的，那麼什麼東西都有可能堵在那條鴻溝裡面。妳們要是眞想了解基督對我們的愛，那就去辦告解。辦告解的時候只要簡簡單單像小孩子就好：「我這個小孩子來了——來找她的天父。」小孩子只要沒被寵壞，沒學會說謊，那他什麼事都會拿出來〔告解〕。這便是我說的「像小孩子」，這也是我們辦告解的時候要效法的。原註19

◆

白天的時候，要多多分擔基督受難的痛苦。妳要是眞的做到完全的順服，那我相信妳一定會得到成聖所需的所有恩寵。即使妳犯錯，舉止不當，那就道歉。妳道歉的那一刻，便獲得了原諒。原註20

◆

耶穌召叫了妳的名——「你屬於我」、「你對我是寶貴的」、「我愛慕你」。但要是祂這樣子對我，那祂也一定這樣子對我的姊妹。她也聽到了召叫，〔她也〕成爲耶穌基督的淨配。我一直重覆我講過的話，因爲在我而言，依我的理解，「你屬於我」這一句話的意思便是：即使我有罪——祂還是接納我這樣子。所以，我爲什麼在心裡對我的姊妹有怨懟呢？我要是沒辦法原諒我的姊妹，那我就還沒弄懂祂對我的愛。看看十字架吧，看看妳在哪裡。耶穌原本不需要那樣子死去，不需要降生去經歷革責馬尼莊園的痛苦的。原註21

我的心是不是無法原諒他人呢？

既然耶穌與你在一起，妳又怎麼可以帶著醜陋的心思去對妳的姊妹呢？打開妳的心去對那姊妹——請她原諒妳。這是妳最好的告解。以愛交出心中重擔，妳才有辦法去原諒和遺忘。無法原諒會牽絆住妳，教妳無法付出愛。唯有原諒，妳才有能力做到福音書說的：「你們該彼此相愛；如同我愛了你們。」原註22 唯有這樣，妳才有辦法以妳全部的心去愛天主。

◆

我不論做什麼都是爲耶穌做的。我們禱告，我們開始禱告，便是爲耶穌做的。妳們對貧苦人的愛和尊重是怎樣的呢？那般的苛刻，等於是在打耶穌耳光。有的時候我們無法原諒，連一次也沒辦法：「她用難聽的話罵我。」耶穌單靠一個字就可以毀滅一切。但祂原諒。不肯原諒會毀掉妳一輩子。我們一直想著那姊妹說的難聽話，但我們必須承認自己有罪，必須能夠去原諒。我們一定要原諒——不要拖延。我的心是不是無法原諒他人呢？這是生命的障礙。拖到太遲的時候，那就什麼也沒辦法了。原註23

◆

我哥哥原本只是長了一個腫塊，但是短短一段時間癌症就長出很深的根了——大概就是三個月的時間吧。無法原諒在我們身上也是一樣。別相信魔鬼說的。把它扔出去。妳對妳的長上說不定是有一點怨懟，說不定是對其他幾位姊妹，說不定是對妳的父母有怨懟。妳還是初學生，還是在學習，魔鬼會用很漂亮的說法打進妳的心。不要教魔鬼騙了妳去。妳在婚禮那天，能給耶穌的是多美好的禮物啊——妳純潔的心。原註24

妳的心〔對某位姊妹〕要是還是有一些怨懟，而那姊妹人在遠處，那就到聖體龕去，祈求耶穌去接觸那姊妹的心。讓她感覺得到妳已經原諒她了。我們來是被遣派成為主愛的化身——天主現在就在愛世人，我們是被遣派成為主愛的化身。原註25

◆

妳們都有長上。有的時候她們跟妳們講的話不太好聽，說不定是講的方式讓人不太好過。妳們接受得了嗎？說不定像是換個地方，換個工作，換個夥伴，換個食物等等的。只要妳們可以接受，就不會有問題。但要是妳無法接受，那問題就很多了，妳的心也會有很多怨氣。這就是沒有完全原諒。妳找一個一肚子怨氣的修女給我看，我就給妳看一個傲慢的修女。一肚子怨氣的修女通常也是傲慢的修女。怨氣和傲慢是孿生姊妹——壞脾氣就跟著來。謙卑的姊妹不會一肚子怨氣也不會壞脾氣。原註26

原諒的美妙經驗

那個來教聖詩的太太——她的子女都已經成年，出錢送她到印度來度假，要她忘記煩惱。出了什麼事？在她和丈夫相伴長達三十五年，那般堅貞的愛，之後，都到哪裡去了？她跟我說她丈夫的地位很高，是首屈一指的外科醫生……但這時候她先生跟她說他為了別人不要她了，因為有另一個女人在追求他。她來問我的意見，我跟她說：「唯有妳救得了

他，妳的禱告和犧牲會將他帶回來給妳。他依然愛妳，所以妳要原諒他，爲他禱告。」原註27

◆

關於原諒，我有很美妙的經驗可以拿來當例子。有一户人家——夫妻兩人——多年下來一直不甚和睦。兩人都受不了對方，所以決定各分東西。我們的修女去探望他們，爲他們禱告。等我到了那裡，那裡的修女跟我說他們的事。我便把兩人請來。兩人都來了。那太太一直哭、一直哭，但她哭並沒有〔請求原諒的〕行動。只有等她說出來：「請你原諒我，」做先生的也說了同樣的話，「請妳原諒我。」她帶著笑看他，他也帶著笑看她。先前那幾年，他們一直在傷害彼此，但那一天他們好快樂，一起回家。第二天傍晚——他們再過來看我，我好開心。他們兩人對視的時候，又再帶著笑了。原註28

◆

另有一則故事，有個男子犯下許多罪過，但多年未曾辦過告解了。一天，他決定去辦告解。所以他一口氣滿滿寫了四張紙，都是他先前犯過的罪，然後就去辦告解。他把一張張紙上的內容讀出來，讀完第四張之後，他想，「好像漏掉了什麼。」所以他再回頭去看第一張，卻發現紙上乾乾淨淨，什麼也沒寫。一個字也沒有。接著他再去看另外幾張紙。有什麼事發生了。他好快樂，也把他辦告解的這件事跟別人說。我們就是會從天主那裡接受到這樣的寬恕，我們也需要用這樣的寬恕去原諒別人。原註29

原諒我，原諒我

我們在紐約開設一處愛滋病中心，收容現在那些沒人要的人。可是，單單是那麼幾位修女在照顧他們，就爲他們的生命帶來那麼大的變化，因爲那幾位修女給了他們家，是有愛的家，付出愛給他們，讓他們知道他們是有人要的，他們是有人看重的人，因而扭轉了他們的人生，讓他們以最美好的方式離開人世。沒有一個帶著痛苦離世。前天修女跟我說那些年輕人（他們全都是年輕人），裡面的一個，瀕死卻不肯嚥氣，她便問他：「怎麼了？你不願意死，是有什麼事嗎？」他回答道：「修女，沒求得我父親原諒，我沒辦法死。」所以修女去找到他父親的住處，把他請來。最奇妙的事情（就這樣出現了）：活生生的福音，父親擁抱兒子，「我的孩子，我親愛的孩子，」而兒子也祈求父親，「原諒我，原諒我，」父子兩人在寬仁的愛裡緊緊相擁。兩小時後，那年輕人離世了。妳看看愛有多大的力量。父親的愛，孩子的愛。所以，這便是我們對天主打開心（的原因），因爲我們也都是——我們每一個都是——流落街頭的人，不論那裡、這裡，他們便是我們——我們每一個人由天主創造出來是爲了更大的目的，也就是要去愛人、要去被人愛。我們在當今的世界看到那麼多的痛苦，那麼多殺戮，那麼多磨難，就是（因爲大家）失去在心裡愛天主的喜樂。由於少了這點，大家也就無法與他人共享那樣的愛了。原註30

我的親生兒子這樣子對我

我記得有一次在垃圾桶裡發現一名老婦，而且她在發高燒。她的身型比我大得多了，所以我要把她從垃圾桶裡抱出來很不容易。幸好有耶穌協助，我還是做到了。我扶著她回院裡時，她對她發高燒、不舒服或是已近垂死，沒說一個字。沒有，她說的一直是：「我的親生兒子這樣子對我！是我的親生兒子這樣子對我！」被親生兒子這樣子扔在垃圾桶裡，對她是多慘痛的傷害，以至於我費了好大的工夫，花了好久的時間，才終於讓她說出原諒兒子的話來。她在嚥下最後一口氣之前說了原諒兒子的話……即使妳只是去愛護、去安慰一個受這種罪的人，也是十分美好的事，因爲那人一樣是耶穌於痛苦中的化身。原註31

因爲天主的愛，我原諒他

〔印度〕普那（Poona）那裡有個人在報上寫了許多難聽的話。他說我僞善，是宗教政客，〔指控我〕逼別人改信天主教，也拿諾貝爾和平獎來作文章，還有其他種種大帽子。我寫信給他，跟他說我替他感到悲哀。我眞的替他悲哀，因爲他這樣子做，傷自己比傷我還要深。我相信很多人看了他寫的東西，也跟著寫很難聽的話寄給他。文章就登在報上：R先生罵德蘭修女「僞善」。我寫信給他，跟他說因爲天主的愛，我原諒他。我也邀請他到兒童之家來參觀。他收到信後更加生氣，就開始寫更多東西。他還叫我「先生」，所以我想我是不是要叫他……「小姐」。他那文章還是登在報上：「並不是說她不是出之於眞心，她確實出自十足的眞心，只是她帶大家走的方向是錯的。她終歸就是僞善。」妳們看吧，姊妹們，我們就是必須逆來順受啊。那人因爲我說「天主祝福你，我原諒你」，而十分生氣。所以呢，姊妹們，挨罵的時候原諒對方，妳就一切都好。我當時說的要不是這樣，那麼我就平白丟了一次可以付出天主的愛、天主的喜樂的機會……我們一定不計代價也要維持神聖。嬷嬷遇到過許多難堪的羞辱——比妳們都要多——但我覺得那些都是美好的機

會。原註32

我求他原諒

幾天前，有個印度教男子到母院來。他每個月都會做許多小小的奉獻——兩塊，兩塊半——都是親自送到母院來——金額不多，因爲他也很窮。他父親過世，他很傷心。他把家裡剩下的藥品收集起來送到我們這裡來。那時我因爲不太舒服而待在房間裡。接待他的修女叫他把藥品放在地板上面就好。他嚇了一大跳。另一個修女就過來找我，央求我去見見他，因爲他十分難過。我過去後，他跟我說：「嬤嬤，我活到這年紀從來沒人對我這樣沒禮貌；她態度眞差，這樣子很傷人的。」我雙手交握求他原諒，〔說我很難過〕在我們院裡竟然會出這樣的事，也把他拿過來的藥品捧在手上。他的眼睛始終盯著那修女，不管她走到哪裡去，嘴裡又再說：「不好意思，嬤嬤，但這樣的事我一定要跟妳說。」我很慚愧我們院裡竟然會出這樣的事。那人走時臉上十分哀傷。我把那修女叫來，告訴她：「妳要是願意多溫和一點，多和氣一點，妳就不會擋下那人接近耶穌的路了。」她說：「嬤嬤，對不起，我不會再犯。」只是那人已經走了，聽不到這些話了；那修女說出去的話也不能收回了。那修女無禮的話會跟著他一輩子。所以，我求妳們，各位姊妹，妳要是脾氣比較暴躁的話，那就要多多自制。原註33

德蘭修女的身教：見證

隨時隨地都願意原諒

不論是誰，不論好壞，嬤嬤都願意接納。她對人的態度就是開放、理解、接納，鼓勵〔別人〕去做得更好，去做得更好——如同耶穌的聖心，在嬤嬤的眼中每個人始終都應該再有一次機會去做得更好。我們一般老是愛設下界限：像聖伯多祿一樣，七次。但在嬤嬤這邊，向來都是七十個七次。為此嬤嬤常不時要挨人批評。原註34

不要傷害耶穌

德蘭修女有十足的耐心，即使別的修女對她不好她也一樣，而這樣的情況可不少見呢。她向來都說：「我原諒，請不要傷害耶穌。」她想的重點不是別人傷害到她，而是這樣會傷害到耶穌。

◆

有很多因為誤解而來的〔對於我的〕埋怨，可是嬤嬤向來隨時隨地都願意原諒，像耶穌那般，臉上她始終帶著笑。她從未有一次令我喪氣。嬤嬤一直都在，除了嬤嬤沒人會了解。妳的心要是滿是憂傷，妳去找的人就是嬤嬤。只要〔她〕直視妳的眼睛，不管什麼都會自動消失。不管妳犯了什麼錯。只要妳願意對她打開心，她隨時隨地（都願意幫忙），以她那憐憫和寬仁的愛心，來協助妳解決問題。原註35

我們要是做了錯事，去找嬤嬤道歉就好。她會原諒我們，也馬上就把這件事拋到腦後，絕對不再提起，即使同樣的錯一犯再犯。在嬤嬤身上，原諒和遺忘始終不缺。嬤嬤一開始的時候，對於糾正我們從來不會放鬆，有的時候還相當嚴厲。她要我們的靈性有所成長。但是到了後來，我們發覺嬤嬤糾正我們的態度愈來愈溫和，原諒和遺忘的速度愈來愈快。嬤嬤以前老愛說：「不要傷害耶穌，祂愛妳。」這對我們有很大的助益。遇到棘手問題時，看到嬤嬤禱告的時候就更多了。她從來不會扔下問題不管或是逃避問題，躲到小聖堂去禱告就好。不會，嬤嬤反而立即便和天主密切聯手一起克服困難。我們知道她從天主那裡要到了答案。我們都曉得嬤嬤和天主始終都在一起，始終以滿心的喜樂在應和天主的意旨。我們這些和嬤嬤一起生活的人，都看得出來她一直在以她個人深切的愛去愛耶穌，無止無休。原註36

每當我們犯錯

X修女病得很重。Z修女和我坐在一張木床上面陪X修女講話。後來另一名修女也過來坐上木床，結果木床就垮了。我們都很害怕，不敢去跟嬤嬤說我們把木床坐垮了。那時候嬤嬤沒什麼錢，我們有的只能剛好過日子而已。我們幾個依次去找嬤嬤認錯。嬤嬤沒罵我們；十分慈祥，只說：「下次不要又把床坐垮了。」我們以前做錯事嬤嬤都會糾正我們，不過，我們一有過錯只要去向她認錯道歉，她都會原諒我們，體諒我們。原註37

孩子啊，什麼事？

我還是初學修女的時候，很怕嬤嬤。一天，我的導師處罰我，要我去見嬤嬤。我快走到嬤嬤面前時，嬤嬤就先問我：「孩子啊，什麼事？」我便說：「嬤嬤，因爲我沒做功課，我的導師要我來見您。」可是嬤嬤一點也沒罵我。她爲我祝福，說「下次要記得做功課」，就叫我回去了。從那天起，我便一點也不怕嬤嬤了。我曉得嬤嬤有十分慈愛的心。原註38

我可以信任嬤嬤

我做下錯事，心裡十分愧疚，羞恥，不知道怎麼辦。但我明白知道我可以信任嬤嬤會爲我保守祕密，而且她還是會一樣愛護我、接受我、尊重我，雖然我做的事讓她失望，但我曉得嬤嬤絕對不會因此而譴責我、排斥我或是羞辱我。我把整件事跟嬤嬤說了之後，嬤嬤先是問我還有別人知道嗎，我跟她說只有聽我告解的神父知道。嬤嬤看著我，眼裡滿是愛和慈祥，說：「耶穌原諒妳，我也原諒妳。耶穌愛妳，我也愛妳。耶穌只是要讓妳知道妳的貧乏所在。現在，要是有別的姊妹做了同樣的事來找妳，妳對她就會有悲憫了。」我請嬤嬤不要告訴別人，嬤嬤還是很慈祥，跟我保證她不會講出去。從頭到尾嬤嬤始終沒問我，「妳爲什麼要做這樣的事？妳怎麼可以做這樣的事？」嬤嬤始終沒說，「妳丟不丟臉啊？妳看妳做下這麼難看的事。」嬤嬤甚至沒說，「別再犯了。」我後來回想去見嬤嬤的事，禱告的時候哭得更厲害了，滿心都是平靜和感激。第二天我再去找嬤嬤，謝謝她教我那麼寶貴的一課，我還把嬤嬤一直沒問的事情都跟她說了。嬤嬤臉上十分開心，說：「妳

知道吧，我從來沒想過要問，我只管我聽到的。」嬤嬤又再祝福我一次，十分慈愛，我走的時候滿心快樂。原註39

浪子的母親

有一次，我們一群人（初學生導師）正在聽嬤嬤教誨，有修女敲門來說某某修女來了。我們都知道她那人很麻煩，我心裡在想不知嬤嬤會做怎樣的反應。而那修女一過來就跪在地上哭了，嬤嬤祝福她，歡迎她，十分慈愛，教她說不出話來，嬤嬤之後轉頭叫我們去替她拿一杯茶過來。這是浪子的母親啊。原註40

我原諒他

克里斯多福・希欽斯拍的片子〔在印度有電視節目做過報導〕，我看了，就跟嬤嬤提了。我不得不說她最先的反應是十分痛心。她對我說：「我為這國家做了那麼多，難道就沒有人要為我說話嗎？」就是在這時候種籽在我心裡種下了，我知道我一定要做些什麼。而她經由禱告從這件事情走了出來。下一次我見到她時，再提起這件事，她說，「我原諒他。」這件風波〔已經被她〕拋到了腦後。她已經完全原諒了他。就像她根本不知道他說過什麼，像小孩子一樣。所以，她已經跨越了這件事。原註41

我們都會犯錯

我們在衣索比亞的時候，有個女士來到我們那裡拍攝孩子居住的地方，但我們都不在場。之後她把我們做的事送到電視台播出，好像都是她做的一樣。很多人打電話來問：「怎麼回事？妳們要走了嗎？」我們說：「我們沒要離開。」我們這才知道那位女士做這節目放在電視上面播出，全當成是她的。我們和總統見面，嬤嬤也來了，說：「修女們，原諒她。她不知道她在做什麼，我們一定要學會原諒。我們都會犯錯，大家都會犯錯。」所以，不管什麼事她都會原諒。原註42

天主原諒了我

有次我們貧民窟那裡有個男子快要死了。但他一肚子怨氣，他是天主教徒，但他誰也不肯見；連家人也不肯。我們想跟他談一談，他笑了笑，問我們是誰要我們來找他的。在談話的過程中，我們跟他說他要上天堂就要有純淨的心。而要有純淨的心，就要原諒每一個人，甚至他的妻子兒女都包括在內，因為天主也原諒我們，不記我們的過錯。他點頭表示同意我們說的，但他不太願意見神父辦告解。我們覺得很可惜，回程的時候一路唸玫瑰經。我們跟嬤嬤說了這件事：「這人快要死了，但他不願告解。」嬤嬤問我們：「他多大年紀？」我們說：「大概四十五吧。」嬤嬤便說：「那我們就獻上四十五遍玫瑰經給我們的聖母……讓這人可以去和天主修好。」這四十五遍玫瑰經便由我們三人和嬤嬤分了來替他禱告。

第二天，我們答應聖母要唸的玫瑰經唸完了後，嬤嬤要我們再去看他。他跟我們說，他願意和天主修好，他也好久沒有辦告解了。我們回修女院時，在聖女德蘭教堂跟神父留下那人的名字和所在的醫院。不到兩天，我們又再去看〔那人〕一次，這一次那人好快樂。

他要我們帶他的家人到醫院來見他。他說：「天主原諒了我，我也要完全原諒我的家人。」我們回修道院時都很高興，跟嬤嬤說了結果。我們一起感謝聖母賜與這個不久人世的人那麼重要的平靜。原註43

我們要是在他們那樣的處境

爲了建立團體的緣故，嬤嬤要把阿爾巴尼亞大部份地方走訪過一遍，所以我們的路程大多是搭車。而在路邊就多次遇到大隊人群在迎接嬤嬤，他們都將嬤嬤當做是「他們的嬤嬤」。有的地方還是全村子的人都跑過來迎接嬤嬤。嬤嬤會停下來，和他們一起禱告，分送聖牌。人群高喊「嬤嬤萬歲」之類的話時，嬤嬤始終是那個謙卑、平靜、沉默的嬤嬤。而路邊要是有人認出了嬤嬤（因爲嬤嬤坐在車子前座）並且朝嬤嬤揮手，即使只是一個人，嬤嬤都會要司機停車讓她去見那人，而且始終都是同樣慈愛、平靜。她從來不會拒絕誰。我們跟嬤嬤說起阿爾巴尼亞竊盜、詐欺的亂象時，嬤嬤只說：「我們要是在他們那樣的處境，可能會比他們還要糟糕。」原註44

默想

「所以，你若在祭壇前，要獻你的禮物時，在那裡想起你的弟兄有什麼怨你的事，就

把你的禮物留在那裡，留在祭壇前，先去與你的弟兄和好，然後再來獻你的禮物。」（《瑪竇福音》第五章第二十三至二十四節）

「姊妹們，接受別人原諒以便去原諒別人。」原註45

「要是爭執是由別人而起，那你就要去原諒對方，而且不要對那人心懷怨懟。這是耶穌教我們的事，要彼此相愛。」原註46

我是否知道自己在天主面前是需要天主賜與原諒和慈悲的罪人呢？我是否了解天主原諒我，也要我去原諒別人呢？

我於生活當中是否對誰心懷怨懟而且不願去原諒那人？我是不是會因爲不肯和家人或是朋友溝通，而讓小小的冒犯膨脹到不成比例呢？有的時候說不定連眞正的問題在哪裡都忘了（或者後來發覺情形其實沒有當初自己想的那麼嚴重），但這時候我和那人的關係已經破裂，或者受損，兩人間的隔閡好像無法彌補。所以，這是眞的沒有辦法修好了嗎？我可以做些什麼去塡補兩邊的鴻溝，並且重建彼此的關係？（例如傳達口訊，或是邀請聚餐，談一談多年前出過的事情，諸如此類）對於得罪我的人，我能和氣相待嗎？

假如有人十分對不起我，我心裡還是有怨懟，覺得沒辦法原諒對方，我能不能做些具體的事情，把自己朝原諒推進呢？我是否至少也要以禱告祈求天主賜與我寬恕他人的恩寵，同時爲傷害我的人禱告？

祈禱文

耶穌，請俯允我，願祢成爲我思想和感情的對象，
我交談時的主題，
我運作時的目的，
我生命的佳模，
我死亡時的支柱，
在祢天國中我永恆的報償，
阿們。

——仁愛修女會祈禱書，德蘭修女每日以之祈禱

【第十三章】

安慰憂苦

滿足渴盼有人安慰的耶穌

耶穌化做麵包免去世人的饑餓，也化做赤身露體的人、無家可歸者、孤獨無依者，化做痲瘋患者、酒鬼或是毒癮者、娼妓，以讓我們經由對他們的愛，滿足祂要世人愛祂的渴望。

——德蘭修女

「我渴盼有人安慰，也未找到一個。」（《聖詠集》第六十九章二十一節）譯註79 這說的是耶穌受難之時的感歎，德蘭修女時常引用。她常告誡她的修女們：「告訴耶穌，『我會是那一個人』。我會安慰祂，鼓勵祂，愛祂……要與耶穌同在。祂禱告又禱告，祂去尋求慰藉，卻誰也找不到……妳們要努力去當那個和祂共同承擔的人，那個安慰祂的人，那個撫慰祂的人。」她自己便十分熱切要撫慰耶穌，所以她遇到有人需要安慰，她也會急著去安慰對方。她在每一個受苦的人身上，都看到了耶穌苦難的化身在祈求安慰。

德蘭修女的性格十分堅強，決心十分堅定，但她的心腸卻也十分柔軟，極容易被他人的痛苦和磨難打動。我們在面對痛苦的時候，不論是自己還是身邊的人遇上的痛苦，一般的反應都以封閉為多——也就是「硬起心腸」以求「自保」，免得牽連到自己。這樣的心理十分常見，也算正當，只是，我們封閉起自己的心，就不是在反映天主的心了，天主的心是走向那些身陷痛苦的人的。德蘭修女就要她的心去反映天主的心。

不論是誰身陷痛苦，都會觸動德蘭修女的心，也就是因為這樣，她對他們的安慰格外深切，「直指人心」。只要有人受苦，不論形式，來到她面前尋求慰藉，她向來不吝給與安慰和笑容，有的時候至少也會答應替對方禱告。而不論是誰，走的時候不只是安心不少，還會重新燃起希望，能夠對未來抱持樂觀態度。這樣的效果不是從她做的事情來的，其實她做的事情都很簡單，沒什麼特別的。這反而是因為她面對受苦的人向來都有由衷的悲憫，而帶出了這樣的差別，也就是她做的是對別人將心比心、眞情流露的溝通。由於她對別人的痛苦能夠感同身受，所以做得到她常講的「愛到痛」。

「憂苦之慰」（Comforter of the Afflicted）是洛雷托禱文（Litany of Loreto；聖母德

敘禱文）賦予聖母的頭銜之一，德蘭修女每日都對聖母瑪利亞祈禱「賜給我們祢的心，何等美麗、純潔、無玷」，而她也是在瑪利亞中學[譯註80]學到對於身、心受苦的人應該要以悲憫的心腸，向對方伸出愛和慰藉的手。

德蘭修女的言教

面對真實的自己：妳眞的愛耶穌嗎？我是會去撫慰祂的那一個人嗎？妳們都看過耶穌受難的畫像，上面有一句話是：「我渴盼有人安慰，也未找到一個。」嬷嬷就在上面加了一句：「去當那一個人」。妳眞的是那一個人嗎？祂眞的可以轉向妳求得安慰嗎？妳眞是祂可以仰仗的人嗎？尤其是在現在罪過橫行的亂世？我們眞的能教他人安心？眞的能去撫慰他人嗎？[原註1]

把耶穌帶到受苦的人面前

耶穌化做麵包免去世人的饑餓，耶穌也化做赤身露體的人、無家可歸的人、孤獨無依、沒人要的人，化做痲瘋患者、酒鬼或是毒癮者、娼妓，以便讓我們經由對他們的愛，而滿足祂要世人愛祂的渴望。把耶穌帶到這般受苦的人面前，便使我們在世界中也過著默觀生活。

世人在祈求靈性的助力，祈求慰藉；世人害怕，灰心，絕望；那麼多人自殺。就是因爲這樣，我們才一定要專心致志去成爲天主的愛，成爲天主在世間的化身，而且不靠言語，而要靠事工，靠實際具體的愛，靠傾聽。原註2

◆

第一次和最後一次接觸到愛

潔心之家——這是受苦的耶穌於世間的聖體龕（的化身）——妳的手要多純淨才能接觸殘破的身軀；妳們的唇舌要多潔淨才能說出安慰、信仰還有愛的話語；因爲這些在他們許多人都是生平第一次接觸到愛，也很可能是最後一次。妳要是眞的相信耶穌說的，「就是對我做的」，那麼妳對祂的臨在是要有多敏銳啊！原註3

我的兄弟，我的姊妹

基督不是常說：「如同我愛你們，你們也該照樣彼此相愛。」我們知道祂愛我們，祂付出一切來愛我們，好教我們能像祂一樣去愛彼此，尤其是去愛那些一無所有的人，誰也沒有的人……世間有許多人承受種種貧苦的折磨，靈性的貧苦。處境……孤獨無依，沒人要，沒人愛，沒人關心。而我認爲妳們和我，都是天主創造出來愛人、來被人愛的，我們是……爲了更大的目的而創造出來的。我們不單是世界人口當中的一個數字而已。我們是天主的兒女。世上的人是我的兄弟，我的姊妹。就是因爲這樣，耶穌才會那麼強調我們一

定要愛彼此。原註4

以良善去待人

修女們，妳們和我都是被派出去的人。傳教士便是被派出去的人，而我們被派出去做什麼呢？去力行仁愛。「仁愛傳教士」是什麼人呢？是天主愛的使者。穆斯林男性給我們修女的封號多美啊。印度的男性不叫她們仁愛傳教士，而叫她們「神之愛的使者」（Carriers of God's love）。多美的稱呼。原註5

◆

世上的貧苦民眾一天比一天還要貧苦。我求妳們，我的姊妹，以良善去對待他們——去爲他們帶來慰藉，不辭勞苦去協助他們。打開妳的眼睛，看到貧苦民眾的需求。把妳的誓願化成活的行動，全心全意、不計代價去服事貧苦的人——也就是服事基督的苦難化身。原註6

◆

切實去當基督眞正的同工。散發，活出祂的生命。做病苦的人的安慰天使，做小朋友的大朋友，以特殊、熱切的愛去愛彼此，就像耶穌愛妳們每一個人一樣。以良善相待——我寧可妳們因良善而犯錯，也不願妳們以不善去行奇蹟。原註7

以笑相迎

今天，除了物質的貧苦導致世人死於饑饉、死於寒冷、死於街頭，也還有嚴重的貧苦就是沒人要、沒人愛、沒人關心，沒有誰是你的人，沒有誰可以讓你以笑相迎。有的時候這情況就出現在老人家身上，也就是我們說的「病殘者」（shut-in）……他們誰也不是，單單是活著而已，沒人去管，只被當成房門上的號碼來看待，而不是被當成應該被愛、被服事的人來認識。而一旦認識了，就會有愛，有愛就會願意去服事。我們眞的懂這些嗎？原註8

治療病苦

像你們這樣的人做的是醫療的工作，處理的是病痛，面對的人都是因爲嚴重的病痛、嚴重的病苦而來找你們，帶著很大的希望，看你們能不能幫他們做一點什麼，給他們一點什麼，能教他們因爲減輕痛苦而喜悅。但要是他們來的時候滿心都是恐懼，生怕你們做的事會傷害到他們，那是多糟糕的情況啊。有一群醫生、護士組成了團體來找我，說：「請協助我們將我們的生活、我們的工作……奉獻出來，變成神聖的，成爲天主眼中美好的事工。」所以「那些醫生」都有決心要透過他們的工作，進行美好的醫療事工，治療創傷，治療病苦，教人喜樂。原註9

◆

說起痛苦、磨難，這只是給與那人的一個徵象，單獨給那一個人，加在她——那人

——身上，表示那人與天主極爲接近，致使天主可以將祂自己受過的磨難交給那人一起分擔。這並不容易接受，但我們就是要從這裡切入，切入世人的生活，協助他們接受〔發生的事〕。我常說，要是這世上沒有人共同承擔痛苦、將痛苦當做是奉獻，這世界不知會怎樣。原註10

◆

我永遠不會忘記我見過的一位太太，她那時候的疼痛劇烈得不得了。我從沒見過有人這麼痛苦的。她得了癌症，已經瀕臨死亡，十分痛苦，我對她說：「妳知道嗎？這是耶穌在親吻妳，表示妳離十字架上的耶穌那般近，近到祂都親得到妳了。」她聽了雙手交握對我說：「嬤嬤，求您跟耶穌講，不要再親我了。」原註11

就讓他們講、講、講

嬤嬤在英國成立了一支小團體，專門傾聽訴說的團體，去探望老人家，一般的老人院之類的地方，坐著陪老人家聽他們說話，就讓他們講、講、講。即使〔那裡〕只有一個人要講，他們照樣過去聽他講。年紀大的人都愛有人聽他們講話，即使說的是三十年前的往事，但是，這樣子傾聽眞好，我覺得這是非常美好的工作……只要妳開始去探訪那樣的地方、那裡的人，妳很快就會發現，說不定一件小小的事情就可以教他們高興好半天，一件妳可以〔爲他們〕做的小事……妳會發現他們需要什麼，去一次看看，妳就會知道——一本書，一張卡片，都是一些和他們有所接觸的簡單小事。原註12

我媽媽不要我

我永遠忘不了在英國的那年輕男子，我在倫敦的街頭看到他。他的頭髮很長，我對他說：「你不應該在這裡的，你應該在家裡跟父母在一起。」他才二十二、三歲的年紀。但他跟我說：「我媽媽不要我，每次我回去，她都把我關在外面，因爲我留長髮。她不要我，我也不能把頭髮剪掉。」所以他就選擇在街頭流浪，因爲他媽媽不要他。搞不好他那好媽媽很關心印度的饑荒，會用心照顧她身邊的每一個人，但她就是不管自己的孩子。我們回去找的時候，那年輕人躺在地上。吸毒過量。我們把他送到醫院。我不知道他有沒有活下來，因爲我不知道他吃下去多少。那位母親要是有機會再看到她的孩子，她的反應會是什麼呢？「妳不要我。」所以，我們趕快開始要彼此吧。原註13

他們不管誰都沒有

現在在紐約，我們的姊妹已經開始工作，總共有幾處地方，但有一處較爲特別，那裡收留的人有一點像我們在加爾各答街頭帶回來的人，也就是被人忽略的情況比一般還要嚴重……修女們一個禮拜到那裡一次……我們……到那裡去，做那些簡單卑微的工作，像是剪指甲，幫他們洗澡，餵他們吃東西，換衣服，把床鋪弄得舒服一點……我前一陣子去他們那裡，覺得那情況實在很糟糕，但〔之後〕情況好像變得以比前還要糟了。我們正在問我們應該聯絡誰，希望可以取得批准，讓我們每天都可以過去……妳會發現那樣的人，尤其是殘病一類的人。每一處地方都有這樣的人，每一處地方；在醫院就有人是沒人會去探望的，他們不管誰都沒有。所以，像這裡的這個人，他就在等我們的修女們過去幫他刷牙，因爲整整一個禮拜都沒有人給他什麼可以刷牙的東西。但是過了一個禮拜，我們的修女過去了，他已經過世。原註14

安慰孤獨的眾人

有個富豪跟我說：「我在荷蘭有一棟大房子。妳覺得我是不是要割捨那棟房子？」我說：「不必如此，但我要你回去那裡看一看：你要住在那房子裡嗎？」「要，」他說，「我也有豪華的轎車；妳覺得我是不是應該要割捨那輛車子？」我說：「不必如此，但我要你回頭去看看荷蘭那裡有那麼多孤獨的人。然後，我要你偶爾帶幾個孤獨的人回家，好好招待人家。用你的豪華轎車接他們到你漂亮的房子裡開開心心待上幾小時。這樣子，你的大房子就會變成愛的中心，充滿光明，充滿喜樂，充滿生命。」他笑了，說他十分樂意帶人回他家去好好招待，但他還是想要在生命裡面找些東西來割捨掉。我便建議他：「你出門買新衣服的時候，或是別人替你買新衣的時候，不要買最好的，像一件要五十五塊錢的，就可以改買一件五十塊的，把省下來的錢用去爲別人買一點東西，要是爲貧苦人買東西，那更好。」等我說完了，他看起來眞的很驚訝，「喔，這樣就好嗎？嬷嬷？我從沒想過也可以這樣。」等他終於要離開了，他好快樂，想到他可以協助我們的修女，那神情充滿喜樂，他也已經開始計劃要送東西到我們在坦尚尼亞的修女那裡去。

安慰的話語

我一聽到日本神戶發生大地震，就傳消息到大主教那裡，說我們可以派修女過去協助。總共六個人前往那城市去將天主的愛和悲憫送給那裡的居民，特別是老年人。她們沿街慰問災民，神戶一地的死者就超過了五千人，她們安慰災民，給他們希望，鼓舞他們，同時發送必要的物資。我們要爲神戶的災民禱告，爲天災、戰事、動亂殃及的所有人禱告，將他們的痛苦、磨難與耶穌的苦難結合，這樣，他們便找得到力量得以復原。原註15

分擔祂的痛苦是喜樂

妳們已經爲天主的榮耀和貧苦人的福祉做了很多貢獻，而且尚未休止。所以不要害怕——十字架便代表祂偉大的愛——因爲祂賜與你們和祂共同承擔磨難和羞辱的喜樂……這些都能讓妳們展現更大的愛。原註16

讓耶穌成爲你內在的犧牲者

你已經對耶穌說「我願意」，祂就把你的話當眞……已經盈滿的，天主就無法再裝進別的。唯有空的，深刻的匱乏，祂才裝得進東西。而你說的「我願意」，便是你空虛的開始。付出不在於我們眞的「擁有」多少，而在於我們有多虛空，這樣我們才能在自己的生命當中完全接納〔祂〕，而讓祂的生命活在我們身上。

今天，祂願意在你內重現祂對天父的完全順服。你就要讓祂去做。你有什麼感覺並不重要，只要祂在你內感受自在就好了。把你的眼睛從你自己身上挪開，慶祝你一無所有，你什麼也不是，你什麼也做不了。每當你覺得自己的虛空教你害怕的時候，就給耶穌一張大大的笑臉。

耶穌的貧苦便是這樣。你和我一定要讓祂活在我們身上，再經由我們活在這世上。緊緊依靠我們的聖母，因爲她在充滿恩寵、充滿耶穌之前，也一樣必須走過黑暗。「這事怎能成就？」可是她一說「好」，她就急急趕去把耶穌帶給若翰和他的家人。

你要不斷將耶穌帶給你的人，不是用話語，而是用你身體力行的榜樣，用你與耶穌在相愛中所散播主的聖善和主愛的馨香。

懷抱耶穌的喜樂不放，便是你力量的來源。要快樂，要平靜。祂給你什麼你就接受，祂要拿什麼你就給祂，而且臉上帶著大大的笑容。你屬於祂。跟祂說：「我屬於祢，假如祢把我切成碎片，我的每一片也一概只屬於祢。」你要讓耶穌成爲你身上的那個「祭品兼司祭」。譯註71 原註17

◆

我爲妳禱告，祈求我們的聖母與你同在，一如她在十字架下面與耶穌同在一般。不論你有什麼事都可以對她說，求她當你的母親。原註18

◆

我們要是有耶穌，便擁有了一切

你的歡迎詞爲我帶來很大的喜樂和憂傷：喜樂的是你都還好，面對失去那麼多，你卻表現得那麼優雅美麗，有十足如基督一般的堅毅。我眞以你爲榮。憂傷的是失去的那些，但我也忍不住要想，說不定天主讓這樣的事情降臨，是要使你再無羈絆，是要教你分擔十字架苦路的第十站，「他們脱掉祂的衣服」。這便是他們對你做的事。去原諒，遺忘，並帶著笑。感謝天主他們去的時候你正好不在。天主知道你們每一個會遇上的事。我知道你們兩人的感覺，但你們兩人都還年輕，也很堅強。屋子還可以裝修，但要秉持梵諦岡大公會議（Vatican Council）的精神來做，要做得漂亮，值得讓天主的聖殿進駐。我們這裡一樣也在承擔基督受難的痛苦。饑饉，洪水，疾病，動亂——那麼多磨難，那麼多誤解。看見自己的人受這麼多罪，是很大的痛苦。有戰亂的國家——又再是更多的苦難——那裡的教會，我常常說、時常說：「感謝天主，有天主將我們握在手中。」我們的收容中心擠滿了人，沒人要的孩子，病重、垂死的人，沒人要照顧的老年人，但我們一定要保持微笑，完全順從天主，對我們的近人懷抱愛的信任——不論是怎樣的近人。祂是光，永遠不會熄滅。祂是道路，永遠不會歪曲。祂是眞理，最終會戰勝一切。祂是生命，永遠不會死亡。我們要是有耶穌，便擁有了一切。所以我們就要帶著笑臉一直靠在耶穌旁邊。原註19

受苦是最大的財富

我常爲你〔妳〕禱告，祈禱你能善加利用生命爲你帶來的能力和痛苦，做爲通往眞正神聖的途徑。我們要感謝天主對你的愛，感謝天主降臨在你身上，感謝天主的恩寵讓你接受你的憂苦是天主的賜與。這一定很不好受——可是，木頭十字架一定也很沉重。不要因爲自己做不到別人做得到的事，而覺得自己沒用。耶穌的十字架，聖母瑪利亞的苦難，還有那麼多基督徒的苦難，是全世界最大的財富。你也是這財富的一份子。我祈禱你願意讓

耶穌在你身上活得更完全，也願祂與你分擔祂的苦難是祂溫柔的愛著你的記號。帶著笑把你的一切獻給我們修會吧。原註20

慰唁

你的父親已經回到耶穌的家了——是祂先愛了他，賜給他生命。現在他已經回到耶穌身邊，而耶穌在你心中，他便也在你的心中，比以前還要更加靠近你，在爲你禱告，在看顧你。但願這思想可以撫慰你的悲傷。這一陣子我會以特別的方式爲你母親禱告。原註21

◆

謝謝你來信……告訴我你侄子過世的悲傷消息。請代我向你兄、嫂致上最深的弔唁，也向他們保證我爲他們做的禱告會教他們從天主那裡得到安慰和力量。這對你們一定是很大的打擊，你們在那孩子過世前三天才見過他，活潑又健康。天主是我們慈愛的父，了解我們，愛我們，知道怎樣對我們最好，帶〔那孩子〕到天堂去陪祂，他現在在天堂有的是天主要我們過的完整生命。所以，做父母的想到〔他〕並不是帶著罪過死去，而是因爲天主的愛和慈悲而在天堂活得精神抖擻，就會覺得快樂又安慰。有孩子爲親愛的父母代求，天主便會在適當的時間賜與〔做父母的〕接近天主之恩。我很高興在這樣的當口有你陪在〔孩子的父母〕身邊，以基督徒的方式安慰他們，給他們力量。天主依祂自定的時間會治好他們的創傷，以溫柔的方式帶領他們往好的方向走。原註22

◆

得知你姊姊過世的消息，我十分難過。我們要爲她禱告——祈禱天主與她分享祂的榮耀。我也在爲你禱告，祈禱天主賜與你恩寵，以勇氣甚至喜樂去接受失親的事，知道她已經回到耶穌的天家，而〔比以前〕還更親近你。感謝天主賜與你機會去照顧她，現在天主要你把心力用在你的家人和其他人身上，尤其是孤獨無依、沒人要的那些。把你去愛的心交給祂吧。原註23

◆

我很難過聽到你姊姊……忽然過世。然而，我相信你的信仰一定能夠協助你以喜樂的心去接受這件事，因爲她已經回到耶穌的天家，現在和祂一起在天堂。她在那裡也一定會爲你禱告。現在她既然和耶穌在一起，而耶穌又在你的心中，她便也在你的心中，比以前還要更親近你。原註24

德蘭修女的身教：見證

不論是誰她都願意傾聽

我以前在母院大門當過門房。每次有人來訪，我就要到嬤嬤的房間去把訪客的名片交給她，還有別的事情等等的，而每次嬤嬤都會祝福我，也馬上會站起來走到小禮拜堂的走廊或是到樓下的會客室去接見他們。不論誰來她都會見，不論貧富貴賤。嬤嬤不論是誰都願意傾聽。有的人來只是爲了摸一下她的腳，求到福德[譯註82]，要到了她的祝福就走。而不論是誰見過她，走的時候臉上都帶著開心的笑容。嬤嬤還會和他們一起禱告，有麻煩或是痛苦的人，她就帶他們到小聖堂去一起禱告。

◆

她向來都會送他們顯靈聖牌，還有她的「名片」。她的做法都很簡單，但是大家都會感動。許多人的創傷還因此得以康復，因爲嬤嬤滿心都是耶穌，能將祂的平和散發到那些憂苦的人身上。

◆

嬤嬤在他身邊坐下，聽他說，鼓勵他。在嬤嬤心裡，這是「一天二十四小時都看到耶穌」，不論是在這個流鼻涕、沒穿衣服、眼睛發炎的小孩子身上，還是在那些珠光寶氣的有錢人身上，他們從世界各地跑來看她一眼，有的時候還從很遠的地方來。她燦爛的笑容點亮每一顆心，有的人因爲感覺到耶穌暗暗碰觸到了他們內心深處，而會落淚，有的人則是因爲內心的喜樂而覺得開懷。[原註25]

◆

我哥哥過世的時候，我找嬤嬤求她祝福。嬤嬤給了我祝福，把我抱在懷裡說：「我的孩子啊，耶穌太愛妳了，所以才會要妳一起承擔。」嬤嬤看著我，滿臉慈祥。她那慈祥的眼神，教我深爲感動，教我眞的感覺到了安慰，也給了我力量和勇氣再往前走。原註26

重新找回平靜

我常和她一起坐在她辦公室外的長凳上面，談我在工作遇到的難題、我的孩子不守教規，或是我丈夫不是天主教徒等等煩惱。而她向來要我相信耶穌比我還愛他們，祂一定會照看他們的。她握住我的手，交給我一串唸珠，要我每天拿著唸珠祈求童貞聖母瑪利亞爲他們代求，他們就會回頭的。而我的信心雖然沒那麼堅定，但是我的孩子確實是有一個回頭了，重新開始遵守教規，我丈夫也開始在問禱告和天主愛他之類的問題，這在他是前所未有的念頭。原註27

◆

有一次嬤嬤到蒂塔加爾去視察，那裡有個痲瘋病人，雖然已經畸形，但還是會協助那裡的修女替別人包紮傷口，分送食物和藥物等等，總是跟在修女身邊。後來他完全失明了，手指、腳趾也一根不剩。他走到嬤嬤附近，哭道：「嬤嬤，我瞎了，我看不到妳了，我一點也沒有用了，幫不上一點忙。」嬤嬤跟他說：「唉呀，我的孩子，別擔心。沒有多久我們都會去我們家的另一邊，在那裡什麼都是新的！有新的眼睛可以看，新的手，什麼都是新的！我們會看到天主，祂那麼愛我們！」他便問道：「嬤嬤，那是什麼時候呢？求求妳！

我要快一點過去！」這便是嬤嬤在激發他人嚮往新生命，不教他們被生活的痛苦淹沒。從那天起〔他〕就再也不悲傷了，反而十分快樂，等著前往天家的那一天來到。原註28

◆

有死者的親友來見她時，她會安慰他們說……我們都是從天主那兒來的，也都要回到天主身邊。原註29

我覺得自己完完全全被人所愛

嬤嬤不肯重新做一次訪問。她說就算有什麼地方不太對，那也是天主的意旨。她不肯重來，我很沮喪。在那一刻，好像她感覺了到我的心情，她伸手拿下我臉上的墨鏡，說：「——你睡得不夠呢。」簡簡單單的一句話，但她散發出來的能量漫無止境。時間好像瞬間停止。我的心在胸口不停脹大，只覺得有強大的愛從她流向我這邊，穿過我再流回到她那邊。這樣的愛，我一直渴望能從父母、朋友、愛人那邊得到，但在那一刻之前，我始終沒感受過。而由那一刻覺察力瞬間拉高的狀態，我忽然明瞭天主眞的存在，天主便是這樣的愛，德蘭修女便是傳送這種愛的水道。我覺得自己是完完全全被人放在心裡、被人所愛的。我什麼也沒說，但是嬤嬤抓住這一刻的機會，就像看穿了我的心思似的，她說：「我們要感謝天主。」她把繫在腰帶上的唸珠拿下來，開始禱告。我呢，十四年沒禱告了，也跪下跟著嬤嬤一起唸玫瑰經，眼淚又再從我臉上流下。原註30

在你兒子身上看到祂

一天，有個年輕父親帶著孩子來到我們母院的大門前面，要跟嬤嬤求「福德」。他帶著他兩歲大的兒子。後來，這位先生還成了嬤嬤的同工。下述這一段對話是他們在母院裡面講的，我覺得非常動人，所以過後我馬上記下來。下面便是這段對話：

年輕人：嬤嬤，這是我兒子（把孩子牽到嬤嬤面前）。他媽媽的性情喜怒無常，有的時候會疼一下孩子，不過多半還是扔著他不管。我有工作要做，但是卻不得不全天都要費神照顧他，陪他，餵他吃，有的時候這孩子也搞得人受不了！我該怎麼辦呢？

嬤嬤：你照顧他的時候，就做這樣的禱告：「天主，這孩子是祢的化身，求祢現在與我同在，永遠與我同在。感謝祢，天主，因爲祢就是我兒子，而我也是祢的兒子。感謝祢，天主，因爲我可以服事祢，如同祢服事我們全體一般。感謝祢，天主，因爲我可以愛祢如同祢愛我們全體一般。感謝祢，因爲今天祢需要依賴我，如同我始終需要依賴祢一般。感謝祢，天主，因爲祢入睡時把頭搭在我肩上，如同我的頭永遠都搭在祢肩上一般。感謝祢，天主，因爲祢拉著我的手的時候，我知道祢與我同在。感謝祢，天主，因爲祢要我餵祢吃東西，而我們也是由祢在餵的。感謝祢，天主，等祢長大了，我知道我就可以依靠祢了。感謝祢，天主，用這麼深的感情來當我的兒子。

嬤嬤做這禱告的時候，那孩子的父親無聲啜泣，但他走的時候，臉上的神色十分平和。[31]

原註31

挑出最沒人愛的

她和貧苦人相處的時候，最特出的一件事便是，她的第一眼還有她安慰的話語，一定是送給人群中最貧苦、最骯髒的那一個人。原註32

◆

我們在〔墨西哥〕的提華納探望那裡的神父，他們的神學院緊臨一大片貧民窟，一區一區佈滿樹林和棚屋，常常是一大家子十或十二個人全擠在一間房間裡。嬤嬤看到遠遠的路底，在很遠很陡的小山丘上面，有一個老婦人坐在小小一座棚屋的外面。一天下午，她看著我說：「嬤嬤要到那山丘上去，我們一定要去看那個老太太，她自己一人，身邊誰也沒有。」我們到了那裡的時候，老婦人緊緊盯著嬤嬤，沒辦法把視線挪開。她露出開懷的神色，第一次對旁人有了回應。嬤嬤握住她的手，輕聲對她說話。我們要走的時候，她對嬤嬤喊道：「欸，妳叫啥呢？」她根本不知道嬤嬤是誰，卻被嬤嬤的精神徹底收服了。嬤嬤回答她：「我叫德蘭修女。」那老婦人再問：「那妳打哪裡來的啊？」「喔，我從加爾各答來的。」之後我們就離開那裡。嬤嬤眼睛連眨也不眨，一個字也沒說。原註33

◆

有一次我和嬤嬤在一條小路旁邊等車子來接我們。人群熙來攘往，她注意到有個男子不太走得上小路來，她便伸手去扶他，雖然她自己也沒什麼力氣。她身邊那麼多人，連我

在內，竟然都沒發覺這男子在掙扎。原註34

學著去看到耶穌

我記得有一次在發願典禮的時候，她注意到人群裡一名女子在哭泣。她叫她來，跟她說話，發現她曾經墮胎。她馬上叫來神父，幫她和她丈夫去辦告解。之後她跟我們說這件事，「姊妹們啊，怎麼嬤嬤看得到妳們卻都沒看到呢？請妳們要多學著在人群裡看到耶穌！」原註35

你好，我叫德蘭修女

嬤嬤〔在機場〕坐在貴賓室裡和幾位修女講話，有個中年女子從嬤嬤面前走過，往貴賓室的後面去，翻開一本雜誌便開始看了起來。我這人正好什麼都會去注意，就覺得這情況有一點反常。在機場外面，人人都想要摸一下嬤嬤，這女子卻從嬤嬤面前走過去，沒注意到嬤嬤就在她面前。她的外貌特別惹我注意的是空洞的感覺，臉上帶著悲傷。她的臉色甚至好像沒有生氣。過了幾分鐘，貴賓室的幾位服務員來了，說：「嬤嬤，準備好了，」幾個修女便說「Aacha〔好〕」，一行人站起來……〔嬤嬤〕在最後面，我又在嬤嬤後面，〔我們快要走出貴賓室的時候〕嬤嬤牽起我的手說：「神父，請跟我來。」她走向貴賓室後面，朝那位婦人走去。在先前仁愛修女會那一團混亂當中，她是怎麼發覺到這位婦人的？我不知道。總之，嬤嬤走向那婦人，伸手到自己袋子裡把她自己所稱的「名片」拿出來，那是哥倫布騎士會（the Knights of Columbus，天主教兄弟會志願者組織）〔為她〕印的原註36。

她彎腰靠近那婦人說：「您好，我叫德蘭修女。我想給妳我的名片。」那婦人把眼睛從雜誌上抬起來，我聽到她好像小聲說了什麼。嬤嬤把名片給她，緊握她的手，看向她的眼睛。總計三十秒吧，不會超過，之後我們便走了。但是走到門邊，我回頭看一下那婦人，看到她在讀名片上的字，臉上露出了笑容。她的神色整個都變了。嬤嬤就是有這般深邃的天賦，痛苦、孤獨埋得再深她也看得出來，而且一定會伸出關懷的手。這是她十分特別的一點。原註37

嬤嬤在趕路，但在路上被一個貧民攔下

瑪利亞修女最近回想起當年孟加拉暴動時的一件事：有兩個修女陪著德蘭修女趕著要去為難民營採購緊急用品，但在路上被一個貧民攔下來，他要跟嬤嬤說話。瑪利亞修女說那真是最好的一課，看著嬤嬤那麼著急在趕路，卻還是願意花上四或五分鐘去聽那人說他的苦處，而且滿懷悲憫，一點也沒分心。瑪利亞修女說那對她而言便是聖人真正的標記。原註38

一九九一年十二月印度教徒和穆斯林爆發暴動的時候，嬤嬤親自前往暴動的地區，拿著唸珠闔掌祈禱。她常跟我們說，一有困難就一定要禱告，信任天主，困難就會解決。原註39

我求你們要和善

我有幸到阿爾巴尼亞的都拉斯（Durrës）去，那裡有我們新成立的團體。嬤嬤那時就在那裡。我看得出來她眼見自己的同胞過的是那麼悲慘的生活，十分心痛。那裡那時什麼都沒有，百廢待舉，物質、精神無不如此。嬤嬤常到我們的會院來，我們那裡〔有〕倉庫，國外運送過來的物資大多存放在我們那裡。嬤嬤會說：「妳們對每一個人一定要很和善，他們已經吃遍了苦頭。我闔掌求妳們，對他們要和善。」這樣的話嬤嬤說了再說。嬤嬤也會說：「不管誰來都要歡迎。來這裡的神父，他們沒別的地方可去，妳們要照顧他們，提供飲食，直到他們找到去處爲止。」我們院會開張那一天，嬤嬤高興得不得了，說：「耶穌對我們的愛多偉大啊。這裡是全市唯一有聖體龕的地方，而耶穌就挑中了我們替祂傳揚祂的名。」嬤嬤對我們說了許多愛、理解、悲憫的話。嬤嬤一直說：「彼此相愛，彼此付出。他們一定要在妳們身上看得到耶穌。他們想必受盡了傷害，妳們不要再傷害他們。」原註40

把我的雨傘給那警察

那時颳季風，傍晚的時候，嬤嬤回來時滂沱大雨才剛停。不過一個月前她才剛生過一場大病。那天雨下得好大，兒童之家的人行道都泡在骯髒的雨水下面，搞得我們那一帶〔看起來〕很像威尼斯！嬤嬤的車子想要開過積水的路面，可是司機點頭表示開過去有問題。陪著嬤嬤的幾個姊妹要嬤嬤待在車上等著。可是嬤嬤那時已經先一步下車了，把她身上的紗麗〔撩到〕膝蓋上方，就開始涉水朝母院走過去。嬤嬤一路向同行的姊妹保證她一定可以回到院裡，不會出事，同時也瞥見了一名交通警察張開兩隻手臂忙著在指揮交通。那人沒撐傘，天上也還在飄著細雨。嬤嬤走到兒童之家的大門時，叫來一個修女，擔心地吩咐她：「姊妹啊，把我的傘給那警察，他明天還會來這裡值勤，請他明天來時把雨傘還過來就好了。」原註41

祝福這婚姻

有一名年紀很大的孟加拉印度教婆羅門到我的辦公室來，說要爲他女兒的婚姻求一些佈施。我跟他說我最多能捐五十盧比。這位老人家的樣子我看了很不忍心。我便要他等一等，接著我打電話給嬤嬤，跟她說我要讓一個老人家到她那裡去，老人家有困難，我問嬤嬤是不是可以幫他。我沒提他女兒結婚的事。之後，我把這件事全都忘了。過了兩或三個月吧，這位婆羅門老人家看到我，高興得不得了，話都講不清楚。他跟我說嬤嬤幫他打點了他女兒結婚的所有事情。他還請嬤嬤去參加女兒的婚禮，但不指望嬤嬤會親自出席。可是嬤嬤在婚禮那天眞的到他家去了，還問這位印度教老人家她可不可以祝福新人，這位信印度教的老人家很高興，答應了。嬤嬤跪下向天父禱告，祝福新人。嬤嬤要走時候，新郎要嬤嬤爲他禱告，因爲他要參加就業考試。嬤嬤也簡單對那年輕人說她會爲他禱告。我說眞的，這年輕的印度教男子眞幸運，考試過關，拿到了工作。原註42

半夜十一點的一絲希望

有一次，有個建築包商找上嬤嬤想問一問有什麼工作是他可以做來奉獻的。嬤嬤便要〔他〕爲坦格拉（Tangra）的妓女蓋一棟房子——他照做了。幾年後他破產，最後和他弟弟雙雙自殺。留下的遺孀被家人／神父／朋友譴責，〔因為她們〕死去的丈夫〔犯下這樣的罪〕。幾乎沒人願意接納她們。這時，她們突然接到仁愛修女會修女打來的電話，說德蘭修女剛從國外回來，聽到她們丈夫過世的消息，想要在她從機場回母院的途中，去探望一下兩位寡婦。只是她們很怕又會再聽到別人對她們講難聽的話。半夜十一點，嬤嬤由一位修女陪同來到她們家，〔嬤嬤〕帶著笑對她們說，〔她們的〕丈夫都是很好的人，謝謝她們丈夫生前的奉獻，讓那麼多妓女找得到庇護的地方，她也向她們保證天主一定會看顧她們。〔她們丈夫〕死後這兩位寡婦第一次看到了一絲希望，讓她們有了新生的勇氣去面對人生的殘酷，如今她們都已經重新站穩了腳跟。原註43

一切生命的美好

嬤嬤教會我去看一切生命的美好，縱使疾病和畸形可能教人不忍卒睹。在最危急的時候，她好像最平靜。一有機會她就會去協助志工了解〔耶穌〕化身為貧苦中最貧苦的人，給我們機會去愛祂，去直接服事祂。她常說貧苦人是天主給我們的恩賜。原註44

嬤嬤親吻那雙粗糙長滿老繭的手

一九七〇年，我有幸陪同德蘭修女去參加〔美國〕全國天主教婦女協會的大會，大會要褒揚嬤嬤為天主的貧苦民眾所做的偉大奉獻。會議期間，有一天嬤嬤和我一起坐在會場的一間小隔間裡，來參加大會的婦女成天在我們那小隔間進進出出的。那些婦女大多穿著華貴，看得出來都是有錢人家，但有一名女子的穿著偏偏和其他人不同，樸素，陳舊，朝我們走過來的時候還相當羞怯。她站在一邊，一直看著嬤嬤，眼神透著渴望，我便走過去看看是不是能幫忙。她好像連開口問是不是可以跟德蘭修女講幾句話都怕得很。我馬上帶她到嬤嬤那邊，嬤嬤請她進隔間裡去坐在她身邊。那女子非常害羞，跟我們說她丈夫得了重病，他們農場上的工作他再也沒辦法做了。她求德蘭修女爲他禱告，祈求他能康復。她丈夫在農場的工作全由她一人接手來做，她也求我們爲她禱告，讓她可以撐下去，同時扛起家務、烹飪還有照顧年幼孩子的事情。

這年輕女子講話的時候，雙手緊緊交握擺在腿上，我便看到她的手又粗又紅，手指頭龜裂紅腫。德蘭修女也注意到了，這時幾滴眼淚從這女子的臉滑落，滴在她操勞過度的手上。嬤嬤看了，就把她粗糙長滿老繭的雙手握在自己手中，抬起來送到唇邊輕輕吻了一下，再緊緊握著她的手向她保證我們一定會爲她的丈夫禱告，祈求他早日康復。那女子又再待了一會兒，跟我們說她的家人，說他們全家人守住那農場對他們有多重要，那農場是她丈夫家族住了好幾代的地方。之後，她謝謝我們就告辭了。德蘭修女看著她離去的身影，輕聲歎道，「多偉大的愛。」原註45

因爲爆炸事故受到重傷

那禮拜後來我接到一通電話，一位女子跟我說她年幼的兒子在一場爆炸事故當中身受重傷，她想問問看她和她丈夫是不是可以把孩子帶來見見德蘭修女。那天傍晚，那一家人帶著兒子來到我家，孩子才十一歲，他因爲撿了一根炸藥點燃起來，以爲那是照明彈之類的東西，可以拿來當火炬，導致雙眼被炸瞎了，兩手也都被炸斷。孩子的臉留下可怕的疤痕，手臂只剩殘肢。看著他失去視力的雙眼，很難不為他落淚。

我領著那男孩和他的父母到我家的客廳，德蘭修女就等在那裡。她請男孩坐到她身邊，把他悽慘的殘肢握在她的掌心，跟他講話的時候始終沒有放開。男孩跟德蘭修女說他是在天主教學校頭一次知道德蘭修女的，甚至在出事之前還讀過相關的文章。他一直想要跟她講話，因為他知道修女會把他到底變成了什麼模樣老實跟他說，也想問問看修女對他的前途有何建議，畢竟他已經嚴重殘障。嬤嬤的回答好美，在場的每一個人聽了都忍不住掉淚。首先，她用手輕輕劃過男孩臉上的疤，告訴他在她看來這些疤痕讓他顯得更加豪邁，堅強，有一種英勇的氣質。接著他問嬤嬤他的殘肢看起來是不是很可怕，嬤嬤把他兩條殘肢捧在手上，輕輕撫摸殘肢上疤痕最嚴重的地方，親吻兩條殘肢，跟他說，他的殘肢一點也不難看，是看起來十分健壯的手臂，只是沒有手掌而已。再下來兩人談了談他對自己前途的看法，講他日後要當心理輔導師，運用自己的經驗輔導他人克服肢體的殘障。那場面我們沒有一個人忘得了，男孩對未來的憧憬，由他先前讀過、十分仰慕、擁有過人勇氣的人，給與支持和鼓勵。兩人都確定，有耶穌的協助，終有一天他會達成目標！我滿心希望也禱告祈求他能成功。原註46

嬤嬤一概有時間分給他們

嬤嬤在世的最後一年，活動大多僅限於母院，而且在二樓。在這樣的情況，嬤嬤開始當起了我說的「露台使徒」（balcony apostolate）。不論是誰來見她，她都會接見，滿懷溫暖，慈祥而幽默。有的人帶來自己的苦難，有的人帶來關切或是希望，嬤嬤一概有時間分給他們，指點他們到天主的面前。有一次我在露台等了很久，想要跟她講話，那時她正在接待訪客。最後嬤嬤終於來到我面前，對我講話。我鬆了一大口氣，終於等到她注意到我了。這時一個貧苦人爬上樓梯站在遠處看著我們。嬤嬤看到他，就先從我這邊告退，說：「不好意思，神父，那人跑了那麼遠的路。」她就扔下我去聽那人說話！我有一點洩氣，又要再等，但這時我才發覺我竟然覺得自己比那人還要重要。而嬤嬤顯然覺得那人才是比較重要的，因為他的需求和痛苦都寫在他的臉上——所以，她拿出天主的關懷，先去關心他。她在露台坐著輪椅去見的人，不論是誰，她都會要〔他們〕禱告，送聖牌給他們，請他們信任天主的好。她講話時，心裡始終都帶著這樣的目的，透過她生平的小故事要將天主的好顯現出來，那小故事講的是耶穌在我們的生命中與我們何等親近同在，而且事事都會照看到。她還教導我們，天主便在依靠你我去代祂照看貧苦的人。我們看做是困難的，嬤嬤看做是「機會」——照看祂苦難化身的機會……她向來都從正面去看事情。原註47

天上來的安慰

我蒙天主恩寵而得以轉變，是透過真福德蘭修女譯註83的關係。那時我心念一動，覺得天主要我拿起小祈禱書〈耶穌是我的一切〉（Jesus Is My All in All）向真福德蘭修女做「九日敬禮」譯註84祈禱……我以前也做過九日敬禮，但這一次在九天的祈禱文中有一天的祈禱文卻特別吸引我，那一段講的是基督的愛。那時我覺得聖神傾注到我的靈魂當中，格外洋溢著像基督那樣去愛的喜樂。那時我讀的那一段祈禱文就這樣改變了我的心，先前我一度相當消沉，覺得自己的心沒有多少感情或是愛，也不太能夠相信耶穌真的愛我。在那一刻，我知道這是神蹟，因爲那是剎那間就出現的。我在天主的聖神當中感覺到新的生命力。接著我覺得有召叫在要我將基督的愛分送出去，覺得天主在我身上行動，要我對一對母子展現基督徒的愛。那孩子的模樣好憂傷，我覺得德蘭修女的精神也會秉承她對基督的愛而對那孩子伸出關愛的手。之後我又再覺得耶穌真的在叫我去協助他人，我的聖召便是去愛耶穌。德蘭修女就以這麼特別的方式，帶領我回到童貞聖母瑪利亞的跟前。

默想

「願我們的主耶穌基督的天主和父，仁慈的父和施與各種安慰的天主受讚揚，是祂在我們的各種磨難中，常安慰我們，爲使我們能以自己由天主所親受的安慰，去安慰那些在各種困難中的人。」（《格林多後書》第一章第三至四節）

「愛天主的喜樂要常懷在心，將這喜樂分送與你遇見的每一個人，特別是你的家人。努力成聖——我們一起禱告。」原註48

我是不是害怕插手別人的苦難，所以保持距離？我是不是會拿「別人的事你少管」或是「別人的事你少操心」做藉口而不去協助深陷痛苦的人？

我能「愛到痛」嗎？也就是我能爲了協助有需要的人而捨棄些許自身的安適、方便、快樂嗎？

對於別人的痛苦，我懂得發揮更敏銳的感應力嗎？我懂得在所屬的團體或是家人、朋友、同事、認識的人當中去注意是不是有誰身陷憂苦，而能以小小的舉動，像是一句安慰的話或是臉上的笑容，照亮他們那一天的心境？我懂得怎樣以實際、尊重、不強迫的方式去做這樣的事嗎？

祈禱文

基督的靈魂助我成聖。
基督的聖體拯救我。
基督的寶血使我陶醉。
基督肋間的聖水洗淨我。
基督的苦難鞏固我。
我親愛的好耶穌請垂聽我。
在祢的創傷當中藏著我。
千萬不要教我離開祢。
保護我去抵禦邪惡的仇敵。
在我臨終時召叫我來到祢的跟前，

我將連同祢的諸位聖人一起讚美祢，
直到永遠，
阿們。

——德蘭修女每日做此祈禱

【第十四章】

為生者死者祈求

重拾禱告

有的時候我們再怎麼努力好像也沒辦法幫上人家的忙，唯一能做的事，不過就是為他們禱告。

——德蘭修女

「爲生者死者祈求」雖然被教會列爲哀矜事工的最後一項，卻不可以看做是萬不得已的最後手段——也就是（諸法皆告無效！）無奈之下唯有如此。其實還正好相反，這應該是最優先的手段——也就是在改循他法之前最先應該去做的事。德蘭修女能夠以她非凡的信心力行其他種種哀矜事工，而且做出那麼大的貢獻，禱告恐怕便是成就的癥結所在。

將我們的心、智和天主做緊密的結合，和天主建立起關係，這在德蘭修女一生始終佔有無比重要的地位。她常說：「血液之於人體的意義，猶如禱告之於靈魂。」她極爲強調禱告在人的生命是不可或缺的事情。「我們在日常生活就需要與天主有這般親密的連繫，而這要怎麼去做呢？就是要禱告。」原註1禱告在德蘭修女心中便是在和天主對話：「天主在跟我講話，我也在和天主講話；就這麼簡單——這就叫做禱告！」原註2「很多人看嬷嬷禱告都會看到入迷。他們會坐在一旁看她禱告，沉浸到這樣的奧蹟裡去。」原註3她並沒做出什麼不得了的事。「她不會在小聖堂待上很久的時間，但她對禱告的次數守得很緊，」所以在她身邊的人都看得很出來，「嬷嬷的生活就是不斷在和耶穌聯繫，這樣的聯繫並非滿是慰藉和狂喜，而是信仰。」原註4

教會提議「爲生者死者祈求」是哀矜事工之一。因此，爲他人禱告就是我們必不可少的一件事了，而德蘭修女身體力行，就在提醒我們，爲他人禱告應該深植在我們與天主的親密關係當中。許多人便是因爲感覺到德蘭修女與天主那麼親近，才會求她爲他們禱告。她也都會答應，每天嚴格信守她對他人的承諾。信徒於彌撒時作自發性信友禱文時刻時，她一定會大聲而清楚地說出禱告：「爲了那些求我們爲他們祈禱的人，爲了那些我們答應爲他們祈禱的人。」她就用這樣的方式在禱告當中將有需要的每一個人，扶起來送進天主的關愛當中，將他們託付給天主慈愛的眷顧。

有的時候我們再怎麼努力好像也沒辦法幫上人家的忙，唯一能做的事，不過就是爲他們禱告。所以，爲別人禱告也就是愛護那人最終的表示。將某人放在禱告當中呈現到天主面前，祈求天主賜福世人、協助生者、接納死者享有永生的快樂，便是德蘭修女實踐哀矜事工的卓越奉獻。

德蘭修女的言教

每一位仁愛傳教士禱告的時候，對天主關愛世人都要有絕對的信心。我們的禱告要像小孩子祈禱一般，洋溢溫順的虔敬、深厚的敬意、謙卑、平靜、簡樸。原註5

轉向祂

要重拾，我說啊，你們的生活要重拾禱告。你們說不定沒辦法做長一點的禱告，但還是要禱告。轉向祂：「我的天主我愛祢。」祂對我們的愛那麼寬仁，都寫在聖經裡，即使有母親會忘了自己的孩子，現在這世界就是這樣——像是墮胎。這就是母親忘了孩子。「縱然她們能忘掉，我也不會忘掉你啊！我已把你刻在我的手掌上。你在我眼中是寶貴的。我愛慕你。」（《依撒意亞》第四十九章第十五至十六節，第四十三章第四節）這些聖經裡的字句都是針對你我的。所以，我們應該要祈求我們的天主維護我們的家庭完整，維持我們彼此相愛的喜樂，讓你的心依靠瑪利亞而在耶穌聖心裡維持充滿愛的心，而誰最能幫助你維護家庭完整呢？瑪利亞和若瑟。他們經歷過彼此相愛的喜樂，還有天主愛的平和和寬仁。原註6

禱告並奉獻

在法蒂瑪聖母無玷聖心（Immaculate Heart at Fatima）給我們的訊息，在嬤嬤看來似乎就包含在她的使命裡面（「禱告，要為罪人多多禱告並為他們作犧牲，有那麼多罪人下地獄就是因為沒有人要為他們作犧牲〔和禱告〕。」這是一九一七年八月十九日聖母瑪利亞在法蒂瑪說的話）譯註85。嬤嬤親口說過：「我們的修會就是因為她的哀求才誕生的。」嬤嬤有堅定的決心，非得完成她的召叫不可，因而踏出新的一步，邁向新的生命道路。原註7

而這要怎麼開始呢？從一起禱告開始

要能去愛沒人愛的，為沒人要的、沒人愛的、沒人關心的人付出妳心裡的愛，就要從家裡〔開始去愛〕。而這要怎麼開始呢？從全家一起禱告開始。因為禱告的果實便是加深信仰。之後，我就會相信不論我做什麼真的都是在為天主祂做的，這便是加深信仰。而信仰的果實就是愛，天主愛我，我愛我的兄弟、我的姊妹。不管〔哪一〕宗教，不管〔哪一〕膚色，不管〔哪一〕地方，我的兄弟、我的姊妹都是由天主祂創造出來的——同一隻手——之後，愛的果實就要化做行動，就一定要去服事，我應該去做些什麼。所以，我們要祈禱將禱告帶回我們的家庭。一起禱告，眞的有勇氣去爲天主做一些美好的事，而不論你們爲彼此做了什麼，都是在對天主做的。原註8

◆

將禱告帶進家庭

一想到天主愛我，而我能愛你、你能愛我，一如祂愛我們，這樣眞是美好。天主賜給我們多奇妙的恩典。連貧苦的人也是天主賜與我們的恩典，這對我們這些入世默觀者是多大的殊榮。所以，我們就該學習禱告。教你們學校裡的孩子怎樣去做禱告。在家裡也要教自己的孩子怎樣去做禱告，因爲有禱告的地方就會有愛，有愛的地方就會有和平。在當今遠比以前需要我們爲和平禱告。我們可不要忘了愛的事工就是和平的事工，喜樂的事工，共享的事工。原註9

◆

我們要從哪裡開始呢？從家裡開始。而我們又要怎樣開始去愛呢？從禱告開始，把禱告帶進家裡，因爲禱告會帶給我們純淨的心，向來都會。而純淨的心看得到天主。大家要是在彼此身上都看到了天主，自然就會去愛彼此。就是因爲這樣，把禱告帶進家裡才會那麼重要，因爲在一起禱告的家庭不會離散。而家人不離不棄，自然會愛彼此，如同天主愛我們每一個人。所以，協助人人懂得禱告才會這麼重要。原註10

◆

有史以來就以現今最爲需要禱告。我覺得世界的諸般問題，其根源就在家庭沒有時間去關心孩子、去禱告、去聚在一起。原註11

花時間去禱告

我聽說你們這裡，家庭裡面因爲子女毆打父母、父母毆打子女而有種種的痛苦。所以我要再說一次，禱告。把禱告帶進你們的生活、帶進你們的家庭。成爲你孩子的母親。花時間去當個母親。孩子從學校回來，妳在家嗎？妳在家等著要抱抱孩子嗎？妳在家等著要愛妳的孩子嗎？妳在家等著要給孩子援手嗎？還是——妳忙到連看一眼孩子、對孩子笑一笑的時間也沒有；孩子就這樣傷了心……這是事實。原註12

親愛的天主，感謝祢

下面是讓孩子爲父母、和父母一起做的禱告：

親愛的天主，

感謝祢賜給我家庭，賜給我深愛我的父母，讓我可以上學、可以學習成長，這樣我們才可以去服事需要我們的人。求祢將愛的喜樂保留在我們心裡，教我們去愛父母、兄弟姊妹、師長以及每一位同伴。因爲愛他們就是愛祢，而我們要是愛祢，我們的心就能維持純潔，祢也就能常住在我們心裡。求祢一直照看我們保有純潔和聖潔，如同當初祢創造我們之時。照看我們始終維持美好，直到生命終了。求祢那天帶我們回到祢的天家，在天堂與祢一同生活直到永遠。

願主祝福你們。原註13

結婚當天

請下這樣的決心，在結婚當天彼此都要給對方美好的東西。而最美好的東西就是童貞的心，童貞的身體，童貞的靈魂。這是年輕男子可以獻給年輕女子最好的禮物，年輕女子獻給年輕男子的也是如此。

◆

我們都應該爲我們的年輕人祈求這一件事：愛的喜樂能爲他們在犧牲中帶來喜樂。這是他們應該學會分享的犧牲。要是犯了錯，錯誤就已經造成了；那就應該要有勇氣去接納孩子，而不是毀掉孩子。因爲那是罪，那是謀殺。那樣的罪是更大的罪：那是在毀掉天主的肖像，毀掉天主最美好的創造，也就是生命。所以，今天我們聚在一起的時候，我們一起禱告。我們一起爲彼此禱告，祈求大家愛天主如同天主愛我們。因爲天主也給我們每一個人恩賜。祂賜與我們得以終身都在寬仁和愛當中享有忠實、私人的友情。我們在生活中都有這樣的體驗，天主愛我們。現在輪到我們將這種終身、忠實、私人的友情付與祂，這就要從我們在家裡一起禱告開始。把孩子帶回來，把家人共禱帶回來。原註14

天主所結合的

親愛的愛爾蘭民眾，值此重要的時刻，你們的國家即將針對離婚一事做出決定，我和你們一起禱告。我的禱告是祈求你們要信守耶穌的教誨——「人要離開他的父母，依附自己的妻子，二人成為一體，以致他們再不是兩個，而是一體了。所以，天主所結合的，人不可拆散。」〔《馬爾谷福音》第十章第七到第九節〕譯註86。我們的心是創造出來愛人和被人愛的——這愛不僅沒有條件，而且長長久久。原註15

每天至少花半小時和天主獨處

唯獨天主選中你們來當領袖為大家指路。但是指路的時候，一定要懷抱很大的敬意和愛。而我要說，我覺得各位政界人物要是一天花上至少——至少——半小時的時間去和天主獨處，我想你就知道道路是在哪裡；你也知道怎樣去〔處理〕眾人的事。

我們花時間和天主獨處，就能淨化我們的心，那我們就看得到光，就有方法帶著愛和尊重去處理大家的事。我們相信禱告的果實一定是深厚的愛、深厚的悲憫；一定會帶領我們彼此更加親近。也就切實知道該怎麼去帶領大家了。原註16

好心蓋一棟清眞寺吧

我記得以前，大約是幾年前吧，那時的葉門總統要求我們派姊妹到葉門去，我聽說那裡有好多、好多年都沒有公開的教堂，沒有公開舉行過彌撒，〔也沒有〕公開的神父，這樣子有很多、很多年了。所以我跟葉門總統說，我十分樂意〔為他〕派我們的修女過去，但是沒有神父、沒有耶穌，我們就不去了。之後，他們一定是開過會討論這件事。後來，他們說好。而且我好驚訝。神父過去的時候，祭壇已經有了，聖體龕已經有了，耶穌像已經有了。不過只有〔神父〕能帶耶穌過去。

在那之後，當地政府蓋了一座修道院給我們用。我們便派人過去照顧露宿街頭、垂死、赤貧的人，他們也蓋了一座修道院給我們。那（修道院省長也）捐了錢為我們蓋修院的省長。修女就問他：「你能不能把一間房間裝潢得漂亮一點？因為耶穌會在那裡。」很漂亮——我們那小聖堂。那省長就問那修女：「修女啊，那妳能跟我說羅馬天主教堂在那裡要怎麼蓋嗎？」他的意思是「小聖堂」，但他沒用小聖堂這樣的說法，而是說「羅馬天主教堂」。

他們蓋起來的小聖堂眞的很漂亮；那裡有了聖堂，有了我們的修女，他們就要求我們開設會院——他們給了我們一整塊山地讓我們為痲瘋病人做復健。他們那裡有許多痲瘋病人。所以我們去看了那地方，我看到有沒蓋上土的墳，傳出腐屍的臭味。我看見的，沒辦法用言語形容。我便在想，「耶穌啊，怎麼會這樣？我們怎麼會任祢變成這樣？」之後我接受他們的那一塊地，你們現在要是過去看，看到的是很不一樣的景象。那時我就問了——那裡全都是穆斯林，沒一個天主教徒——我問他們那裡一個有錢人，我說：「他們都是穆斯林，他們都需要禱告。你就好心蓋一棟清眞寺吧，這樣他們就有地方禱告了。」那人很驚訝，因為我這個天主教修女竟然會做這樣的要求。但他還是為他們那些人蓋了一棟最漂亮的清眞寺，你會看到那些痲瘋病人一路爬、一路爬，爬到那裡去祈禱。後來清眞寺完全蓋好開放後，他轉頭看著我說：「我跟妳保證，我接下來要在這裡蓋的是天主教堂，給你們的修女。」這都是世人饑渴的美好例證，我們貧苦中最貧苦的人，沒有知識、沒人要的、沒人愛的、被排斥的、被遺忘的人——他們對天主的渴望。原註17

祈求天主保住我們的世界

我到〔日本〕長崎去訪問的時候，第一件要做的事情便是禱告：我要到那裡去和大家一起禱告；也要去探望那裡的人，看看他們，像我來這裡時一樣。我也要去看看那裡有多少痛苦，到現在這時候是怎樣，因爲當年丟了那顆炸彈。這樣的事有可能再來一次的。所以我們一定要向天主祈禱祂保住我們的世界，保住我們每一個人，不要再有這麼可怕的毀滅。原註18

今天天主依然在運用我們的痛苦

天主會特別選中這地方，這一塊「殉難之地」（Land of Martyrs），一定有祂的理由；那是雙重的殉難。而我覺得今天天主依然在運用世人的苦難：經由他們苦難，經由他們的禱告，而去締造和平。我們就有責任聯合起來禱告，祈求天主不僅保住日本，也要保住全世界，不要再有這種恐怖、可怕的苦難，日本大多數人都已經看過了。所以，我們一起禱告。唯有禱告可以得到天主的恩寵，避免這種恐怖的苦難再度降臨我們這世界。原註19

極爲需要禱告和犧牲

我覺得我們（的手中）也失去了對犧牲的理解。「今天那人快要過世了，但他不願意

向天主道歉，所以我要爲他禱告，爲他做一點犧牲。」——再也看不到這樣了。原註20

◆

我們的國家和人民極爲需要禱告和犧牲。在這兩方面多多益善。做懺悔的時候要更熱切一點——還有禱告，多多禱告。我們國家的領袖知道他們的責任，我們必須爲他們禱告，祈求他們要以公平和尊嚴善盡他們的責任。我們一起爲那些面對死亡的人禱告，祈求他們可以安息。我們一起爲他們留在身後而承受哀悼的人禱告。我們一起爲必須面對困難的每一位修女、神父禱告——爲我們的修女禱告，祈求她們有無比的勇氣和慷慨，並帶著笑容面對種種犧牲奉獻。教導貧苦民眾做到這些，對我們國家便是最大的幫助。原註21

爲亡靈禱告

十一月這個月份以兩項美好的節日做爲開始：一是諸聖節（All Saints），另一是追思已亡日（All Souls）。慈母聖教會（Holy Mother Church）記得她每一位孩子，經由聖洗聖事將耶穌的生命賜給孩子——如今他們不是已經回到天家在耶穌身邊，就是要取道煉獄前往天堂。我們全都知道在這整個月份我們會給他們更多的愛和關懷，向他們祈禱，爲他們祈禱。

◆

在煉靈節這一天，我們要爲遠離天主還在煉獄裡面受苦的人禱告。我可以選擇。我可以一路往上也可以一路往下走。我們來到人世全都是為了愛天主——不僅是做些什麼事罷了。每一天的一言一行都應該是在愛天主。原註22

德蘭修女的身教：見證

她不時在禱告

她不時在禱告，教你覺得她〔一直〕在禱告——呃，她就是在禱告。她沒說一個字，但她一直都在禱告。她一直——不管做什麼，她都是〔以〕她替天主做這件事做得有多好來衡量的，而她也會去想到，她做的事情〔要是〕沒做到天主完全滿意，那麼天主就會有所表示，也就是不支持她。原註23

小孩子的禱告，滿滿都是信任

嬤嬤日常的禱告都簡單得很，跟小孩子的禱告一樣，滿滿都是信任。絕對不會拉拉雜雜一大堆。她對自己的信仰好像有很深的了解，並以小孩子或是貧苦人那樣的簡樸和忠誠放在生活當中實踐。我知道日常這樣的禱告唯有靠禁欲苦修才做得來，也就是耶穌說的，「棄絕自己」譯註87，嬤嬤多年來一直在追隨耶穌走這一條路。

嬤嬤相信天主就住在她的靈魂裡面，對這一點她的意識極為強烈。這在她自動自發要教導我們怎麼禱告的事上，表現得格外明顯。她最愛唸的短經，而且幾乎不管什麼都愛將這一段安插在最前面，就是「耶穌在我心」（Jesus in my heart）：「耶穌在我心，我相信祢對我寬仁的愛。」原註24

她教我們怎麼禱告

在〔加爾各答恩塔利（Entally）〕學校時，嬤嬤很嚴格，但對我們又像母親一樣慈愛。她教我們要愛耶穌，教我們做一些小犧牲，協助他人來到教會。她教我們對聖母和玫瑰經、對聖若瑟和我們的護守天使都要十分虔敬。晚上我們要上床睡覺了，她要我們跪下唸三遍〈聖母經〉祈求善終，向聖巴德利爵（Saint Patrick）禱告祈求幫我們擋下蛇，向聖彌格（Saint Michael）禱告祈求幫我們擋下敵人，向我們的守護天使禱告，祈求看顧我們，幫我們擋下危險。還有要爲煉靈禱告。原註25

我會——我要——因天主的祝福而成聖

嬤嬤有很多別的方法去和他人分享她信仰的恩賜。只要有人來訪，她一定帶他們到小聖堂去，教他們唸種種短經。她不在乎訪客是怎樣的人——主教，神父，神學院學生，樞機，年輕人，小孩子，貧苦人，國家的總統，信徒，非信徒，都一樣。她把名片給人家，教對方唸這樣的禱詞：「我會——我要——因天主的祝福而成聖」，還有「都是爲我做的」。

將禱告和服事結合為一

有的時候她也會要修女們為特別的目的做禱告。嬤嬤會在小聖堂旁邊的黑板寫這樣一句：「請為某某禱告」這類的話。有人來訪，她會丟下正在做的事情去接待訪客，因為對她來說，見每一個人都等於是去見耶穌本人。原註26

◆

嬤嬤寫過這樣的教誨：「妳要是單做禱告，那妳不算是仁愛傳教士，妳要是單做服事，妳也不算是仁愛傳教士。所謂仁愛傳教士，是要將禱告和服事結合為一的。」她認為傳教的熱忱是來自她和天主深刻的結合。天主才是源頭，耶穌聖體才是源頭。就是因為她對天主的愛這麼強烈、熾熱，引導她走遍世界，去愛世人，去愛、去服事貧苦中最貧苦的人，不辭辛勞為他們的得救、成聖而努力，向他們傳揚、證明天主寬仁的愛和關懷。原註27

跪地朝拜聖體

即使在「行動分會」，嬤嬤也很重視每天的「守聖時」譯註88。非常多志工會來跟嬤嬤一起禱告，許多人都說他們看著嬤嬤跪地朝拜聖體，完全出神投向耶穌，便從中獲得了很大的力量。他們早上會來參加彌撒〔聖祭〕（Holy Mass）。他們喜歡和嬤嬤一起禱告。而嬤嬤即使病得很重，也還是會和他們一起做使徒工作。嬤嬤坐在輪椅上——這樣〔訪客和志工〕就可以到小聖堂的走廊來見她。嬤嬤會聽他們說話，給他們建議。原註28

嬤嬤給我們的最後禮物，有一項便是〔默觀分會〕全天的朝拜聖體，主要的意向在為神父和家庭生活的成聖禱告。我們也會為其他形形色色的意向而禱告。一九九五年她到聖若望教堂（St. John's）去參加全天朝拜聖體啓始儀式的時候，她那歡欣的樣子我都還記得。原註29

◆

為八萬六千名神父禱告！

她熱中禱告還有另一面是為神父禱告。所以，她在一九八六年開始推動各修會團體的修女去「靈性認養」神父的大事譯註89。她對修女發出的呼求極有效力，迄至〔現今〕我們已經安排了八萬六千名神父由修女認養，尤其以仁愛會修女為多。她極為敬重神父，奉他們為另外的基督，你常會看到她跪在神父面前求他們祝福，即使對方還很年輕。原註30

我們來做一下飛快九日敬禮

一九七五年十一月九日，嬤嬤帶著全體初學修女到〔羅馬的〕拉特朗聖若望大殿（Basilica of St. John Lateran），去參加教宗保祿六世主持的戶外彌撒。到了要舉行彌撒的時候，天上烏雲密佈，不斷下雨。我們坐在座位上聽到嬤嬤說：「我們來向聖母做一下飛快九日敬禮（flying novena），感謝她賜與我們美好的天氣。」我們後來還被嬤嬤委婉指責了一下，因為嬤嬤說我們的九遍〈托賴聖母誦〉（Memorares）快唸完時，其他人全都闔

起了傘，但我們這些修女沒有，可見我們的信心差了一點。原註31

◆

嬤嬤帶回來一個嚴重營養不良的小女孩，約莫十歲，把她帶到〔印度〕特里凡得琅（Trivandrum）。之後她便回加爾各答了。但那女孩卻從特里凡得琅的會院跑了出去，沒人知道她跑到哪裡去了。我們通知人在加爾各答的嬤嬤。嬤嬤叮嚀我們要爲那女孩禱告，也要持續尋人的工作，不要中斷。她也會爲她禱告，祈求我們可以把孩子找回來。我們把孩子找回來了，從女性收容所（Nari Niketan）找回來的——警察發現了她，就送她到那裡去。嬤嬤的禱告效力很強。原註32

再麻煩也要禱告

我寫信給嬤嬤，講起我日常的禱告，嬤嬤就跟我說：「姊妹妳啊……禱告向來都會遲到。妳要祈求聖母幫妳。禱告是我們與耶穌結合的生命所在。妳要好好省察自己爲什麼禱告都要弄到遲到。」嬤嬤在她寫的教誨裡說過，「禱告並服事。妳們不是單單來服事的，要是這樣，那妳收拾東西回家去吧。」我在發末願之前，去見了嬤嬤，問她：「我有聖召嗎？」嬤嬤定定看著我的眼睛，跟我說：「我的孩子啊，妳有聖召。妳應該要愛禱告，再麻煩也要禱告。要問，要找，妳的心就會愈來愈大，容得下祂，留得住祂當成是妳自己的。禱告就是妳的力量，妳的保護。妳要常唸『聖母瑪利亞，幫助我，指點我』。」我就多次感受到嬤嬤的協助和保護。原註33

把那聖牌戴上

許多生病的人因爲禱告、戴上聖牌，病情得以改善。我認爲這是因爲嬤嬤向聖母禱告，而我們都願意戴上聖牌、依照嬤嬤教我們的去禱告，才會特別得到眷顧。我們生病的時候都會去找嬤嬤，嬤嬤會給我們聖牌，用聖牌替我們祝福，然後禱告，也吩咐我們病痛來的時候就要戴在身上。我們眞的都會好轉。原註34

天主聖母瑪利亞，即刻來當我母親

嬤嬤本人對聖母有很深厚的愛，但她協助我們還有別人加強虔敬的方法卻很簡單。大家都知道嬤嬤會送聖牌給別人，教他們禱告：「天主聖母瑪利亞，即刻來當我母親！」許多人原本一直沒有孩子，但在做了這麼簡單的禱告，藉由聖母的代求，都有了孩子。嬤嬤會給他們聖牌，要他們戴在身上做這樣的禱告：「耶穌聖母瑪利亞，求你賜我們孩子！」他們就會有孩子！我就遇過許多人跟我講這樣的事。倫敦有一對印度教徒夫婦，婚後十五年一直沒有孩子，就這樣有了女兒，取名爲德蘭。我自己的侄女也是戴了嬤嬤送的聖牌，按嬤嬤的吩咐做禱告，而有了孩子。原註35

◆

要做彌撒的時候，還沒開始，我靠向嬤嬤跟她說：「今天是我姊姊生日，她已經結婚六年了，但我聽說他們夫婦不想要孩子——請爲她禱告。」嬤嬤說：「我們倆一起在彌撒的時候都爲她禱告。」十一個月後，我姊姊生下了第一個孩子，她總共生了兩個……原註36

◆

我請嬤嬤為我認識的一個人禱告，她叫瑪麗亞，四天前剛診斷出罹患愛滋病。嬤嬤回答我說：「喔，真糟糕，那麼多人得愛滋。」接著她的眼神飄向遠方，像在沉思。之後她問我：「她怎麼會染上愛滋？」我知道她的情況，便回答說：「我想是從她男朋友那裡傳染到的。」嬤嬤說「喔」，便又別過眼去。之後，她又再說：「那麼多人，男的，女的，小孩子，都得了愛滋。」嬤嬤問我瑪麗亞年紀多大，我回答說：「三十二歲。」嬤嬤又再問我一次瑪麗亞是怎麼染上愛滋的。我說：「她過得一直不太好。」之後我把聖牌捧到嬤嬤面前，嬤嬤施與祝福，拿起一塊聖牌，說：「這一塊給瑪麗亞，叫她要禱告：『耶穌聖母瑪利亞，即刻來當我母親。』特別要再祈禱：『耶穌聖母瑪利亞，消除我的愛滋病。』」原註37

不知有什麼在拉他們

約旦在打內戰的時候，一群士兵想要闖進我們住的小公寓，我們全都擠在一起禱告。忽然間，他們全走了，改往其他公寓去。過了滿久之後，我們遇到這一批士兵，便問他們：「你們為什麼放過我們改到別的公寓去？」他們說他們覺得不知有什麼在拉他們，搞得他們進不去。我覺得是嬤嬤在電話裡跟我們說的話起了作用，她說：「不要怕，耶穌始終與妳們同在。聖母瑪利亞會照看妳們的。」原註38

禱告以求不要有怨

嬷嬷要我一連五十天唸五十遍〈托賴聖母誦〉（五十是我前夫在那時候的歲數），爲我那時的丈夫禱告，祈求我不要有怨，祈求我能謙卑……她覺得我的禱告對他十分重要，因爲他傷害的人是我。她覺得我一定要原諒他才行，我一定要努力把怨恨從心裡趕出去，要曉得世人都有煩惱，我們對別人的弱點要能夠理解。每次我見她，她都會提起我對我的前夫和離婚還有他對我做的事，不要有怨恨。我覺得她是在擔心我這些，因爲她看到我離婚之後這些年一直都很痛苦。原註39

因爲嬷嬷的禱告而痊癒

嬷嬷來的時候，我正在發高燒。她過來祝福我，在我身邊爲我禱告。第二天，她又走到我的床旁邊，輕撫我的臉頰，說：「妳還沒退燒呢。」她便再度爲我禱告，幾乎有五分鐘那麼久。過後，我就開始覺得好多了，也很快就痊癒了。原註40

◆

先是〔我丈夫〕一開始先是發高燒。一連二十天，白天晚上始終都不退燒。吃過藥後，一天半夜兩點，他忽然退燒了，卻精神失常。由於精神狀況不對，他在半夜從家裡跑出去，把我們全都鎖在屋子裡。他就這樣在外面亂跑，直到早上九點左右。他一名職員正待在我們家對面，把他帶回家，幫我們開門。他一進門，就打我和三個孩子。這時我才注意到他精神不正常。出了這件事後，我開始把孩子藏在別人家裡。孩子都還很小，吃的也不夠。

我在家裡沒辦法煮。別人幫了很大的忙。他在家裡會打我們，然後拿棍子跑出去打外面的人。他辦公室的職員一看到他就跑。晚上就由四個人架住他餵他吃東西，再把他關在房間裡。這樣子長達十三天。那一天我兒子初領聖體，彌撒過後，我跟一位仁愛傳教會的修女講了他這情況，她便把我們帶到嬤嬤那裡去，跟嬤嬤說明情況。嬤嬤伸出一隻手搭在我丈夫的頭上，為他禱告，〔他〕就好了。我們從母院出來後，他買了許多花擺在〈聖母聖嬰圖〉旁邊，再帶我們去照相館照相。之後，他買了羊肉，我們高高興興回家。他下廚作菜，我們聚在一起用餐。吃過之後，他馬上出門去跟鄰居還有辦公室的職員說嬤嬤今天治好他的病了。其他人也都相信嬤嬤真的也有天主治病的能力。原註41

她為他禱告

「維克」經診斷直腸癌已到末期，只剩一年好活。在他做過根治手術之後，我到馬尼拉的機場去接德蘭修女。幸好我是第一個迎接德蘭修女的人，我幫她拿了護照，再派一名移民局的人去幫她處理文件，我們就去拿她的行李。她問我的第一句話是：「孩子，妳還好吧？」「我還好，但我先生不好，他已經癌症末期了。」我們在等她的行李時，她要我第二天早上九點半帶維克到塔域門（Tayuman）〔街〕的地區會院去，她要為他禱告，還要把教宗在梵諦岡遇刺之時她別在教宗身上的同一塊聖牌，也別在我先生身上。我好興奮。第二天，我帶我先生到地區會院去，就在九點半整的時候，德蘭修女從小禮拜堂出來，手上還有一張圖片，畫的是一個小孩子被天主捧在掌心，印著〈依撒意亞〉（Isaiah）的一段經文，她把圖片交到我先生手中，按著為他禱告長達二十分鐘，最後將聖牌別在我先生的襯衫上面。我先生淚流滿面，我也是。後來，德蘭修女和我聊了聊我們家的狀況，甚至說她自己的哥哥也是死於肺癌，才過了兩年就蒙主寵召，還說我先生應該將他受的疼痛、苦難全部做爲呈現給天主的奉獻，爲我們國家的和平禱告。[原註42]三天之後，我帶我先生去看他的醫生做檢查，那醫生怎樣也不敢相信我先生的病情有這樣的變化。

不出一個禮拜的時間，維克就康復了。我先生的壽命就這樣又延長了將近五年。維克有充份的時間準備回到天主身邊，也將他所有的苦難獻給天主，榮耀天主。他天天望彌撒，帶領家人爲他終將離世做好準備，他走的時候唇邊帶著笑，十分平靜，也有教宗的祝福隨他去見我們的造物主。[原註43]

願祢的旨意奉行

我有一名警官的妻子得了肺結核，醫生說她只剩兩到三禮拜可活了。她像是有兩、三個孩子。我請求嬤嬤爲她禱告，嬤嬤說她禱告也只能祈求全能的天主讓她多活幾年。她篤信我們只要以堅定的信心對仁慈的天父禱告，都能得到天父的祝福。嬤嬤要我把那警官叫來，我們三人便一起跪在我的辦公室裡禱告了十分鐘。嬤嬤在禱告要完畢時說「願祢的旨意奉行」（Thy Will be done）。過了十或十二天吧，那警察帶著奇怪的表情跟我說，他妻子的病情大有好轉，主治醫師在想到底是出了什麼事。這位女士之後又再活了二十五年。[原註44]

另一個警官聽了就來找我。他的妻子也得了重病。我跟嬤嬤說了，嬤嬤由我陪同到一處小村，也就是那警官住的村子。嬤嬤為他的妻子禱告，禱告完畢時她說「願祢的旨意奉行」。我是說眞的，這位女士也康復了。原註45

◆

我屬下有一名警察病得很重，得的是癲癇，嚴重到上級都想要讓他退出警察工作。對這情況我放不下心，因為我知道他有兩、三個孩子。一天嬤嬤到我的辦公室來辦註冊的事，我便跟嬤嬤說了這可憐人的處境。嬤嬤便要我帶她到他住的地方。第二天，我陪嬤嬤坐我的公務車到那警察的家去。嬤嬤隨身帶了兩條毯子、兩件紗麗，還有幾件衣服是特地要給他的孩子穿的。她為他禱告了十五分鐘，祈求全能的天主照看這位生病的人。她並沒有祈求病人徹底痊癒，只是反覆祈求天主照看病人以及病人的家人。禱告完畢她就說「願祢的旨意奉行」。我說的都是眞的，過了兩、三個禮拜後，那個警察到我的辦公室來見我，跟我說他的癲癇在聖潔的嬤嬤去看過他後就沒再發作過了。原註46

◆

我有糖尿病，一天嬤嬤看到我就問我是不是不太舒服。我跟她說我的血糖太高。她便送我一個聖母瑪利亞的吊墜，為我禱告祈求我能康復。我現在血糖完全正常，只是飲食略有一些限制。我太太常說在嬤嬤輕撫過她後，她就能夠控制自己暴躁易怒的脾氣了。嬤嬤的撫慰、祝福就是會這樣。原註47

他們也要禱告的啊

嬤嬤關切世人的「精神權」（spiritual rights），認為這是每一宗教信仰都應該享有的權利。嬤嬤自己就跟我們說過我們的修女第一次到阿爾巴尼亞的時候遇上的事。那國家有很多年是禁止人民從事任何宗教活動的。後來因為政權更迭，我們的修女才得以進到那國家，立即開始探訪貧苦中最貧苦的人，準備要照顧他們。她們在一棟舊清眞寺裡就找到了一些年老、體弱的婦女，修女們便將她們接到會院裡來安頓。嬤嬤接下來關心的就是清眞寺了。她要修女們把清眞寺打掃乾淨，然後找來穆斯林領袖，把清眞寺交還給他們。在講起這件事的時候，你看得出來嬤嬤講到那天傍晚清眞寺重新傳出叫拜的呼聲時，心裡那高興啊。她說：「他們也要禱告的啊。」原註48

默想

「首先我勸導眾人，要為一切人懇求、祈禱、轉求和謝恩。」（《弟茂德前書》第二章第一節）

「要喜愛禱告。多在白天的時候禱告，感覺那樣的需求。因為這是你力量的泉源。耶穌始終與我們同在，與我們一起去愛、去分擔，成為我們生命的喜樂。你們都在我的禱告當中。願主保佑你們。」

可有什麼事情是我能夠去做，好在禱告中加強我和天主的關係的呢？我是不是每天至少撥出短短的時間供自己禱告、讀經呢？

我是不是會拿事情太忙做藉口而不禱告？我是不是把一些日常中沒那麼重要的事情，看得比禱告優先呢？

我心裡關愛而且現在正好有特別需求的人，像是家裡有人遇到困難，有朋友生病，有同事遇到挫折，我是不是至少會用幾分鐘的時間去爲他們禱告呢？我能爲他們做哪些具體的禱告或是小小的奉獻呢？

可有哪一位我認識的人已經過世，但我從來沒想過要爲他禱告的呢？我能爲他們做怎樣的禱告呢？我可曾爲過世的親人、還有在煉獄中的亡靈禱告？

祈禱文

至仁童貞瑪利亞，求爾記憶，
自生民以來，未聞有求爾護慰、
望爾助佑、
祈爾轉達，

而被棄絕者。

今我罪人，懷此依靠之心，
趨赴童貞聖母台前，
嘆泣侍立爾側，
懇求聖子之母，
勿棄吾言，俯聽允諾。
阿們。譯註90

結語

天主的慈悲是有具體容顏的：耶穌基督「慈悲寬仁」的面容，由福音書透過「好心的撒瑪黎雅人」、「好心的牧羊人」（the Good Shepherd）等等寓言故事，甚至透過浪子之父的形象，在我們眼前展現。召叫我們默觀的，便是聖子的容顏，以便祂的悲憐和寬仁可以透過我們的面容、在我們的行動當中發光。

教會替我們著想，標舉出聖人的榜樣，方便我們效法，因為天主的愛和仁慈也一樣顯現在聖人的容顏上面。值此慈悲千禧年，教會向我們推薦德蘭修女這位人格典範。

德蘭修女的靈修以禱告為起點，以她和天主的關係為起點，以她迎納天主慈悲的凝視深入她的內心為起點。她在禱告和默觀當中感受到了這樣的凝視，而將之傳送給他人。

教宗方濟各在「救主慈悲主日」（Divine Mercy Sunday）激勵信徒要實踐神哀矜和形哀矜，而成為「活生生寫福音的作家」（living writers of the Gospel），這才是「基督徒生命的標幟」。德蘭修女於其言、行，特別是她身體力行的種種哀矜事工，便像她一名追隨者說的，是人間的「活福音」（Gospel became alive）。所以，她在生活當中將福音付諸實踐，便可以說是在「寫」福音。教會經由封聖來褒揚她，將她推薦給我們做為典範，就在這一點上。

但求德蘭修女的封聖加上這一本書的出版，可以鼓勵我們去記得她的愛、她的悲憫、她帶來安慰的笑容。每當我們看到兄弟、姊妹有需求，就應該挺身而出，扛起「慈悲使徒」（apostles of mercy）的使命，像德蘭修女一樣輕輕撫慰、治療他們在身體或是靈魂的創傷。至今她還是在召喚我們：「只要想一下就好，你和我都蒙主召叫我們的名，因為祂愛我們。因為你我都是對祂十分重要的人——**要當祂的心去愛貧苦人中的祂，當祂的雙手去服事貧**

苦中最貧苦的祂……就從我們身邊的人開始，甚至就從我們的家人開始。」

這便是我們能做的，就像教宗方濟各召喚我們的，做慈悲的見證。

附錄一：原註

編著者識：凡是註釋條文：「仁愛傳教修女會姊妹見證」之後緊接的註釋標為「同前」，就表示該條文引述的見證出自前註同一位仁愛傳教修女會姊妹。

導言：

1. 出自教宗方濟各二〇一四年六月十四日在義大利「慈悲面容」（Misericordie）全國聯盟大會上的致辭，提及的是多年前同一日，一九八六年六月十四日，他和當時教宗若望保祿二世晤面。
2. 《慈悲面容》（*Misericordiae Vultus*）詔書，二〇一五年四月十一日，第二段。
3. 《慈悲面容》，第五段。
4. 《天主是愛》（*Deus Caritas Est*）第三十四節。（譯按：中譯沿用天主教台灣地區主教團譯本）
5. 同前，第三十四節。
6. 《慈悲面容》，第十五段。
7. 現今印度加爾各答一地的英文拼法雖然已經改成 Kolkata，不過本書從頭到尾都會沿用舊字 Calcutta，畢竟德蘭修女生前所在的這城市一直叫做 Calcutta，而她在榮列聖品之後的正式封號也是「加爾各答聖德蘭修女」（Saint Teresa of Calcutta）。
8. 德蘭修女活動記事，一九四八年十二月二十一日至二十三日。
9. 《慈悲面容》，第十五段。
10. 同前。
11. 同前。
12. 同前。

第一章：饑者食之

1. 德蘭修女於日本東京的發言，一九八一年四月二十六日。
2. 德蘭修女寫給仁愛傳教修女會姊妹的信函，一八九二年十月十二日。
3. 德蘭修女寫給仁愛傳教修女會姊妹的教誨，一九七七年十一月十六日。
4. 德蘭修女於聯合國之致辭，一九八五年十月二十六日。
5. 德蘭修女於日本之發言，一九八四年十一月二十四日。
6. 德蘭修女寫給仁愛傳教修女會姊妹的教誨，一九八四年四月十日。
7. 德蘭修女於克羅埃西亞（Croatia）首都扎格雷布（Zagreb）的致辭譯文，一九七八年四月。
8. 德蘭修女寫給仁愛傳教修女會姊妹的教誨，一九八四年九月二十五日。
9. 德蘭修女於美國「全國祈禱早餐會」（National Prayer Breakfast）之發言，一九九四年二月三日。
10. 德蘭修女寫給仁愛傳教修女會姊妹的教誨，一九七九年三月七日。
11. 德蘭修女寫給仁愛傳教修女會姊妹的教誨，一九八一年四月九日。
12. 德蘭修女寫給仁愛傳教修女會姊妹的教誨，一九八四年十月五日。
13. 位於綠公園（Green Park）的仁愛傳教修女會總院，臨近加爾各答機場。
14. 德蘭修女寫給仁愛傳教修女會姊妹的教誨，一九八四年十月五日。
15. 同前。
16. 德蘭修女於日本的發言，一九八四年十一月二十四日。
17. 德蘭修女的發言，日期不詳。
18. 德蘭修女寫給仁愛傳教修女會姊妹的教誨，一九八二年十月九日。
19. 德蘭修女於東京的發言，一九八一年四月二十六日。
20. 德蘭修女的訪問紀錄，一九八一年四月二十三日。
21. 德蘭修女於羅馬的發言，日期不詳。
22. 德蘭修女於美國哈佛大學畢業式的演講，一九八二年六月九日。
23. 仁愛傳教修女會一名姊妹的見證。
24 仁愛傳教修女會一名姊妹的見證。

25. 一名神父的見證，其人結識德蘭修女近三十年，迄至修女逝世。
26. 仁愛傳教修女會一名姊妹的見證。
27. 一名工作夥伴的見證，其人認識德蘭修女約十五年，協助修女處理諸多事務。
28. 加爾各答一名印度教女性同工的見證。
29. 仁愛傳教修女會一名姊妹的見證。
30. 仁愛傳教修女會一名神父的見證，其人與德蘭修女私人接觸頻繁。
31. 仁愛傳教修女會一名姊妹的見證。
32. 仁愛傳教修女會一名姊妹的見證。
33. 仁愛傳教默存兄弟會（Missionaries of Charity Contemplative Brothers）一名兄弟的見證，其人與德蘭修女私人往來頻繁。
34. 仁愛傳教修女會一名姊妹的見證。
35. 同前。
36. 仁愛傳教修女會一名同工的見證，其人從一九六〇年代起便認識德蘭修女迄至一九八〇年代末。
37. 仁愛傳教修女會一名姊妹的見證。
38. 仁愛傳教修女會一名姊妹的見證。
39. 仁愛傳教修女會一名姊妹的見證。
40. 仁愛傳教修女會一名姊妹的見證。
41. 德蘭修女寫給一名同工的信函。
42. 德蘭修女寫給同工會的信函，一九七四年十月四日。

第二章：渴者飲之

1. 德蘭修女寫給仁愛傳教修女會姊妹的教誨，一九七七年九月二十九日。
2. 德蘭修女在美國「全國早餐祈禱會」上的致辭，一九九四年二月三日。
3. 德蘭修女在羅馬對一群神父的演講，一九九〇年九月。
4. 德蘭修女寫給仁愛傳教修女會姊妹的教誨，一九八一年六月二十日。
5. 德蘭修女寫給仁愛傳教修女會姊妹的教誨，一九七七年十月十四日。
6. 德蘭修女的發言，日期不詳。
7. 德蘭修女於東京同工會開會上的致辭，一九八一年四月二十五日。
8. 德蘭修女在羅馬對一群神父的演講，一九八四年十月。
9. 德蘭修女於克羅埃西亞首都扎格雷布的致辭譯文，一九七八年四月。
10. 仁愛傳教修女會一名姊妹的見證。
11. 仁愛傳教修女會一名姊妹的見證。
12. 仁愛傳教修女會一名神父的見證，其人與德蘭修女私人往來頻繁。
13. 仁愛傳教修女會一名兄弟的見證。
14. 德蘭修女寫給仁愛傳教修女會姊妹的信函，一九七九年二月二十五日。
15. 德蘭修女寫給仁愛傳教修女會姊妹的信函，一九七〇年二月十九日。

第三章：裸者衣之

1. 德蘭修女寫仁愛傳教修女會姊妹的教誨。一九七六年九月十五日。
2. 德蘭修女寫給仁愛傳教修女會姊妹的教誨，一九七七年六月十日。
3. 德蘭修女於諾貝爾和平獎頒獎典禮上之演講，一九七九年十二月十一日。
4. 德蘭修女的發言，一九八一年十二月十日。
5. 德蘭修女在美明明尼蘇達州（Minnesota）與同工會開會的發言，一九七四年六月二十至二十二日。
6. 德蘭修女寫給仁愛傳教修女會姊妹的教誨，一九九三年三月。
7. 德蘭修女寫給仁愛傳教修女會姊妹的教誨，一九八一年九月十八日。
8. 德蘭修女寫給仁愛傳教修女會姊妹的教誨，一九七七年十月十二月。
9. 德蘭修女寫給仁愛傳教修女會姊妹的教誨，一九八一年九月十六日。
10. 德蘭修女寫給仁愛傳教修女會姊妹的教誨，一九八三年一日十六日。
11. 德蘭修女的發言，一九八一年十二月十日。
12. 德蘭修女的發言，日期不詳。

13. 德蘭修女，〈仁愛：傳道的靈魂〉（Charity: Soul of Mission），一九九一年一月二十三日
14. 德蘭修女於日本的發言，一九八四年十一月二十四。
15. 德蘭修女於美國哈佛大學畢業式上的致辭，一九八二年六月九日。
16. 德蘭修女的致辭紀錄，一九八二年四月二十五日。
17. 仁愛傳教修女會一名姊妹的見證。
18. 一名同工的見證。
19. 仁愛傳教修女會一名姊妹的見證。
20. 仁愛傳教修女會一名姊妹的見證。
21. 仁愛傳教修女會一名姊妹的見證。
22. 仁愛傳教修女會一名姊妹的見證。
23. 仁愛傳教修女會一名姊妹的見證。
24. 德蘭修女寫給仁愛傳教修女會姊妹的信函，一九七〇年二月十九日。
25. 德蘭修女寫給同工會的信函，一九七四年十月四日。

第四章：收留旅人

1. 參見布萊頓．克洛迪舒克，仁愛傳教修女會，編：《德蘭修女：來作我的光》（*Come Be My Light*; New York: Doubleday, 2007），頁 232。中文版：心靈工坊。
2. 德蘭修女，〈仁愛：傳道的靈魂〉，一九九一年一月二十三日。
3. 羅馬的男性游民收容中心，靠近泰米尼（Termini）火車站。
4. 德蘭修女於亞西西的發言，一九八六年六月六日。
5. 德蘭修女寫給仁愛傳教修女會姊妹的教誨，聖灰禮儀日前夕（Eve of Ash Wednesday），日期不詳。
6. 德蘭修女的發言，一九八七年九月十七日。
7. 德蘭修女於日本的發言，一九八四年十一月二十四日。
8. 德蘭修女寫給仁愛傳教修女會姊妹的教誨，日期不詳。
9. 德蘭修女於美國聖路易市（St. Louis）的發言，一九八八年。
10. 德蘭修女在美國明尼蘇達州與同工會開會的講話紀錄，一九七四年六月二十至二十二日。
11. 德蘭修女與青年座談的發言，一九七六年七月二十一至二十二日。
12. 德蘭修女於日本大阪的發言，一九八二年四月二十八日。
13. 德蘭修女於羅馬對一群神父的演講，一九九〇年九月。
14. 德蘭修女寫給一名同工的信函，一九六一年三月十一日。
15. 德蘭修女寫給一名神父的信函，一九七六年七月二十三日。
16. 德蘭修女在美國「全國早餐祈禱會」上的致辭，一九九四年二月三日。
17. 德蘭修女於羅馬對一群神父的演講，一九八四年十月。
18. 德蘭修女寫給一名神父的信函，一九九一年三月四月。
19. 德蘭修女寫給仁愛傳教修女會姊妹的信函，一九九五年復活節。
20. 德蘭修女於印度西隆（Shillong）的發言，一九七五年四月十八日。
21. 德蘭修女在美國費城的「聖體大會」（Eucharistic Congress）上的發言，一九七六年。
22. 德蘭修女寫給一名同工的信函，一九七二年十一月五日。
23. 德蘭修女在「馬凱特發明獎」（Marquette Discovery Awards）頒獎典禮上的致辭，一九八一年六月十三日。
24. 德蘭修女寫給仁愛傳教修女會姊妹的信函，一九七〇年二月十九日。
25. 德蘭修女寫給一名同工的信函，一九六九年十月十三日。
26. 仁愛傳教修女會一名姊妹的見證。
27. 仁愛傳教修女會一名姊妹的見證。
28. 仁愛傳教修女會一名姊妹的見證。
29. 仁愛傳教修女會一名姊妹的見證。
30. 仁愛傳教修女會一名姊妹的見證。
31. 仁愛傳教修女會一名姊妹的見證。
32. 仁愛傳教修女會一名姊妹的見證。

33. 一名醫生同工的見證，其人從一九五〇年代末期開始便和德蘭修女共事。
34. 仁愛傳教修女會一名姊妹的見證。
35. 一名警官的見證。
36. 一名孤女的見證。
37. 一名孤兒的見證。
38. 加爾各答一名印度教志工的見證。
39. 仁愛傳教修女會一名姊妹的見證。
40. 一名同工的見證，其人自一九六〇年代起便和德蘭修女來往密切。
41. 仁愛傳教修女會一名姊妹的見證。
42. 一名醫生同工的見證。
43. 仁愛傳教修女會一名姊妹的見證。
44. 一名同工的見證，其人自一九六〇年代起便和德蘭修女十分親近。
45. 診治德蘭修女的一名醫生的見證。
46. 一名同工的見證，其人自一九六〇年代起便和德蘭修女十分親近。
47. 仁愛傳教修女會一名姊妹的見證。
48. 仁愛傳教默存兄弟會一名兄弟的見證，其人和德蘭修女私人往來頻繁。
49. 德蘭修女寫給同工會的信函，一九七四年十月四日。

第五章：照顧病人

1. 診治德蘭修女的一名醫生的見證。
2. 德蘭修女於〔印度的〕愛可迪（Ek-Dil）的發言，一九八七年耶誕節。
3. 德蘭修女寫給一名男性平信徒的信，一九九一年四月二十一日。
4. 德蘭修女於美國費城「聖體大會」上的致辭，一九七六年八月。
5. 同前。
6. 德蘭修女在羅馬對一群神父的演講，一九八四年十月。
7. 針對仁愛傳教修女會創會憲章所做的說明。
8. 德蘭修女的發言，日期不詳。
9. 德蘭修女一九七九年三月七日寫給仁愛傳教修女會姊妹的教誨。
10. 德蘭修女於羅馬對修會神職人員和見習生所做的致辭，一九七九年十二月。
11. 德蘭修女寫給仁愛傳教修女會姊妹的信函，一九七八年七月三日。
12. 德蘭修女寫給仁愛傳教修女會姊妹的信函，一九九五年復活節。
13. 德蘭修女寫給仁愛傳教修女會幾位監督的信函，一九六九年十一月十三日。
14. 德蘭修女寫給仁愛傳教修女會姊妹的信函，一九六八年十月十一日。
15. 德蘭修女寫給賈桂琳・德・戴克（Jacqueline de Decker）的信函，一九五二年十月二十日。
16. 德蘭修女寫給賈桂琳・德・戴克的信函，一九五三年一月十三日。
17. 同前。
18. 同前。
19. 德蘭修女寫給一名男性平信徒的信函，一九八九年十二月二十二日。
20. 仁愛傳教修女會一名姊妹的見證。
21. 一名政府官員的見證，其人從一九七〇年代中期就認識德蘭修女，協助修女處理印度政府相關事務。
22. 一名孤兒的見證。
23. 仁愛傳教修女會一名神父的見證，其人與德蘭修女私人往來頻繁。
24. 一名合作夥伴的見證，其人認識德蘭修女約十五年，協助修女處理種種事務。
25. 同前。
26. 仁愛傳教修女會一名姊妹的見證。
27. 仁愛傳教修女會一名姊妹的見證。
28. 仁愛傳教修女會一名姊妹的見證。
29. 一名神父的見證。

30. 澳洲一名神父的見證。
31. 加爾各答一名神父的見證，其人協助德蘭修女長達數十年。
32. 一名神父的見證，其人自一九八〇年代起便認識德蘭修女，兩人來往密切迄至修女謝世。
33. 仁愛傳教修女會一名姊妹的見證。
34. 仁愛傳教修女會一名姊妹的見證。
35. 仁愛傳教修女會一名姊妹的見證。
36. 一名女性平信徒的見證。
37. 加爾各答一名執業醫生的見證。
38. 仁愛傳教修女會一名姊妹的見證。
39. 仁愛傳教修女會一名姊妹的見證。
40 仁愛傳教修女會一名姊妹的見證。
41. 仁愛傳教修女會一名姊妹的見證。
42. 仁愛傳教修女會一名姊妹的見證。
43. 仁愛傳教修女會一名姊妹的見證。
44. 賈桂琳・德・戴克，書信集《我需要像妳這樣的靈魂》（*I need souls like you*）。
45. 德蘭修女寫給仁愛傳教修女會姊妹的信函，一九五九年九月二十日。
46. 德蘭修女寫給同工會的信函，一九七四年十月四日。

第六章：探望囚者

1. 德蘭修女的發言，日期不詳。
2. 德蘭修女寫給仁愛傳教修女會姊妹的教誨，一九八三年五月二十四日。
3. 馬西連・國柏（Maximilian Kolbe, 1894–1941），波蘭的方濟各修士，自願代一名有妻有子的年輕男子赴死，命喪奧許維茲（Auschwitz）集中營。
4. 德蘭修女寫給仁愛傳教修女會姊妹的教誨，一九八三年五月二十五日。
5. 德蘭修女於美國華府的發言，日期不詳。
6. 約瑟神父（Father Joseph），仁愛傳教司鐸會共同創辦人。
7. 德蘭修女寫給仁愛傳教修女會姊妹的教誨，一九八六年五月二十一日。
8. 德蘭修女寫給仁愛傳教修女會姊妹的教誨，一九七九年三月七日。
9. 這是嬷嬷出面爲約瑟夫・奧戴爾的死刑判決請命，奧戴爾因強暴殺人罪刑被判死刑定讞，雖經多人爲他求情請命（當時的教宗若望保祿二世也請命之列），依然於一九九七年七月二十三日於美國維吉尼亞州以毒液注射執行死刑完畢。內文是德蘭修女一九九七年七月五日致電州長的對話紀錄。
10. 德蘭修女於美國明尼蘇達州和同工會開會的發言，一九七四年六月二十至二十二日。
11. 仁愛傳教修女會一名姊妹的見證。
12. 一名神父的見證，其人認識德蘭修女幾達三十年，迄至修女謝世。
13. 美國仁愛傳教修女會一名志工的見證。
14. 仁愛傳教修女會一名姊妹的見證。
15. 一名同工的見證。
16. 美國仁愛傳教修女會一名醫生志工的見證。
17. 美國一名志工的見證。
18. 仁愛傳教修女會一名姊妹的見證。
19. 德蘭修女寫給仁愛傳教修女會姊妹的信函，一九七〇年二月十九日。

第七章：埋葬死者

1. 德蘭修女寫給仁愛傳教修女會姊妹的教誨。一九八三年五月二十七日。
2. 德蘭修女與青年座談的發言，一九七六年七月二十一至二十二日。
3. 同前。
4. 德蘭修女於美國明尼蘇達州和同工會開會時的發言，一九七四年六月二十至二十二日。

5. 德蘭修女於美國芝加哥的發言，一九八一年十月八日。
6. 一名仁愛傳教修女會姊妹的見證。
7. 一名仁愛傳教修女會姊妹的見證。
8. 一名合作夥伴的見證，其人認識德蘭修女約十五年，協助修女處理種種事務。
9. 一名同工的見證。
10. 仁愛傳教修女會一名姊妹的見證。
11. 一名同工的見證。
12. 仁愛傳教修女會一名姊妹的見證。
13. 仁愛傳教修女會一名姊妹的見證。
14. 一名同工的見證。
15. 一名同工的見證。
16. 一名神父的見證，其人協助德蘭修女達數十年。
17. 一名仁愛傳教修女會同工的見證，其人自一九六〇年代起便認識德蘭修女迄至一九八〇年代末。
18. 一名神父的見證，其人在加爾各答協助德蘭修女達數十年。
19. 仁愛傳教修女會一名姊妹的見證。
20. 愛傳教默存修會一名兄弟的見證，其人和德蘭修女私人往來頻繁。
21. 一名同工的見證。

第八章：教導愚蒙

1. 德蘭修女寫給克羅埃西亞雜誌《天主傳道》（*Katoličke Misije*）的投書，一九三五年二月一日。
2. 德蘭修女的日記，一九四八年十二月二十九日。
3. 德蘭修女寫給仁愛傳教修女會姊妹的信函，一九六四年六月三日。
4. 德蘭修女寫給仁愛傳教修女會姊妹的教誨，日期不詳。
5. 德蘭修女寫給仁愛傳教修女會幾位監督的信函，一九九五年三月十八日。
6. 德蘭修女寫給仁愛傳教修女會姊妹的教誨，一九九二年九月五日。
7. 德蘭修女寫給仁愛傳教修女會姊妹的教誨，一九八七年八月二十九日。
8. 德蘭修女寫給仁愛傳教修女會姊妹的教誨，一九八八年八月十日。
9. 德蘭修女寫給仁愛傳教修女會姊妹的教誨，一九八九年二月二十三日。
10. 德蘭修女寫給仁愛傳教修女會姊妹的教誨，一九九二年二月十九日。
11. 德蘭修女寫給幾位見習生導師的教誨，一九九三年八月七日。
12. 德蘭修女寫給仁愛傳教修女會姊妹的教誨，一九八四年一月十日。
13. 德蘭修女對（馬其頓）史高比耶（Skopje）電視台一名記者所說的話，一九七八年三月二十八日。
14. 德蘭修女與青年座談的發言，一九七六年七月二十一至二十二日。
15. 德蘭修女於日本東京的新聞記者會，一九八二年四月二十二日。
16. 德蘭修女於日本大阪的發言，一九八二年四月二十八日。
17. 德蘭修女於羅馬對一群神父的演講，一九九〇年九月。
18. 德蘭修女於日本東京的新聞記者會，一九八二年四月二十二日。
19. 德蘭修女寫給仁愛傳教修女會姊妹的信函，一九六六年六月六日。
20. 德蘭修女寫給仁愛傳教修女會姊妹的教誨，日期不詳。
21. 德蘭修女寫給仁愛傳教修女會姊妹的信函，一九六六年六月六日。
22. 德蘭修女寫給仁愛傳教修女會姊妹的信函，一九七四年六月。
23. 仁愛傳教修女會一名姊妹的見證。
24. 仁愛傳教修女會一名修女的見證，該修女是德蘭修女在羅雷托中學教過的學生。
25. 仁愛傳教修女會一名姊妹的見證。
26. 一名婦女的見證，德蘭修女剛開始在貧民窟進行服事之時，獲該婦女家人協助甚多。
27. 一名婦女的見證，該婦女是德蘭修女在莫迪吉爾貧民學校的學生。
28. 仁愛傳教修女會一名姊妹的見證。

29. 仁愛傳教修女會一名姊妹的見證。
30. 仁愛傳教修女會一名姊妹的見證。
31. 仁愛傳教修女會一名姊妹的見證。
32. 仁愛傳教修女會一名姊妹的見證。
33. 仁愛傳教修女會一名姊妹的見證。
34. 仁愛傳教修女會一名姊妹的見證。
35. 仁愛傳教修女會一名姊妹的見證。
36. 仁愛傳教修女會一名姊妹的見證。
37. 仁愛傳教修女會一名姊妹的見證。
38. 仁愛傳教修女會一名姊妹的見證。
39. 仁愛傳教修女會一名姊妹的見證。
40. 一名澳洲籍志工的見證，其人對加爾各答的兒童之家協助特別多。
41. 仁愛傳教修女會一名姊妹的見證。
42. 仁愛傳教修女會一名姊妹的見證。

第九章：解人疑惑

1. 《德蘭修女：來作我的光》（*Come Be My Light*），編：布賴恩・克洛迪舒克（New York: Image, 2009），頁 209。中文版：心靈工坊。
2. 德蘭修女於日本東京的新聞記者會，一九八二年四月二十二日。
3. 德蘭修女寫給梅肯・穆格瑞奇的信函，一九六九年七月五日。
4. 同前，一九七〇年十一月十二日。
5. 同前。一九七〇年二月二十四日。
6. 德蘭修女寫給兩名同工的信函，一九六六年八月二十日。
7. 德蘭修女寫給一名同工的信函，一九六七年十二月一日。
8. 德蘭修女寫給一名同工的信函，一九九二年二月。
9. 德蘭修女寫給一名神父的信函，一九八五年九月二十二日。
10. 一名男性平信徒的見證。

11. 同前。
12. 仁愛傳教默存會一名兄弟的見證，其人和德蘭修女私人往來頻繁。
13. 仁愛傳教修女會一名兄弟的見證，其人和德蘭修女私人往來頻繁。
14. 一名神父的見證，其人在加爾各答協助德蘭修女達數十年。
15. 仁愛傳教修女會一名姊妹的見證。
16. 同前。
17. 一名醫生的見證。
18. 仁愛傳教修女會一名姊妹的見證。
19. 仁愛傳教修女會一名姊妹的見證。
20. 仁愛傳教修女會一名姊妹的見證。
21. 同前。
22. 仁愛傳教修女會一名姊妹的見證。
23. 仁愛傳教修女會一名姊妹的見證。
24. 一名神父的見證。
25. 一名男性平信徒的見證。
26. 仁愛傳教修女會一名姊妹的見證。
27. 《仁愛傳教修女會憲章》（*Constitutions of the Missionaries of Charity*），一九八八年，第四十五條、第四十九條。

第十章：勸人悔改

1. 德蘭修女寫給仁愛傳教修女會姊妹的教誨，一九八〇年八月二十二日。
2. 德蘭修女寫給仁愛傳教修女會姊妹的教誨，一九七九年十一月十四日。
3. 同前。
4. 德蘭修女寫給仁愛傳教修女會姊妹的信函，一九八一年九月二十九日。
5. 德蘭修女寫給仁愛傳教修女會姊妹的教誨，一九八〇年代。
6. 德蘭修女寫給仁愛傳教修女會姊妹的教誨，一九七九年一月八日。
7. 德蘭修女寫給仁愛傳教修女會姊妹的教誨，日期不詳。

8. 德蘭修女寫給仁愛傳教修女會姊妹的教誨，一九八〇年八月二十四日。
9. 德蘭修女寫給仁愛傳教修女會姊妹的教誨，一九八三年二月十三日。
10. 德蘭修女寫給仁愛傳教修女會姊妹的教誨，一九七七年十一月九日。
11. 德蘭修女寫給仁愛傳教修女會姊妹的教誨，一九七八年五月十八日。
12. 同前。
13. 德蘭修女寫給仁愛傳教修女會姊妹的教誨，一九八二年八月二十日。
14. 同前。
15. 同前。
16. 德蘭修女寫給仁愛傳教修女會姊妹的教誨，一九八二年十二月四日。
17. 德蘭修女寫給仁愛傳教修女會姊妹的教誨，一九八〇年五月七日。
18. 同前。
19. 德蘭修女寫給仁愛傳教修女會姊妹的教誨，一九八八年九月十三日。
20. 德蘭修女寫給仁愛傳教修女會姊妹的教誨，一九八〇年五月六日。
21. 德蘭修女寫給仁愛傳教修女會姊妹的教誨，一九八〇年五月七日。
22. 德蘭修女寫給仁愛傳教修女會姊妹的教誨，一九八〇年五月十七日。
23. 德蘭修女寫給仁愛傳教修女會姊妹的教誨，一九八一年四月三日。
24. 德蘭修女寫給仁愛傳教修女會姊妹的教誨，一九八二年八月二十日。
25. 德蘭修女寫給仁愛傳教修女會姊妹的教誨，一九八三年二月十四日。
26. 德蘭修女寫給仁愛傳教修女會姊妹的教誨，一九八一年四月十六日。
27. 德蘭修女寫給仁愛傳教修女會姊妹的教誨，一九八一年七月十五日。
28. 德蘭修女寫給仁愛傳教修女會姊妹的教誨，一九七九年十一月。
29. 德蘭修女於日本寫給墮胎婦女信函，附禱告，一九八二年四月十一日
30. 德蘭修女於日本東京的新聞記者會，一九八二年四月二十二日。
31. 德蘭修女於東京的發言，一九八二年四月二十三日。
32. 德蘭修女於日本長崎的發言，一九八二年四月二十六日。
33. 德蘭修女寫給仁愛傳教修女會姊妹的教誨，一九八〇年十二月四日。
34. 德蘭修女寫給仁愛傳教修女會姊妹的教誨，一九六五年三月六日。
35. 德蘭修女寫給仁愛傳教修女會姊妹的教誨，一九八八年八月三十日。
36. 德蘭修女寫給仁愛傳教修女會姊妹的教誨，日期不詳，但不晚於一九七三年。
37. 德蘭修女寫給仁愛傳教修女會幾位監督的信函，一九六六年六月六日。
38. 德蘭修女寫給仁愛傳教修女會幾位監督的信函，一九六二年六月。
39. 德蘭修女寫給仁愛傳教修女會監督幾位監督的信函，一九七七年九月八日。
40. 德蘭修女寫給仁愛傳教修女會姊妹的教誨，一九八一年七月十四日。
41. 德蘭修女寫給仁愛傳教修女會姊妹的教誨，一九八二年五月十四日。
42. 德蘭修女寫給仁愛傳教修女會姊妹的教誨，一九八三年五月二十五日。
43. 德蘭修女的公開信，一九八三年十月三日。
44. 一名仁愛傳教修女會神父的見證，其人與德蘭修女私人往來密切。
45. 仁愛傳教修女會一名姊妹的見證。
46. 美國一名神父的見證。
47. 仁愛傳教修女會一名姊妹的見證。
48. 仁愛傳教修女會一名姊妹的見證。
49. 仁愛傳教修女會一名姊妹的見證。
50. 仁愛傳教修女會一名姊妹的見證。
51. 仁愛傳教修女會一名兄弟的見證。
52. 仁愛傳教修女會一名姊妹的見證。
53. 一名仁愛傳教修女會神父的見證，其人與德蘭修女私人往來密切。
54. 同前。
55. 一名合作夥伴的見證，其人認識德蘭修女約十五年，協助修女處理種種事務。
56. 一名仁愛傳教修女會神父的見證，其人與德蘭修女私人往來密切。
57. 仁愛傳教修女會一名姊妹的見證。
58. 仁愛傳教修女會一名姊妹的見證。

59. 仁愛傳教修女會一名姊妹的見證。
60. 一名同工的見證。
61. 仁愛傳教修女會一名姊妹的見證。
62. 德蘭修女寫給仁愛傳教修女會姊妹的教誨，一九八〇年代。
63. 德蘭修女寫給仁愛傳教修女會姊妹的教誨。一九八六年五月十日。

第十一章：忍耐磨難

1. 德蘭修女寫給仁愛傳教修女會姊妹的教誨，日期不詳。
2. 德蘭修女於美國芝加哥的新聞記者會，一九八一年。
3. 德蘭修女寫給仁愛傳教修女會姊妹的教誨，一九八四年十月五日。
4. 德蘭修女寫給仁愛傳教修女會姊妹的教誨，一九八七年三月二十三日。
5. 德蘭修女寫給仁愛傳教修女會姊妹的教誨，一九七九年十一月十九日。
6. 德蘭修女寫給仁愛傳教修女會姊妹的教誨，一九八五年四月十二日。
7. 德蘭修女寫給仁愛傳教修女會姊妹的教誨，一九八四年一月十日。
8. 德蘭修女寫給仁愛傳教修女會姊妹的教誨，一九八四年四月十日。
9. 德蘭修女寫給仁愛傳教修女會姊妹的教誨，一九八一年一月十五日。
10. 德蘭修女寫給仁愛傳教修女會姊妹的教誨，日期不詳。
11. 德蘭修女寫給仁愛傳教修女會姊妹的信函，一九六八年五月十九日。
12. 德蘭修女寫給一名同工的信函，一九六五年三月十日。
13. 德蘭修女寫給仁愛傳教修女會姊妹的教誨，一九八二年十一月二日。
14. 德蘭修女寫給仁愛傳教修女會姊妹的教誨，一九八七年十一月七日。
15. 德蘭修女寫給仁愛傳教修女會姊妹的教誨，一九八六年五月二十二日。
16. 德蘭修女寫給仁愛傳教修女會姊妹的教誨，一九八〇年九月十六日。
17. 德蘭修女寫給仁愛傳教修女會姊妹的教誨，一九八一年四月十八日。
18. 德蘭修女寫給仁愛傳教修女會姊妹的教誨，一九八一年四日十五日。
19. 德蘭修女寫給仁愛傳教修女會姊妹的教誨，日期不詳。
20. 德蘭修女寫給仁愛傳教修女會姊妹的教誨，一九八七年五月二十日。
21. 德蘭修女寫給仁愛傳教修女會姊妹的教誨，一九八〇年八月二十四日。
22. 德蘭修女寫給仁愛傳教修女會姊妹的教誨，一九八三年八月十五日。
23. 德蘭修女寫給仁愛傳教修女會姊妹的教誨，一九七八年五月二十二日。
24. 德蘭修女寫給仁愛傳教修女會姊妹的教誨，一九八八年九月十三日。
25. 德蘭修女寫給仁愛傳教修女會姊妹的教誨，一九八四年十月五日。
26. 德蘭修女寫給仁愛傳教修女會姊妹的教誨，日期不詳。
27. 德蘭修女寫給仁愛傳教修女會姊妹的教誨，一九八三年一月二十三日。
28. 德蘭修女寫給仁愛傳教修女會姊妹的教誨，一九八三年五月二十五日。
29. 德蘭修女寫給仁愛傳教修女會姊妹的教誨，一九八一年十月三十日。
30. 德蘭修女寫給一名同工的信函，一九六九年十月十三日。
31. 德蘭修女寫給一名同工的信函，一九六九年七月三日。
32. 德蘭修女寫給一名同工的信函，一九六四年四月十一日。
33. 德蘭修女寫給仁愛傳教修女會姊妹的教誨，一九八三年五月二十六日。
34. 德蘭修女寫給仁愛傳教修女會姊妹的教誨，一九八七年五月二十日。
35. 德蘭修女寫給仁愛傳教修女會姊妹的教誨，一九七七年十月二十二日。
36. 皮耶神父（Abbé Pierre，1912–2007），法籍神父，創立「恩瑪屋之家」（Emmaus Community），專門協助法國的貧民和街頭游民，後來擴及全世界。
37. 德蘭修女寫給仁愛傳教修女會姊妹的教誨，一九八二年十月十一日。
38. 一名孤兒的見證。
39. 仁愛傳教修女會一名姊妹的見證。
40. 仁愛傳教修女會一名姊妹的見證。
41. 仁愛傳教修女會一名姊妹的見證。
42. 仁愛傳教修女會一名姊妹的見證。
43. 一名神父的見證。
44. 仁愛傳教修女會一名姊妹的見證。
45. 同前。

46. 仁愛傳教修女會一名姊妹的見證。
47. 一名同工的見證。
48. 仁愛傳教修女會一名姊妹的見證。
49. 同前。
50. 仁愛傳教修女會一名姊妹的見證。
51. 仁愛傳教修女會一名姊妹的見證。
52. 仁愛傳教修女會一名姊妹的見證。
53. 同前。
54. 同前。
55. 仁愛傳教修女會一名姊妹的見證。
56. 仁愛傳教修女會一名姊妹的見證。
57. 仁愛傳教修女會一名姊妹的見證。
58. 德蘭修女寫給一名神父的信函，一九七六年二月七日。

第十二章：赦人侮辱

1. 《路加福音》第二十三章第三十四節。
2. 德蘭修女寫給仁愛傳教修女會姊妹的教誨，一九八一年四月十五日。
3. 德蘭修女寫給仁愛傳教修女會姊妹的教誨，一九八一年九月十八日。
4. 德蘭修女於日本長崎的演講，一九八二年四月二十六。
5. 德蘭修女於美國芝加哥的新聞記者會，一九八一年。
6. 德蘭修女寫給仁愛傳教修女會姊妹的教誨，一九六五年六月三十日。
7. 德蘭修女於日本長崎的演講，一九八二年四月二十六。
8. 同前。
9. 同前。
10. 德蘭修女於加爾各答對志工們講的話，一九九五年十二月二十一日。
11. 德蘭修女於黎巴嫩貝魯特（Beirut）的新聞記者會，一九八二年。
12. 德蘭修女寫給仁愛傳教修女會姊妹的信函，一九六四年五月。
13. 德蘭修女寫給仁愛傳教修女會姊妹的信函，一九七三年十二月十四日。
14. 德蘭修女寫給仁愛傳教修女會姊妹的教誨，一九七九年二月二十一日。
15. 同前。
16. 德蘭修女於美國肯塔基州（Kentucky）的發言，一九八二年六月十九日。
17. 德蘭修女寫給仁愛傳教修女會姊妹的教誨，一九八一年二月二十日。
18. 同前。
19. 德蘭修女寫給仁愛傳教修女會姊妹的教誨，一九八〇年八月二十四日。
20. 德蘭修女寫給仁愛傳教修女會姊妹的教誨，一九八〇年九月十二日。
21. 德蘭修女寫給仁愛傳教修女會姊妹的教誨，一九八一年二月二十一日。
22. 德蘭修女寫給仁愛傳教修女會姊妹的教誨，一九八一年三月二十七日。
23. 德蘭修女寫給仁愛傳教修女會姊妹的教誨，一九八三年十二月四日。
24. 同前。
25. 德蘭修女寫給仁愛傳教修女會姊妹的教誨，一九八二年十二月六日。
26. 德蘭修女寫給仁愛傳教修女會姊妹的教誨，一九七七年十月十五日。
27. 德蘭修女寫給仁愛傳教修女會姊妹的教誨，一九七七年十一月七日。
28. 德蘭修女寫給仁愛傳教修女會姊妹的教誨，一九七九年二月二十一日。
29. 同前。
30. 德蘭修女的發言，一九八七年九月十七日。
31. 同前。
32. 德蘭修女寫給仁愛傳教修女會姊妹的教誨，一九八一年一月十五日。
33. 德蘭修女寫給仁愛傳教修女會姊妹的教誨，一九八二年五月十四日。
34. 仁愛傳教修女會一名姊妹的見證。
35. 仁愛傳教修女會一名姊妹的見證。
36. 仁愛傳教修女會一名姊妹的見證。
37. 仁愛傳教修女會一名姊妹的見證。
38. 仁愛傳教修女會一名姊妹的見證。

39. 仁愛傳教修女會一名姊妹的見證。
40. 仁愛傳教修女會一名姊妹的見證。
41. 一名工作夥伴的見證，其人認識德蘭修女超過二十年。
42. 仁愛傳教修女會一名姊妹的見證。
43. 仁愛傳教修女會一名姊妹的見證。
44. 仁愛傳教修女會一名姊妹的見證。
45. 德蘭修女寫給仁愛傳教修女會姊妹的教誨，一九七九年二月二十一日。
46. 德蘭修女於日本長崎的演講，一九八二年四月二十六日。

第十三章：安慰憂苦

1. 德蘭修女寫給仁愛傳教修女會姊妹的教誨，一九八六年五月二十三日。
2. 德蘭修女寫給仁愛傳教修女會姊妹的教誨，一九八八年十二月二十四日。
3. 德蘭修女寫給仁愛傳教修女會姊妹的教誨，一九八一年二月八日。
4. 德蘭修女在日本東京的成田機場的發言，一九八一年四月二十二日。
5. 德蘭修女寫給仁愛傳教修女會姊妹的教誨，一九七八年十二月十五日。
6. 德蘭修女寫給仁愛傳教修女會姊妹的信函，一九七一年十月十五日。
7. 德蘭修女寫給仁愛傳教修女會姊妹的信函，一九五九年九月二十日。
8. 德蘭修女的發言，日期不詳。
9. 德蘭修女對醫護人員的演講。
10. 德蘭修女，新聞記者會，日期不詳。
11. 德蘭修女於美國芝加哥的演講，一九八一年六月四日。
12. 德蘭修女在美國明尼蘇達州和同工會開會時的致辭，一九七四年六月二十至二十二日
13. 同前。
14. 同前。
15. 德蘭修女寫給同工會的信函，一九九五年三月一日。
16. 一名仁愛傳教修女會姊妹對一名同工所做的見證，一九八一年二月十二日。
17. 德蘭修女寫給一名神父的信函，一九七四年二月七日。
18. 德蘭修女寫給一名男性平信徒的信函，一九八九年十二月二十二日。
19. 德蘭修女寫給一名同工的信函，一九六七年九月十一日。
20. 德蘭修女寫給一名男性平信徒的信函，一九九二年。
21. 德蘭修女寫給一名男性平信徒的信函，一九九二年七月十一日。
22. 德蘭修女寫給一名女性平信徒的信函，一九九〇年八月九日。
23. 德蘭修女寫給一名男性平信徒的信函，一九九六年三月八日。
24. 德蘭修女寫給一名神父的信函，一九九一年九月七日。
25. 仁愛傳教修女會一名姊妹的見證。
26. 仁愛傳教修女會一名姊妹的見證。
27. 美國一名志工的見證。
28. 仁愛傳教修女會一名姊妹的見證。
29. 一名同工的見證。
30. 一名同工的見證。
31. 一名男性平信徒的見證。
32. 一名仁愛傳教修女會修女的見證
33. 一名志工的見證，其人與德蘭修女有密切的關係。
34. 一名神父的見證，其人於加爾各答協助德蘭修女。
35. 一名仁愛傳教修女會修女的見證。
36. 見《愛之所在便有神》（*Where There Is Love, There Is God*）。布賴恩・克洛迪舒克：德蘭修女的事工備受國際推崇之後，她開始對人發送小卡片。卡片一面印的是「天主祝福你」還有她的簽名，另一面是：「沉默的果實是禱告；禱告的果實是信仰；信仰的果實是愛；愛的果實是服事；服事的果實是平靜。」她還用她淘氣的幽默感說這卡片是她的「名片」。不過和一般人用的商務名片不同，她的名片看不到她所屬

的機構，看不到她的頭銜，沒有聯絡方式，也沒有電話號碼。然而，寥寥數語便足以道盡她「事業有成」的玄機。這幾句話廣為世人引用，但是德蘭修女無意利用這些來為她的服事打廣告，她認為她的事工是屬靈的，是以天主為中心，而導向她的近人。

37. 一名神父的見證，其人與德蘭修女常有聯絡。
38. 仁愛傳教修女會一名修女的見證。
39. 加爾各答一名志工的見證。
40. 仁愛傳教修女會一名修女的見證。
41. 一名男性平信徒的見證。
42. 一名高階警官的見證，其人協助德蘭修女處理公家機關的相關事務。
43. 一名加爾各答志工的見證，其人主要在卡利夏特協助。
44. 一名志工的見證。
45. 一名同工的見證，其人自一九六〇年代起便和德蘭修女有密切的往來。
46. 一名同工的見證，其人自一九六〇年代起便和德蘭修女有密切的往來。
47. 仁愛傳教修女會一名神父的見證，其人與德蘭修女時常往來。
48. 德蘭修女寫給一名男性平信徒的信函，一九八八年十月十二日。

第十四章：為生者死者祈求

1. 德蘭修女寫給同工會的信函，一九九六年四旬期。
2. 德蘭修女寫給仁愛傳教修女會姊妹的教誨，日期不詳。
3. 一名仁愛傳教修女會神父的見證，其人與德蘭修女私人往來密切。
4. 仁愛傳教修女會一名姊妹的見證。
5. 《仁愛修女會憲章》，第一百三十條，一九八八年。
6. 德蘭修女於「家庭大會」（Congress of the Family）上的致辭，一九八七年九月十七日。
7. 仁愛傳教修女會一名姊妹的見證。
8. 德蘭修女於日本的發言，一九八四年十一月二十四日。
9. 德蘭修女於紐約的發言，日期不詳。
10. 德蘭修女於美國哈佛大學畢業式上的致辭，一九八二年六月九日。
11. 德蘭修女對一名記者講的話，一九七九年六月。
12. 德蘭修女於日本福岡的演講，一九八二年四月二十七日。
13. 同前。
14. 同前。
15. 德蘭修女的公開信，一九九五年十一月七日。
16. 德蘭修女於日本東京的演講，一九八二年四月二十三日。
17. 德蘭修女在羅馬國際婦女大會（International Congress for Women）上的發言。
18. 德蘭修女於日本東京的新聞記者會，一九八二年四月二十二日。
19. 德蘭修女於日本長崎的演講，一九八二年四月二十六日。
20. 德蘭修女寫給仁愛傳教修女會姊妹的教誨，一九七九年十一月十九日。
21. 德蘭修女寫給仁愛傳教修女會姊妹的信函，一九六五年九月九月。
22. 德蘭修女寫給仁愛傳教修女會姊妹的教誨，一九六五年十一月四日。
23. 一名醫生同工的見證，其人從一九五〇年代末起便和德蘭修女合作。
24. 仁愛傳教修女會一名姊妹的見證。
25. 仁愛傳教修女會一名姊妹的見證。
26. 仁愛傳教修女會一名姊妹的見證。
27. 仁愛傳教修女會一名姊妹的見證。
28. 仁愛傳教修女會一名姊妹的見證。
29. 同前。
30. 仁愛傳教修女會一名姊妹的見證。
31. 仁愛傳教修女會一名姊妹的見證。
32. 仁愛傳教修女會一名姊妹的見證。
33. 仁愛傳教修女會一名姊妹的見證。
34. 仁愛傳教修女會一名姊妹的見證。

35. 仁愛傳教修女會一名姊妹的見證。
36. 仁愛傳教修女會一名姊妹的見證。
37. 仁愛傳教修女會一名姊妹的見證。
38. 仁愛傳教修女會一名姊妹的見證。
39. 一名志工的見證，其人與德蘭修女有密切的往來。
40. 仁愛傳教修女會一名姊妹的見證。
41. 一名男性平信徒的見證。
42. 一名女性平信徒的見證。
43. 同前。
44. 一名警官的見證。
45. 同前。
46. 同前。
47. 加爾各答一名執業醫生的見證。
48. 仁愛傳教修女會一名姊妹的見證。

附錄二：譯註

譯註1：文中凡是引用教廷文獻如教宗詔書，中譯一概沿用可見之台港天主教會通行中譯。其他如天主教會相關名稱、用語，也參照天主教會通行做法，然而通行做法也會有所出入，譯者於此只得自行裁量。聖經版本根據的是思高聖經。

譯註2：「以非凡的愛去做尋常的事」（ordinary things with extraodinary love）——出自加拿大著名神學家尚・梵尼耶（Jean Vanier, 1928-，中文名：文立光），一九六四年為精神病患成立支持團體「方舟」（L'Arch）。他有這一句名言：We are not called by God to do extraordinary things, but to do ordinary things with extraordinary love.（我們蒙主聖召不是要做非凡的事，而是要以非凡的愛去做尋常的事。）

譯註3：文中許多見證人的英語並非母語，所以常見 broken English，零碎錯亂，加上見證辭屬於摘錄，前言後語未能得見，中譯尚祈讀者諒察，請勿以通順明瞭強求。

譯註4：同工會（Co-Workers）——就是「德蘭修女國際同工會」（International Association of Co-Workers of Mother Teresa）。德蘭修女的慈悲事工在修會之外吸引許多志工加入，她稱這些人「同工」（Co-worker），後來還有正式的組織。參見譯註18和譯註20。

譯註5：付出到會痛為止（give until it hurts）——德蘭修女在一九八五年出版的 *One Heart Full of Love* 當中，提出分享、付出、愛人都應該要做到「痛」為止，也就是要做到自己有所犧牲為止。這是她極為強調的主張。

譯註6：「宗座一心委員會」（Cor Unum; Pontifical Council Cor Unum）——是教廷負責教誨、整合全世界天主教會的慈善組織和活動，於每一教區設立「明愛會」（Caritas），推動慈善工作。

譯註7：這是跟印度傳統文化的「不潔」觀念有關，劃分為「不潔」的人、

事、物，一經接觸，本人也就不潔。收容中心的人，或因出身、或因疾病等等緣故，多在「不潔」之列。

譯註8：此處的鹽湖（Salt Lake）是加爾各答城鎮比丹那加爾（Bidhannager）的俗稱。

譯註9：綠線（Green Line）——黎巴嫩貝魯特於一九七五至一九九〇年的內戰期間，將城內基督徒和穆斯林的活動地區以一條界線隔在東西兩邊，以期減少衝突。這一條線就俗稱「綠線」，兩邊的居民極少越界活動。

譯註10：聖體（Blessed Sacrament）——「聖體」，是耶穌體血、祝聖過後的餅酒。

譯註11：使徒服務（apostolate）——指天主教修會的見習生分派到使徒團體去服務，以一年的時間實際體驗靈修、傳教、服事各方面的事務。

譯註12：《若望福音》第十九章第二十五至三十節：

25 在耶穌的十字架傍，站著他的母親和他母親的姊妹，還有克羅帕的妻子瑪利亞和瑪利亞瑪達肋納。

26 耶穌看見母親，又看見他所愛的門徒站在旁邊，就對母親說：「女人，看，你的兒子！」

27 然後，又對那門徒說：「看，你的母親！」就從那時起，那門徒把她接到自己家裡。

28 此後，耶穌因知道一切事都完成了，為應驗經上的話，遂說：『我渴。』

29 有一個盛滿了醋的器皿放在那裡，有人便將海綿浸滿了醋，綁在長槍上，送到他的口邊。

30 耶穌一嚐了那醋，便說：「完成了。」就低下頭，交付了靈魂。

譯註13：《若望福音》第四章第七節至第十節：

7 有一個撒瑪黎雅婦人來汲水，耶穌向她說：「請給我點水喝！」

8 那時，他的門徒已往城裡買食物去了。

9 那撒瑪黎雅婦人就回答說：「你既是個猶太人，怎麼向我一個撒瑪黎雅婦人要水喝呢？」原來，猶太人撒瑪黎雅人不相往來。

10 耶穌回答她說：「若是你知道天主的恩賜，並知道向你說：給我水喝的人是誰，你或許早求了他，而他也早賜給了你活水。」

譯註14：《格林多後書》第八章第九節：因為你們知道我們的主耶穌基督的恩賜：他本是富有的，為了你們卻成了貧困的，好使你們因著他的貧困而成為富有的。

譯註15：這位甘迺迪先生是美國前總統甘迺迪（John F. Kennedy, 1917-1963）的兒子小約翰．甘迺迪（John F. Kennedy Jr., 1960-1999），他於大學畢後之後曾赴印度德里大學遊學，在一九八三年到過加爾各答參觀仁愛傳教女修院的收容中心。

譯註16：《依撒意亞書》第四十九章第十四至十八節：

14 熙雍曾說過：「上主離棄了我，吾主忘掉了我。」

15 婦女豈能忘掉自己的乳嬰？初為人母的，豈能忘掉親生的兒子？縱然她們能忘掉，我也不會忘掉你啊？

16 看啊！我已把你刻在我的手掌上，你的城牆時常在我的眼前。

17 建築你的工人急速動工，那毀滅你和破壞你的，要離你遠去。

18 你舉目四望罷！他們都已集合到你這裡來；我永遠生活——上主的斷語——他們必如裝飾品穿戴在你身上，把你裝扮得有如新娘。

譯註17：《瑪竇福音》第十八章第一節至第五節：

1 就在那時刻，門徒來到耶穌跟前說：「在天國裡究竟誰是最大的？」

2 耶穌就叫一個小孩來，使他站在他們中間，

3 說：「我實在告訴你們：你們若不變成如同小孩一樣，你們決不能進入天國。

4 所以，誰若自謙自卑如同這一個小孩，這人就是天國中最大的。」

5 「無論誰因我的名字，收留一個這樣的小孩，就是收留我。」

譯註18：安・布萊奇（Ann Blaikie, 1916-1996），英格蘭人，隨經商的丈夫僑居加爾各答，於一九五〇年代便積極協助德蘭修女服事貧苦民眾，邀集印度的歐洲僑民出錢出力，不計宗教信仰何屬，而爲德蘭修女稱爲「同工」。一九六〇年代眾人雖然多已各自返回歐洲，但是聯繫未斷。一九六九年布萊奇還協助德蘭修女在羅馬正式成立同工組織「德蘭修女國際同工會」。一九七四年喪夫之後，她更全力協助德蘭修女於國際推展同工會，迄至一九八八年方才退休。

譯註19：「好心的撒瑪黎雅人」（Good Samaritan）寓言中的司祭和肋未人（Levite）——《路加福音》第十章第三十至三十七節：

耶穌答說：「有一個人從耶路撒冷下來，到耶里哥去，遭遇了強盜；他們剝去他的衣服，並加以擊傷，將他半死半活的丟下走了。

31 正巧有一個司祭在那條路上下來，看了看他，便從旁邊走過去。

32 又有一個肋未人，也是一樣；他到了他那裡，看了看，也從旁邊走過去。

33 但有一個撒瑪黎雅人，路過他那裡，一看見就動了憐憫的心，

34 遂上前，在他的傷處注上油與酒，包紮好了，又扶他騎上自己的牲口，把他帶到客店裡，小心照料他。

35 第二天，取出兩個銀錢交給店主說：『請你小心看護他！不論餘外花費多少，等我回來時，必要補還你。』

36 你以爲這三個人中，誰是那遭遇強盜者的近人呢？」

37 那人答說：「是憐憫他的那人。」耶穌遂給他說：「你去，也照樣做罷！」

譯註20：德蘭修女的同工會組織有一支是「病苦同工會」（Sick and Suffering Co-Workers），讓因爲病苦之類的狀況而無法從事服事工作的人，可以將他們的病苦和禱告指名奉獻給修會裡的一位姊妹、兄弟或是神父，也等於是以生命在爲貧苦中最貧苦的人服事。

譯註21：「近人」於此是neighbor，就是一般常聽的「愛鄰如己」，不過於思高聖經的中譯是做「近人」。參見譯註19以及《路加福音》第十章第二十六至二十八節：

26 耶穌對他說：「法律上記載了什麼？你是怎樣讀的？」

27 他答說：「你應當全心、全靈、全力、全意愛上主，你的天主；並愛近人如你自己。」

28 耶穌向他說：「你答應得對。你這樣做，必得生活。」

譯註22：露德聖水（Lourdes water）——指法國露德聖母顯靈聖地的洞窟山泉水，據稱有治療的奇效。

譯註23：聖母顯靈聖牌（Miraculous Medal）——聖女加大利納・拉布萊（Saint Catherine Labouré, 1806-1876）蒙聖母瑪利亞顯靈，囑咐她依顯靈所現的字句和圖樣製作聖母顯靈聖牌（Miraculous Medal of Our Lady of Graces），聖母且向她許諾，任何人虔誠佩戴此聖牌皆能得聖母厚賜種種恩寵。加大利納逝世後五十六年，遺體於一九三三年出土，未見腐朽，震驚世人。她於一九四七年榮列聖品。

譯註24：信心任務（Operation Faith）——印度波帕爾（Bhopal）的化學工廠於一九八四年十二月二日至三日夜間爆發殺蟲劑原料毒氣外洩的嚴重事故之後，政府當局爲了解決工廠剩餘化學毒物的問題，由一批專家在同月的十六至二十二日期間進行「信心任務」，將剩餘的原料趕製成殺蟲劑，但也引發全城恐慌，出現大規模逃亡潮。幸好任務順利完成。

譯註25：望會期（postulancy）——指有志進入修會而提出申請，尚未獲得批准之前的備選期，期限長短不一，視修會而定，申請人於此期間可以參與修會活動，沒有限制。在這期間，修會和申請人得以互相觀察，若有一方覺得不安，都可以打退堂鼓。望會期過後便進入初學期、暫願期，最後是發終身願，永久加入修會。於修女便是終身做基督的淨配。

譯註26：「若非得主恩寵，如今豈能如是」（there, but for the grace of God, go I）——據傳出自十六世紀英格蘭改革派牧師威廉．布瑞德福（William Bradford, 1510-1555）之口。他看到一群死囚被押赴刑場，有感而發而說出這樣一句話，於後世廣為流傳。他後來也因為堅持宗教改革的立場，而被英格蘭女王判處火刑。他這一句話又是衍生自聖經《格林多前書》第十五章第九至第十節：

9 我原是宗徒中最小的一個，不配稱為宗徒，因為我迫害過天主的教會。

10 然而，因天主的恩寵，我成為今日的我；

譯註27：達米盎神父（Father Damien, 1840-1889）——出身比利時農家，天主教耶穌聖母聖心會（Congregation of the Sacred Hearts of Jesus and Mary）神父，一八七三年自動請命前往夏威夷收容痲瘋病人的莫洛凱島（Molokai）服事痲瘋病患，終致染上痲瘋病而客死島上。二〇〇九年為教廷封為聖人。

譯註28：省察（examination of conscience）——在此是天主教說的靈修功課。

譯註29：依印度傳統「不潔」的觀念，碰觸到死人便屬不潔，所以喪葬等工作都是由賤民（untouchable）在處理的。婆羅門（Brahmin）則是種姓中的高等人。

譯註30：《若望福音》第八章第三十一至三十二節：

31 於是，耶穌對那些信他的猶太人說：「你們如果固守我的話，就確是我的門徒，

32 也會認識真理，而真理必會使你們獲得自由。」

譯註31：莫迪吉爾（Motijhil）——加爾各答最大一處貧民窟。

譯註32：天主教會奉獻生活要發三願：貧窮、貞潔、服從。這裡說的仁愛傳教修女會的第四願是：全心全意、不計報償去服事貧苦中最貧苦的人。

譯註33：參見譯註12，第28節。仁愛修女會每一處會院的小聖堂，於耶穌像旁邊的牆面都寫了有「我渴」（I thirst）二字，德蘭修女以這兩個字代表仁愛傳教修女會的服事宗旨：止基督對靈魂、對愛、對良善、對悲憫的渴。

譯註34：新派薩（naya paisa）——印度錢幣，約當一盧比的百分之一，面額極小。

譯註35：羅雷托的聖瑪利亞中學（St. Mary's, Loreto）——指加爾各答的聖瑪利亞女子中學（Saint Mary's High School for Girls），德蘭修女在一九三一年發了初願之後，奉派到加爾各答的聖瑪利亞女中任教，這所女中是羅雷托修女會辦的學校，專供當地最貧苦人家的女兒就讀，德蘭修女就是在任教期間學會了孟加拉語和印度語。

譯註36：耶穌聖心（Sacred Heart of Jesus）敬禮——天主教徒對耶穌聖心行敬禮，自十二世紀開始便散見於歐洲。後於十七世紀，耶穌對聖麗達．安蘭閣（St. Margaret Mary Alacoque, 1647-1690）修女數度顯靈，明言要將聖體節八日後的禮拜五訂立慶日，為祂的聖心做敬禮，也許下敬禮聖心能享有十二殊恩，耶穌聖心敬禮便開始廣為流行，再到一八五六年經教宗正式將此慶日推行於所有教會。信徒於敬禮中特別要瞻仰耶穌顯露於外有茨冠圍繞的聖心，上有傷痕及火焰，代表耶穌對世人的愛以及犧牲，而要世人藉此彌補己罪，彼此相愛。

朝拜聖體（Adoration）——天主教認為祝聖過後的餅酒便是耶穌的聖體、聖血。朝拜聖體便是由神父將聖體放在祭台供教友瞻仰祈禱，接受聖體的祝福。

和好聖事（sacrament of reconciliation）——俗稱辦告解，屬七件聖事之一，乃耶穌親自訂立，於升天將赦罪的權柄交**教會**，由教會代耶穌去尋覓罪人，領導罪人回歸天主。領洗的教友要是犯罪，就必須以「省察、痛悔、定改、告明、補贖」進行和好聖事，與天主和教會重新修好。

譯註37：梅康・穆格瑞奇（Malcolm Muggeridge, 1903-1990）——英格蘭著名記者、作家，早在第二次世界大戰之前便曾在印度加爾各答從事新聞工作。原本左傾，大戰之後轉爲反共，後來自認是新教信徒，他在一九六九年拍了一部紀錄片，Something Beautiful for God，記錄德蘭修女在加爾各答安息之家的服事，再於一九七一年出版同名著作，德蘭修女暨其修會就是因爲他的引介方才聲名大開。他因德蘭修女代禱，於一九八二年以七十九歲高齡偕同妻子一起皈依天主教。他爲德蘭修女寫的著作，後來在另一部紀錄片《地獄天使》當中遭到猛烈砲轟，參見譯註72。

譯註38：《若望福音》第三章第一到第八節：

1 有一個法利塞黨人，名叫尼苛德摩，是個猶太人的首領。

2 有一夜，他來到耶穌前，向他說：「辣彼，我們知道你是由天主而來的師傅，因爲天主若不同他在一起，誰也不能行你所行的這些神跡。」

3 耶穌回答說：「我實實在在告訴你：人除非由上而生，不能見到天主的國。」

4 尼苛德摩說：「人已年老，怎樣能重生呢？難道他還能再入母腹而重生嗎？」

5 耶穌回答說：「我實實在在告訴你：人除非由水和聖神而生，不能進天主的國：

6 由肉生的屬於肉，由神生的屬於神。

7 你不要驚奇，因我給你說了：你們應該由上而生。

8 風隨意向那裡吹，你聽到風的響聲，卻不知道風從那裡來，往那裡去：凡由聖神而生的就是這樣。」

譯註39：《瑪竇福音》第十八章第一至第四節：

1 就在那時刻，門徒來到耶穌跟前說：「在天國裡究竟誰是最大的？」

2 耶穌就叫一個小孩來，使他站在他們中間，

3 說：「我實在告訴你們：你們若不變成如同小孩一樣，你們決不能進入天國。

4 所以，誰若自謙自卑如同這一個小孩，這人就是天國中最大的。」

譯註40：「小信德的人啊，你們爲什麼膽怯？」——《瑪竇福音》第八章第二十三節至二十七節：

23 耶穌上了船，他的門徒跟隨著他。

24 忽然海裡起了大震盪，以致那船爲浪所掩蓋，耶穌卻睡著了。

25 他們遂前來喚醒他說：「主！救命啊！我們要喪亡了。」

26 耶穌對他們說：「小信德的人啊！你們爲什麼膽怯？」就起來叱責風和海，遂大爲平靜。

27 那些人驚訝說：「這是怎樣的一個人呢？竟連風和海也聽從他！」

譯註41：全然順服（total surrender）——德蘭修女一九九〇年出版：*Total Surrender*。

譯註42：苦路（the Stations）——「十字架苦路」或「苦傷道」（the Stations of the Cross），十世紀歐洲的天主教敬禮，於四旬期間舉行，將耶穌背十字架上髑髏地的過程劃分爲十四站，由世人重新走過做爲朝拜，所以也叫「拜苦路」。十四站爲：一，耶穌遭到鞭打、戲弄；二：耶穌背上十字架；三：耶穌第一次跌倒；四：耶穌遇見母親瑪利亞；五：西滿替耶穌背上十字架；六：韋羅尼加（Veronica）爲耶穌擦臉；七：耶穌第二次跌倒；八：耶穌勸慰幾位哭泣的婦人；九：耶穌第三次跌倒；十：耶穌被剝掉外衣；十一：耶穌釘上十字架；十二：耶穌斷氣；十三：若瑟挺身而出將耶穌遺體從十字架上放下；十四：耶穌下葬、復活。參見《路加福音》第二十三章第二十三至五十六節。

譯註43：《路加福音》第十五章第十三節二十四節：

13 過了不多幾天，小兒子把所有的一切都收拾起來，就往遠方去

了。他在那裡荒淫度日，耗費他的資財。

14 當他把所有的都揮霍盡了以後，那地方正遇著大荒年，他便開始窮困起來。

15 他去投靠一個當地的居民；那人打發他到自己的莊田上去放豬。

16 他恨不能拿豬吃的豆莢來果腹，可是沒有人給他。

17 他反躬自問：我父親有多少傭工，都口糧豐盛，我在這裡反要餓死！

18 我要起身到我父親那裡去，並且要給他說：父親！我得罪了天，也得罪了你。

19 我不配再稱作你的兒子，把我當作你的一個傭工罷！

20 他便起身到他父親那裡去了。他離的還遠的時候，他父親就看見了他，動了憐憫的心，跑上前去，撲到他的脖子上，熱情地親吻他。

21 兒子向他說：父親，我得罪了天，也得罪了你，我不配再稱作你的兒子了！

22 父親卻吩咐自己的僕人說：你們快拿出上等的袍子來給他穿上，把戒指戴在他手上，給他腳上穿上鞋，

23 再把那隻肥牛犢牽來宰了，我們應吃喝歡宴，

24 因為我這個兒子是死而復生，失而復得了；他們就歡宴起來。

譯註44：《瑪竇福音》第十八章第二十一至二十二節：

21 那時，伯多祿前來對耶穌說：「主啊！若我的弟兄得罪了我，我該寬恕他多少次？直到七次嗎？」

22 耶穌對他說：「我不對你說：直到七次，而是到七十個七次。」

譯註45：《依撒意亞》第四十三章第一至第六節：

1 以你的名字召叫了你，你是我的。

2 當你由水中經過時，我必與你在一起；當你渡河時，河水不得淹沒你；當你在火中走過時，你不致烙傷，火焰也燒不著你。

3 因為我是上主，你的天主；以色列的聖者，你的救主；我使埃及作你的贖價，以雇士和色巴來代替你。

4 因為你在我眼中是寶貴的，是貴重的，我愛慕你；所以我拿別人交換了你，拿別的民族交換了你的性命。

6 看啊！我已把你刻在我的手掌上，你的城牆時常在我的眼前。

另請參見譯註16。

譯註46：依《天主教教理》（*Catechism of the Catholic Church*）的說明，「大罪」（mortal sin）指的是在有自由抉擇之下而明知故犯的嚴重罪行，所謂的嚴重罪行則是以十誡為準。若不悔改蒙天主寬恕，就會下煉獄。「小罪」（venial sin）指的是違反道德的小事，或是在不清楚、非故意的情況當中犯下違反道德的大事。小罪是可以蒙天主恩寵而做彌補。

譯註47：**聖瑪利亞瑪達肋納**（Mary Magdalene）——蒙耶穌趕走身上的鬼而信了耶穌，不離不棄，陪到耶穌斷氣、埋葬，也是第一個看到耶穌復活的人。

聖女瑪加利大高多娜（Margaret of Cortona, 1247-1297）——出身農家的美貌少女，與人同居生下一子，後來幡然悔悟，投入方濟各會，力行苦修。一七二八年榮列聖品。

聖伯多祿（Saint Peter）——最早追隨耶穌的宗徒（使徒），之後卻在耶穌被捕受審期間三度不認耶穌，後於耶穌復活之後重建信心，建立羅馬教會，是為第一任教宗。

聖奧思定（Saint Augustine, 354-430）——出身富家，早年生活放蕩，三十三歲才悔改受洗，到北非修道，對基督神學有重大貢獻。

譯註48：《若望福音》第二十一章第十四至十七節：

14 穌從死者中復活後，向門徒顯現，這已是第三次。

15 吃完了早飯，耶穌對西滿伯多祿說：「若望的兒子西滿，你比他們更愛我嗎？」伯多祿回答說：「主，是的，你知道我愛你。」

耶穌就對他說：「你餵養我的羔羊。」

16 耶穌第二次又問他說：「若望的兒子西滿，你愛我嗎？」伯多祿回答說：「主，是的，你知道我愛你。」穌就對他說：「你牧放我的羊群。」

17 耶穌第三次問他說：「若望的兒子西滿，你愛我嗎？」伯多祿因耶穌第三次問他說：「你愛我嗎？」便憂愁起來，遂向他說「主啊！一切你都知道，你曉得我愛你。」耶穌對他說：「你餵養我的羊群。」

譯註49：**聖瑪利亞·葛萊蒂**（Maria Goretti, 1890-1902）——義大利少女，力抗鄰居性侵遭對方砍殺十四刀，送醫不治，但在臨終時原諒兇手並為之祈禱。一九五〇年榮列聖品。

聖依搦斯（Saint Agnes, c.291-c.304）——生平多無可考，僅有傳說傳世，指為幼年便立誓為天主守貞，成長至少女時期因美貌遭人覬覦而殉道。

譯註50：聖女瑪加利大高多娜生前窮盡二十九年歲月為年輕時犯的罪苦修懺悔，一二九七年過世後入殮於銀棺當中，擺放在教堂祭台，而且據說屍身未腐。

譯註51：《若望福音》第八章第一至十一節：

1 耶穌上了橄欖山。

2 清晨他又來到聖殿，眾百姓都到他跟前來，他便坐下教訓他們。

3 那時，經師和法利塞人帶來了一個犯姦淫時被捉住的婦人，叫她站在中間，

4 便向耶穌說：「師傅！這婦人是正在犯姦淫時被捉住的，

5 在法律上，梅瑟命令我們該用石頭砸死這樣的婦人；可是，你說什麼呢？」

6 他們說這話，是要試探耶穌，好能控告他；耶穌卻彎下身去，用指頭在地上畫字。

7 因為他們不斷地追問，他便直起身來，向他們說：「你們中間誰沒有罪，先向她投石罷！」

8 他又彎下身去，在地上寫字。

9 他們一聽這話，就從年老的開始到年幼的，一個一個地都溜走了，只留下耶穌一人和站在那裡的婦人。

10 耶穌遂直起身來向她說：「婦人！他們在那裡呢？沒有人定你的罪嗎？」

11 她說：「主！沒有人。」耶穌向她說：「我也不定你的罪；去罷！從今以後，不要再犯罪了！」

譯註52：《路加福音》第十九章第一至第十節：

1 耶穌進了耶里哥，正經過的時候，

2 有一個人，名叫匝凱，他原是稅吏長，是個富有的人。

3 他想要看看耶穌是什麼人；但由於人多，不能看見，因為他身材短小。

4 於是他往前奔跑，攀上了一棵野桑樹，要看看耶穌，因為耶穌就要從那裡經過。

5 耶穌來到那地方，抬頭一看，對他說：「匝凱，你快下來！因為我今天必須住在你家中。」

6 他便趕快下來，喜悅地款留耶穌。

7 眾人見了，都竊竊私議說：「他竟到有罪的人那裡投宿。」

8 匝凱站起來對主說：「主，你看，我把我財物的一半施捨窮人；我如果欺騙過誰，我就以四倍賠償。」

9 耶穌對他說：「今天救恩臨到了這一家，因為他也是亞巴郎之子。

10 因為人子來，是為尋找及拯救迷失了的人。」

譯註53：「小花」（Little Flower）——「小花」是聖衣會修女聖女小德蘭（Saint Thérèse of Lisieux, 1873-1897）的暱稱，是由她自稱「耶穌的小花（Little Flower of Jesus）簡化而來。德蘭修女加入羅雷托修女

會，聖名取爲「德蘭」，便因她極爲仰幕聖女小德蘭。

譯註54：《若望福音》第二章第一節至第九節：

1 第三天，在加里肋亞加納有婚宴，耶穌的母親在那裡；
2 耶穌和他的門徒也被請去赴婚宴。
3 酒缺了，耶穌的母親向他說：「他們沒有酒了。」
4 耶穌回答說：「女人，這於我和你有什麼關係？我的時刻尚未來到。」
5 他的母親給僕役說：「他無論吩咐你們什麼，你們就作什麼。」
6 在那裡放著六口石缸，是爲猶太人的取潔禮用的；每口可容納兩三桶水。
7 耶穌向僕役說：「你們把缸灌滿水罷！」他們就灌滿了，直到缸口。
8 然後，耶穌給他們說：「現在你們舀出來，送給司席！」他們便送去了。
9 司席一嘗已變成酒的水——並不知是從那裡來的，舀水的僕役卻知道……

譯註55：《路加福音》第一章第二十六節至四十五節：

26 到了第六個月，天使加俾額爾奉天主差遣，往加里肋亞一座名叫納匝肋的城去，
27 到一位童貞女那裡，她已與達味家族中的一個名叫若瑟的男子訂了婚，童貞女的名字叫瑪利亞。
28 天使進去向她說：「萬福！充滿恩寵者，上主與你同在！」【在女人中你是蒙祝福的。】
29 她卻因這話驚惶不安，便思慮這樣的請安有什麼意思。
30 天使對她說：「瑪利亞，不要害怕，因爲你在天主前獲得了寵幸。
31 看，你將懷孕生子，並要給他起名叫耶穌。
32 他將是偉大的，並被稱爲至高者的兒子，上主天主要把他祖先達味的御座賜給他。
33 他要爲王統治雅各伯家，直到永遠；他的王權沒有終結。」
34 瑪利亞便向天使說：「這事怎能成就？因爲我不認識男人。」
35 天使答覆她說：「聖神要臨於你，至高者的能力要庇廕你，因此，那要誕生的聖者，將稱爲天主的兒子。
36 且看，你的親戚依撒伯爾，她雖在老年，卻懷了男胎，本月已六個月了，她原是素稱不生育的，
37 因爲在天主前沒有不能的事。」
38 瑪利亞說：「看！上主的婢女，願照你的話成就於我罷！」天使便離開她去了。
39 瑪利亞就在那幾日起身，急速往山區去，到了猶大的一座城。
40 她進了匝加利亞的家，就給依撒伯爾請安。
41 依撒伯爾一聽到瑪利亞請安，胎兒就在她的腹中歡躍。依撒伯爾遂充滿了聖神，
42 大聲呼喊說：「在女人中你是蒙祝福的，你的胎兒也是蒙祝福的。
43 吾主的母親駕臨我這裡，這是我那裡得來的呢？
44 看，你請安的聲音一入我耳，胎兒就在我腹中歡喜踴躍。
45 那信了由上主傳於她的話必要完成的，是有福的。」

譯註56：參見《瑪竇福音》第一章第十八至第二十一節：

18 耶穌基督的誕生是這樣的：他的母親瑪利亞許配於若瑟後，在同居前，她因聖神有孕的事已顯示出來。
19 她的丈夫若瑟，因是義人，不願公開羞辱她，有意暗暗地休退她。
20 當他在思慮這事時，看，在夢中上主的天使顯現給他說：「達味之子若瑟，不要怕娶你的妻子瑪利亞，因爲那在她內受生的，是出於聖神。
21 她要生一個兒子，你要給他起名叫耶穌，因爲他要把自己的民族，由他們的罪惡中拯救出來。」

譯註57：《若望福音》第十四章第五節至第七節：

5 多默說：「主！我們不知道你往那裡去，怎麼會知道那條路呢？」
6 耶穌回答說：「我是道路、眞理、生命，除非經過我，誰也不能到父那裡去。
7 你們若認識我，也就必然認識我父；現在你們已認識他，並且已經看見他。」

譯註58：《馬爾谷福音》第十五章第二十九節至三十七節：

29 路過的人都侮辱他，搖著頭說：「哇！你這拆毀聖殿，三天內重建起來的，
30 你從十字架上下來，救你自己罷！」
31 同樣，司祭長與經師也譏笑他，彼此說：「他救了別人，卻救不了自己！
32 默西亞，以色列的君王！現在從十字架上下來罷，叫我們看了好相信！」連與他一起釘在十字架上的人也辱罵他。
33 到了第六時辰，遍地昏黑，直到第九時辰。
34 在第九時辰，耶穌大聲呼號說：「厄羅依，厄羅依，肋瑪，撒巴黑塔尼？」意思是：「我的天主，我的天主，你爲什麼捨棄了我？」
35 旁邊站著的人中有的聽見了，就說：「看，他呼喚厄里亞呢！」
36 有一個人就跑過去，把海綿浸滿了醋，綁在蘆葦上，遞給他喝，說：「等一等，我們看，是否厄里亞來將他卸下。」
37 耶穌大喊一聲，就斷了氣。在第九時辰，耶穌大聲呼號說：「厄羅依，厄羅依，肋瑪，撒巴黑塔尼？」意思是：「我的天主，你爲什麼捨棄了我？」

譯註59：《瑪竇福音》第二十六章第三十六至四十七節：

36 隨後，耶穌同他們來到一個名叫革責瑪尼的莊園裡，便對門徒說：「你們坐在這裡，等我到那邊去祈禱。」
37 遂帶了伯多祿和載伯德的兩個兒子同去，開始憂悶恐怖起來，
38 對他們說：「我的心靈憂悶得要死，你們留在這裡同我一起醒寤罷！」
39 他稍微前行，就俯首至地祈禱說：「我父！若是可能，就讓這杯離開我罷！但不要照我，而要照你所願意的。」
40 他來到門徒那裡，見他們睡著了，便對伯多祿說：「你們竟不能同我醒寤一個時辰嗎？
41 醒寤祈禱罷！免陷於誘惑；心神固然切願，但肉體卻軟弱。」
42 他第二次再去祈禱說：「我父！如果這杯不能離去，非要我喝不可，就成就你的意願罷！」
43 他又回來，見他們仍然睡著，因爲他們的眼睛很是沈重。
44 他再離開他們，第三次去祈禱，又說了同樣的話。
45 然後回到門徒那裡，對他們說：「你們睡下去罷！休息罷！看，時候到了，人子就要被交於罪人手裡。
46 起來，我們去罷！看，那出賣我的已來近了。」
47 他還在說話的時候，看！那十二人中之一的猶達斯來了；同他一起的，還有許多帶著刀劍棍棒的群眾，是由司祭長和民間的長老派來的。

譯註60：《瑪竇福音》第五章第三十八至三十九節：

38 你們一向聽說過：「以眼還眼，以牙還牙。」
39 我卻對你們說：不要抵抗惡人；而且，若有人掌擊你的右頰，你把另一面也轉給他。

譯註61：《路加福音》第二十二章第四十至四十六節：

40 到了那地方，耶穌便給他們說：「你們應當祈禱，免得陷於誘惑。」
41 遂離開他們，約有投石那麼遠，屈膝祈禱，
42 說：「父啊！你如果願意，請給我免去這杯罷！但不要隨我的意

願，惟照你的意願成就罷！」
43 有一位天使，從天上顯現給他，加強他的力量。
44 他在極度恐慌中，祈禱越發懇切；他的汗如同血珠滴在地上。
45 他從祈禱中起來，到門徒那裡，看見他們都因憂悶睡著了，
46 就給他們說：「你們怎麼睡覺呢？起來祈禱罷！免得陷於誘惑。」

譯註62：參見譯註41。

譯註63：《聖母德敘祈禱文》有一句稱聖母瑪利亞爲世人「喜樂的緣由」（Cause of Our Joy）。

譯註64：《若望福音》第十二章第二十三至二十六節：
23 耶穌開口向他們說：「人子要受光榮的時辰到了。
24 我實實在在告訴你們：一粒麥子如果不落在地裡死了，仍只是一粒；如果死了，纔結出許多子粒來。
25 愛惜自己性命的，必要喪失性命；在現世憎恨自己性命的，必要保存性命入於永生。
26 誰若事奉我，就當跟隨我；如此，我在那裡，我的僕人也要在那裡；誰若事奉我，我父必要尊重他。」

譯註65：意向（intentions）——指「祈禱意向」（prayer intention），例如爲「世界和平」禱告，「世界和平」便是禱告的意向。

譯註66：貝耳則步（Beelzebub）——腓尼基人信奉的神祇，猶太教認爲是惡魔。

《若望福音》，第十八章第十九節至二十四節：
19 大司祭就有關他的門徒和他的教義審問耶穌。
20 耶穌答覆他說：「我向來公開地對世人講話，我常常在會堂和聖殿內，即眾猶太人所聚集的地方施教，在暗地裡我並沒有講過什麼。
21 你爲什麼問我？你問那些聽過我的人，我給他們講了什麼；他們知道我所說的。」
22 他剛說完這話，侍立在旁的一個差役，就給了耶穌一個耳光，說：「你就這樣答覆大司祭嗎？」
23 耶穌答覆他說：「我若說得不對，你指證那裡不對；若對，你爲什麼打我？」
24 亞納斯遂把被捆的耶穌，解送到大司祭蓋法那裡去。

譯註67：折斷的蘆葦——《依撒意亞書》第四十二章第一至第四節：
1 請看我扶持的僕人，我心靈喜愛的所選者！我在他身上傾注了我的神，叫他給萬民傳布眞道。
2 他不呼喊，不喧嚷，在街市上也聽不到他的聲音。
3 破傷的蘆葦，他不折斷；將熄的燈心，他不吹滅，他將忠實地傳布眞道。
4 他不沮喪，也不失望，直到他在世上奠定了眞道，因爲海島都期待著他的教誨。

譯註68：《若望福音》第六章第六十四至六十九節：
64 原來，耶穌從起頭就知道那些人不信，和誰要出賣他。
65 所以他又說：「爲此，我對你們說過：除非蒙父恩賜的，誰也不能到我這裡來。」
66 從此，他的門徒中有許多人退去了，不再同他往來。
67 於是耶穌向那十二人說：「難道你們也願走嗎？」
68 西滿伯多祿回答說：「主！惟你有永生的話，我們去投奔誰呢？
69 我們相信，而且已知道你是天主的聖者。」

譯註69：彼拉多（Pilate）是將耶穌判處死刑的總督，蓋法（Caiaphas）則是猶太祭司。

譯註70：慈母教會（Mother the Church）——天主教徒對教會的稱呼。

譯註71：印度人以點頭表示否，以搖頭表示是，與一般相反。

譯註72：克里斯多福・希欽斯（Christopher Hitchens, 1949-2011）——英國作家，自稱馬克思信徒的社會民主派，反集權，以反神論（antitheism）

的立場直指「神的觀念是集權的思想，箝制人類的自由」。

《地獄天使》（*Hell's Angel*）紀錄片於一九九四年在英國電視台「第四頻道」播出，由希欽斯主持，腳本由希欽斯和英籍巴基斯坦裔的作家塔利克．阿里（Tarig Ali, 1943）合撰，片中抨擊德蘭修女要她服事的貧苦民眾甘心接受生命的苦難，特別是修女會提供的醫療照顧十分惡劣，然而修女院卻大肆收受眾人捐款，即使是悖德的捐款人也來者不拒，累積下巨富，而且直指穆格瑞奇爲德蘭修女拍片、寫書純屬欺世盜名。

在紀錄片之後，希金斯於一九九五年出版 *The Missionary Position: Mother Teresa in Theory and Practice* 一書，批評德蘭修女的觀念以及主流媒體對她的報導路線。

譯註73：《瑪竇福音》第七章第一節至第五節：

1 你們不要判斷人，免得你們受判斷，

2 因爲你們用什麼判斷來判斷，你們也要受什麼判斷；你們用什麼尺度量給人，也要用什麼尺度量給你們。

3 爲什麼你只看見你兄弟眼中的木屑，而對自己眼中的大樑竟不理會呢？

4 或者，你怎能對你的兄弟說：讓我把你眼中的木屑取出來，而你眼中卻有一根大樑呢？

5 假善人哪！先從你眼中取出大樑，然後你纔看得清楚，取出你兄弟眼中的木屑。

譯註74：「助我將祢的香氣散播出去」（Help me to spread Your fragrance）——德蘭修女最喜歡的的祈禱文當中的第一句，改編自紐曼樞機（Cardinal Newman, 1801-1890）的祈禱文。

譯註75：「血仇」（blood feud）——意爲：「血親復仇」，指家族或是氏族之間冤冤相報，衍生爲世仇。

譯註76：聖經信仰（biblical faith）——一言以蔽之，相信聖經的記載。

譯註77：《瑪竇福音》第十一章第二十八至三十節：

28 凡勞苦和負重擔的，你們都到我跟前來，我要使你們安息。

29 你們背起我的軛，跟我學罷！因爲我是良善心謙的：這樣你們必要找得你們靈魂的安息，

30 因爲我的軛是柔和的，我的擔子是輕鬆的。

譯註78：參見譯註43，正文所謂「變成小孩子」，是指《若望福音》第三章第四節中之「重生」。

譯註79：《聖詠集》第六十九章二十一節：

21 侮辱破碎了我心，使我憂傷難過；我期望有人同情，卻未尋到一個，我渴盼有人安慰，也未找到一個。

譯註80：瑪利亞中學——參見譯註34。

譯註81：「祭品兼司祭」（the Victim and the Priest）——指耶穌是世人最高的司祭而爲了世人將自己當做祭品奉獻出去。

譯註82：福德（darshan）——本義是「看到，印度傳統觀念認爲有幸一瞥神明或是聖人一眼，就能得到福氣。

摸腳是印度用在尊長身上的傳統禮儀。

譯註83：德蘭修女獲封眞福（blessed）是在二〇〇三年，這一段摘錄見證講述的時間應該是在獲封德蘭修女眞福尚未封聖期間，所以用的稱呼是「眞福德蘭修女」（Blessed Teresa of Calcutta）。

譯註84：九日敬禮（Novena）——九日敬禮是爲了得到特別恩寵甚至祈求奇蹟而做的祈禱，一連九天或是九個禮拜做同樣的祈禱。天主教會現今訂有三十二種九日敬禮，除了天主聖三、聖母可以是禱告的對象，聖人、聖女、天使也包括在內。

譯註85：法蒂瑪無玷聖心顯靈——法蒂瑪（Fatima）是葡萄牙一處山中小鎮，一九一七年有三個小孩看到聖母瑪利亞顯靈，之後聖母在該地數度顯靈。

譯註86：《馬爾谷福音》第十章第二至第十二節：

2 有些法利塞人前來問耶穌：許不許丈夫休妻？意思是要試探他。
3 耶穌回答他們說：「梅瑟吩咐了你們什麼？」
4 他們說：「梅瑟准許了寫休書休妻。」
5 耶穌對他們說：「這是爲了你們的心硬，他纔給你們寫下了這條法令。
6 但是，從創造之初，天主造了他們一男一女。
7 爲此，人要離開他的父母，依附自己的妻子，
8 二人成爲一體，以致他們再不是兩個，而是一體了。
9 所以，天主所結合的，人不可拆散。」
10 回到家裡，門徒又問他這事，
11 耶穌對他們說：「誰若休自己的妻子而另娶，就是犯姦淫，辜負妻子；
12 若妻子離棄自己的丈夫而另嫁，也是犯姦淫。」

譯註87：《瑪竇福音》第十六章第二十一節至二十五節：

21 從那時起，耶穌就開始向門徒說明：他必須上耶路撒冷去，要由長老、司祭長和經師們受到許多痛苦，並將被殺，但第三天要復活。
22 伯多祿便拉耶穌到一邊，諫責他說：「主，千萬不可！這事絕不會臨到你身上！」
23 耶穌轉身對伯多祿說：「撒殫，退到我後面去！你是我的絆腳石，因爲你所體會的，不是天主的事，而是人的事。」
24 於是，耶穌對門徒說：「誰若願意跟隨我，該棄絕自己，背著自己的十字架來跟隨我，
25 因爲誰若願意救自己的性命，必要喪失性命；但誰若爲我的原故，喪失自己的性命，必要獲得性命。

譯註88：「行動分會」（Active Branch）——仁愛傳教修女會分「行動分會」和「默觀分會」（Contemplative Branch）兩大系統。

聖時（Holy Hour）——天主教徒面對祭台上的聖體進行一小時的默想、禱告、唱詩等等敬禮。德蘭修女本人每日奉行聖時。

譯註89：「靈性認養」（spiritual adoption）——德蘭修女效法聖女小德蘭靈性認養傳教士爲他們犧牲、祈禱的做法，由修會裡的修女去認養神父爲他們祈禱。

譯註90：這一段《托賴聖母經》文中譯引用姚景興譯文。

Caring 094

德蘭修女：召喚慈悲

以心去愛，以手服事

布賴恩・克洛迪舒克神父（Fr. Brian Kolodiejchuk, M.C.）—主編、作序、導言
宋偉航—翻譯
德蘭修女中心（Mother Teresa Center）—譯文修訂

出版者—心靈工坊文化事業股份有限公司
發行人—王浩威　總編輯—王桂花
特約編輯—鄭秀娟　責任編輯—黃心宜　內頁排版—李宜芝

通訊地址—10684台北市大安區信義路四段53巷8號2樓
郵政劃撥—19546215　戶名—心靈工坊文化事業股份有限公司
電話—02）2702-9186　傳真—02）2702-9286
Email—service@psygarden.com.tw　網址—www.psygarden.com.tw

製版・印刷—中茂製版印刷股份有限公司
總經銷—大和書報圖書股份有限公司
電話—02）8990-2588　傳真—02）2990-1658
通訊地址—248新北市五股工業區五工五路二號
初版一刷—2019年4月　ISBN—978-986-357-148-3　定價—500元

A Call to Mercy：Hearts to Love, Hands to Serve
Edited and with Commentary by Fr. Brian Kolodiejchuk, M.C.

國家圖書館出版品預行編目資料

德蘭修女：召喚慈悲 / 布賴恩・克洛迪舒克神父（Fr. Brian Kolodiejchuk, M.C.）主編；宋偉航翻譯.--初版.--
臺北市：心靈工坊文化, 2019.04
面; 公分.--(Caring；94)

譯自：A Call to Mercy：Hearts to Love, Hands to Serve

ISBN：978-986-357-148-3(平裝)

1.天主教　2.靈修

244.93　108005375

廣告回信
台北郵局登記證
台北廣字第1143號
免貼郵票

心靈工坊 PsyGarden

台北市106 信義路四段53巷8號2樓

讀者服務組 收

免 貼 郵 票

（對折線）

加入心靈工坊書香家族會員
共享知識的盛宴，成長的喜悅

請寄回這張回函卡（免貼郵票），
您就成爲心靈工坊的書香家族會員，您將可以——

⊙隨時收到新書出版和活動訊息

⊙獲得各項回饋和優惠方案